Action- und Sportfotografie

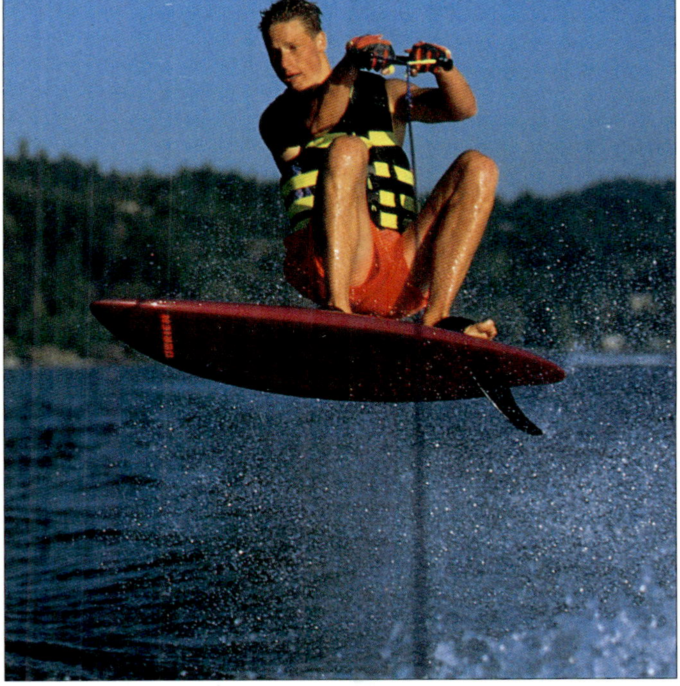

Laterna

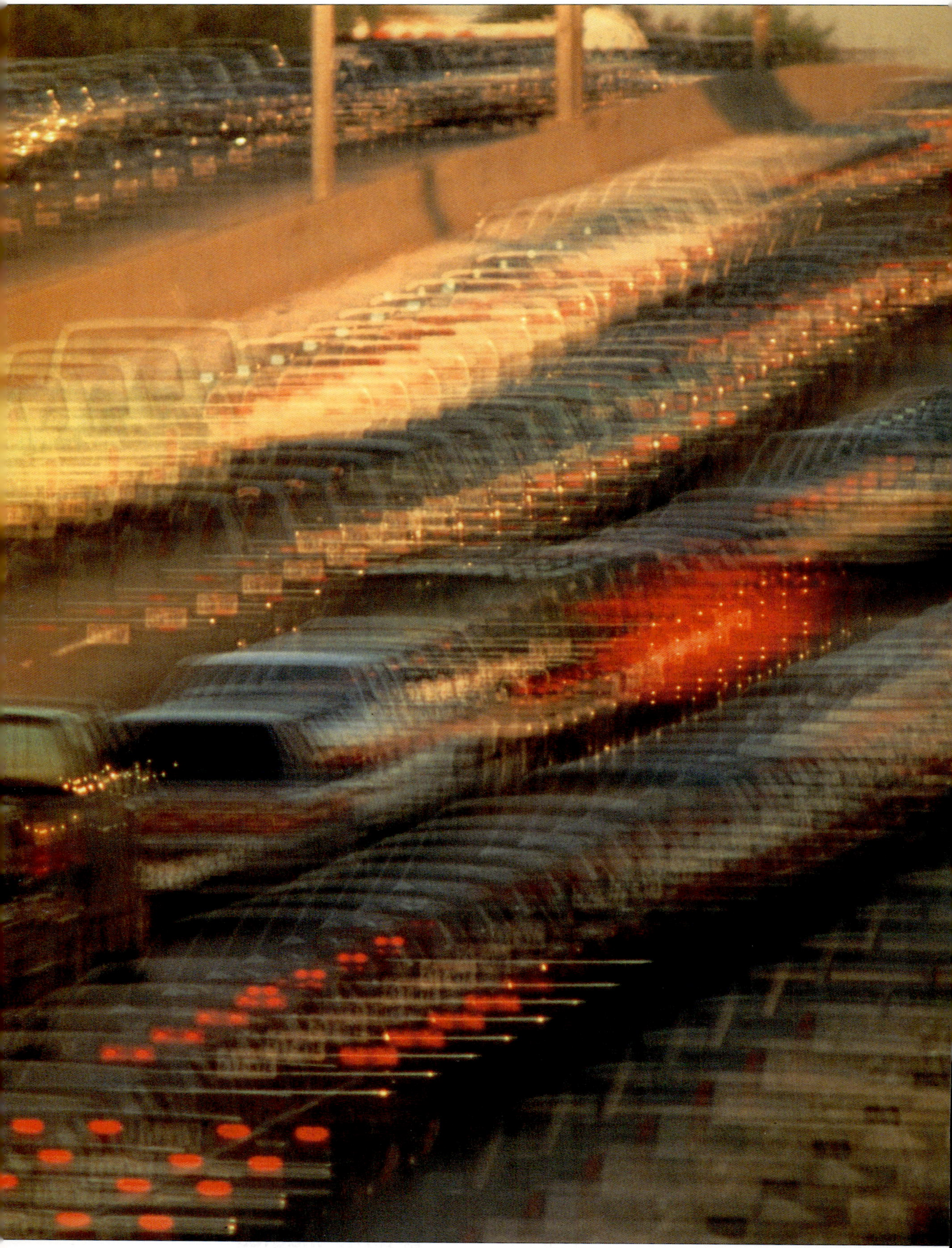

FOTO PROFESSIONELL

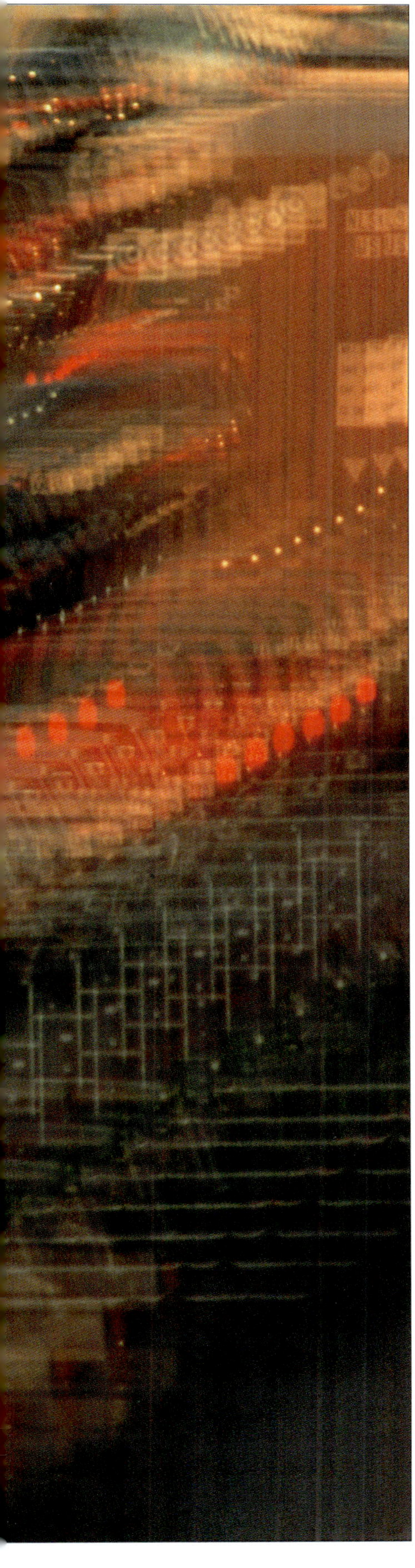

Action- und Sportfotografie

JONATHAN HILTON

Laterna magica

Sport- und Actionfotografie

Übersetzung von Susanne Ochs

Die englische Originalausgabe erschien bei:
RotoVision SA
Rue Du Bugnon 7
1299 Crans-Pres-Celigny
Schweiz

Die Deutsche Bibliotek – CIP-Einheitsaufnahme
Hilton, Jonathan:
Action- und Sportfotografie : Technik · Motive · Effekte / Jonathan Hilton. [Übers. von Susanne Ochs]. - München : Laterna magica 1998
(Foto professionell)
ISBN 3-87467-710-9

Gestaltung und Herstellung
Hilton & Kay
63 Greenham Road
London N10 1LN

Gestaltung Phil Kay
Bildredaktion Anne-Marie Ehrlich
Herstellung der deutschen Ausgabe Buch & Grafik Design, Günther Herdin GmbH, München

Gesamtherstellung
ProVision Pte Ltd
Printed in Singapore
ISBN 3-87467-710-9

Bildnachweis
Titelmotiv: Bob Martin
Seite 1: Don Mason/TSM
Seiten 2–3: Dale O'Dell/TSM
Rückseite: Bob Martin

INHALT

1 GRUNDLAGEN DER SPORT- UND ACTIONFOTOGRAFIE

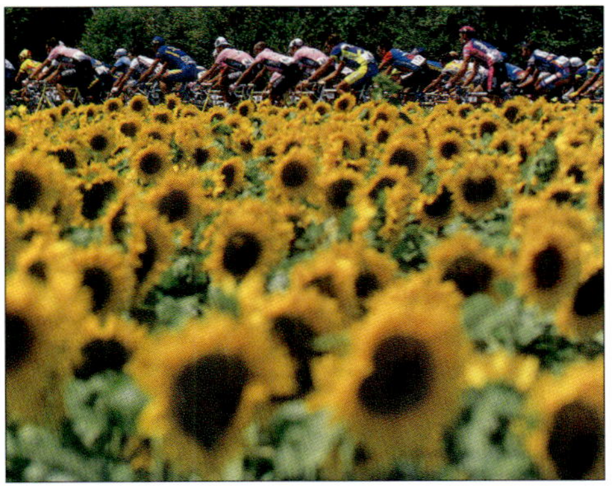

DER ENTSCHEIDENDE AUGENBLICK 2

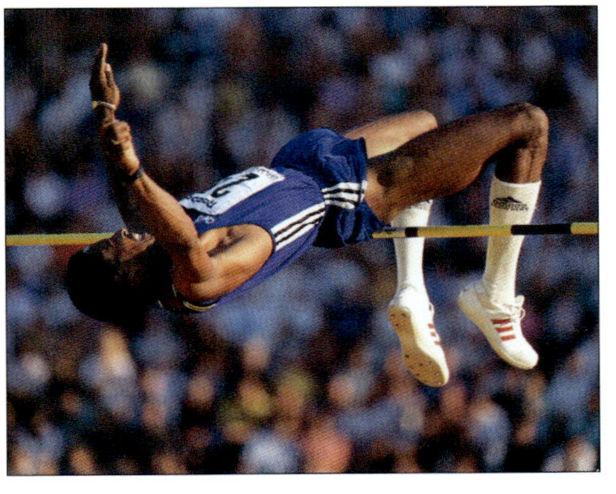

3 ACTIONAUFNAHMEN IN DER NATUR

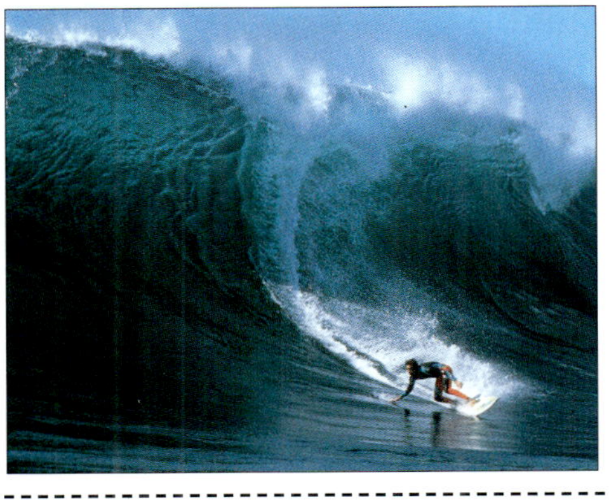

INHALT

4 EREIGNISSE UND VERANSTALTUNGEN

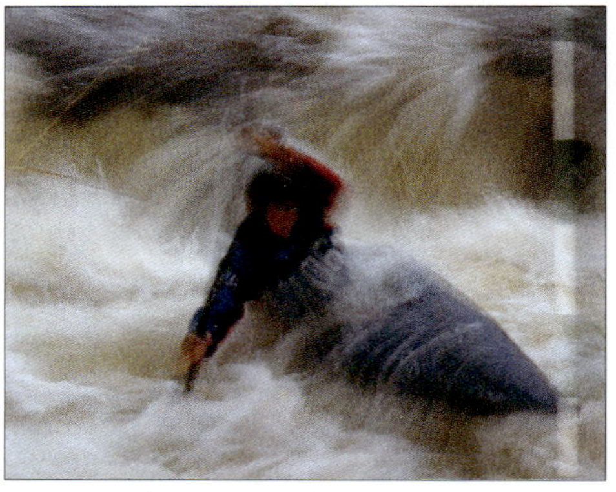

SPEZIALTECHNIKEN 5

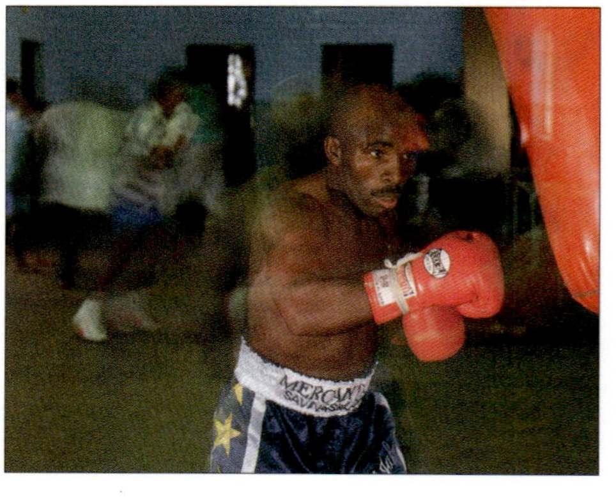

Einleitung

Die Action- und Sportfotografie ist vielleicht in beruflicher Hinsicht das schwierigste Spezialgebiet der Fotografie, stellt aber auch viele Erfolgserlebnisse in Aussicht. Die Bewegungen der Motive, die auf einem gelungenen Actionfoto dargestellt werden, können normalerweise weder vorausgesagt noch im voraus geplant oder gestellt werden. Das technische Geschick des Fotografen oder seine Fähigkeit, sich ein Bild vorzustellen oder vor dem geistigen Auge zu gestalten, mögen noch so groß sein – wenn er sich nicht im richtigen Moment am richtigen Ort befindet, wird er das Motiv nicht einfangen können.

Sportaufnahmen

Oftmals sind professionelle Sportfotografen selbst ehemalige Wettkampfsportler in einer oder mehreren Sportarten, oder sie haben zumindest sehr gute Laienkenntnisse über einige der Veranstaltungen, die sie dokumentieren.

Dieses Fachwissen verleiht ihnen die so oft unerläßliche Fähigkeit, den Verlauf einer Situation vorherzusehen. Aus dieser Voraussicht kann dann ein Bild entstehen, das auf der ganzen Welt veröffentlicht wird.

Wenn Sie sich auf eine größere Sportveranstaltung vorbereiten, sollten Sie auch einige grundlegende Informationen zu den wichtigsten Spielern oder Teilnehmern sammeln. Das Interesse der breiten Öffentlichkeit am Sport wird eigentlich nur durch eine kleine Handvoll von »Persönlichkeiten« aufrechterhalten. Die Launen und Kapriolen dieser wenigen Sportler ziehen immer wieder die Aufmerksamkeit und das Interesse der Zeitungs- und Bildredaktionen auf sich.

Fotograf:
Nick Kleinberg/TSM
Kamera:
4,5 x 6 cm
Objektiv:
180 mm
Filmempfindlichkeit:
ISO 200/24°
Belichtung:
1/30 Sekunde bei Blende 22
Beleuchtung:
Reines Tageslicht

▼ Obwohl der Gepard mit nicht allzu großer Geschwindigkeit neben dem Wagen des Fotografen herläuft, wurde eine lange Verschlußzeit gewählt, um die Bewegungen unscharf abzubilden und einen dramatischen Effekt zu erzielen. Bei einer kürzeren Verschlußzeit wäre das Foto weniger spannungsgeladen.

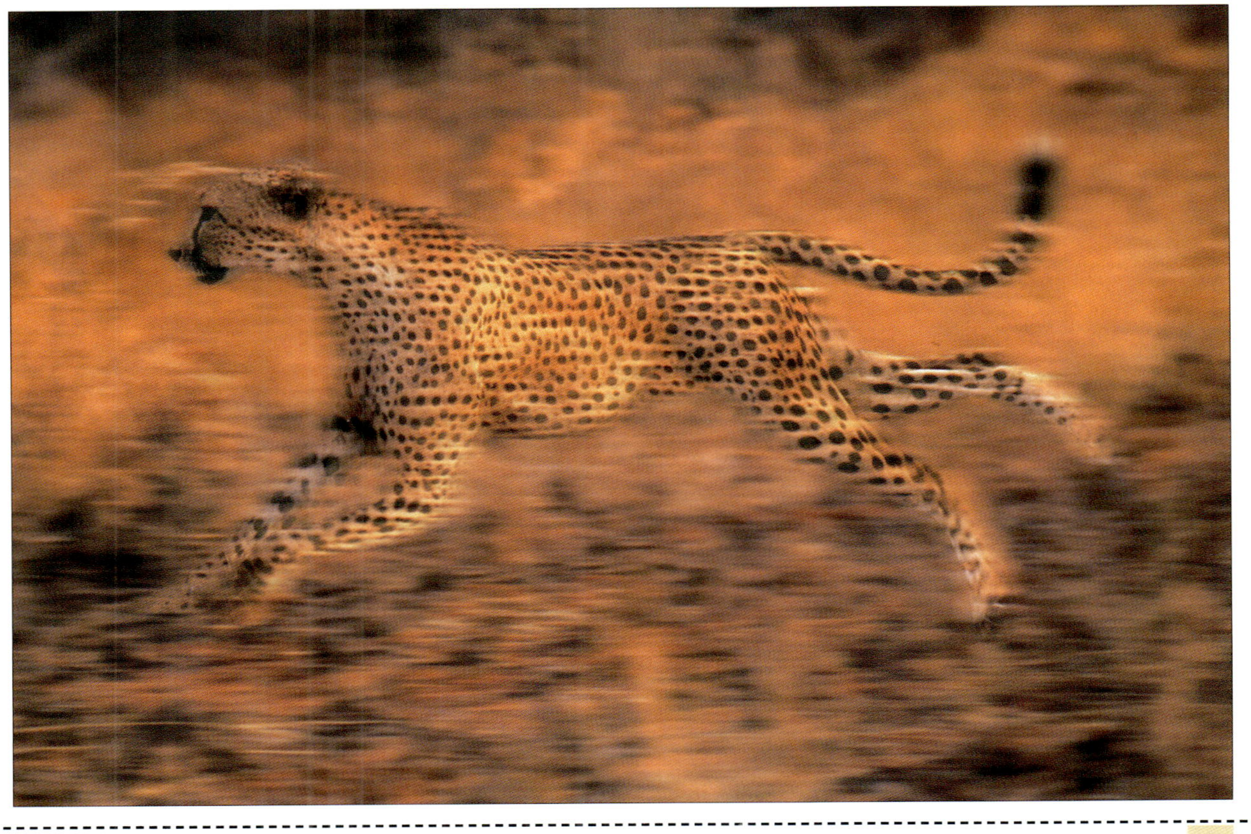

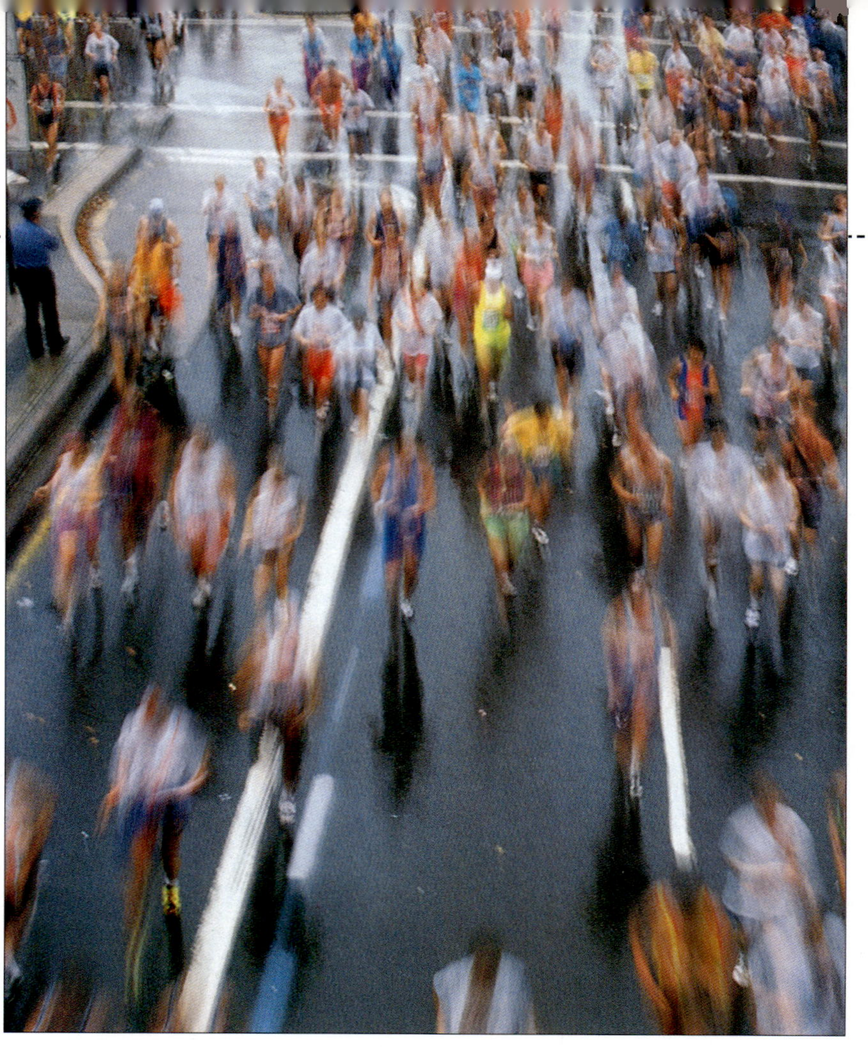

Fotograf:
David Pollack/TSM
Kamera:
Kleinbildkamera
Objektiv:
80 mm
Filmempfindlichkeit:
ISO 64/19°
Belichtung:
¼ Sekunde bei Blende 11
Beleuchtung:
Reines Tageslicht

◀ *Wenn man wie hier einen guten Platz erwischt hat und zum Beispiel die Route des New York Marathon überblicken kann, ist es mit Hilfe eines langbrennweitigen Objektivs relativ einfach, einzelne Sportler isoliert vom restlichen Feld abzubilden. Dies hätte jedoch keinesfalls die Größe dieses Ereignisses widergespiegelt, bei dem 25 000 Läufer in der Stadt unterwegs sind.*

Wenn Sie einen solchen Menschen in Ihrem Sucher haben, können sich ungeahnte Möglichkeiten ergeben.

Pressebereich oder Zuschauertribüne

Um Zugang zu den besonderen Pressebereichen zu erhalten, die für Fotografen und Journalisten reserviert sind, müssen Sie sich einige Zeit im voraus bei den Veranstaltern des Wettkampfs akkreditieren. Normalerweise können jedoch nur Fotografen von Agenturen oder Auftragsfotografen darauf hoffen, daß ihre Bewerbung erfolgreich ist.

Ein Presseausweis kann bei einigen Veranstaltungen deutliche Vorteile bieten, denn er gewährleistet eventuell einen besseren Zugang zu den Spielern vor und nach dem Wettkampf und bietet Ihnen die Möglichkeit, während des eigentlichen Spiels näher ans Geschehen heranzukommen.

Bei anderen Veranstaltungen – wozu auch viele der größten internationalen Spiele und Turniere zählen – garantiert Ihnen ein Presseausweis nur den Zutritt zu einem abgegrenzten Bereich innerhalb der Zuschauerränge. Daraus folgt, daß fast jeder im Publikum die gleiche Chance hat, jenen magischen Moment auf Film zu bannen. Wenn er dann noch Glück hat, wird dieses Bild veröffentlicht und bezahlt.

Die fotografische Methode

In der Sport- und Actionfotografie spielen bestimmte Geräte eine wichtige Rolle – eventuell lichtstarke, langbrennweitige Objektive, um Situationen in größerer Entfernung auf dem Spielfeld oder der Rennbahn dokumentieren zu können, Motorantriebe für Serienbilder von dramatischen Szenen des Spielverlaufs und spezielle wasserdichte Kameras für Aufnahmen beim Surfen oder Segeln.

Wichtiger noch als diese Gerätschaften ist jedoch Ihre Fähigkeit, die Entwicklung der Geschehnisse einzufangen und etwas von der Aufregung und Dramatik vor Ort wiederzugeben. Wir hoffen, daß Sie anhand der Fotos in diesem Buch erkennen können, wie gut dies den jeweiligen Fotografen in ihren Arbeiten gelungen ist.

Den Grundstein aller guten Fotos bildet die Bildgestaltung: Die gelungene Anordnung der Motivteile im Bildausschnitt und das Wissen um den Beitrag, den jedes dieser Elemente zum Erfolg des letztendlichen Bilds leistet. Wenn Sie zum Beispiel ein Spielfeld mit einer auf den gegenüberliegenden Rängen sitzenden Zuschauermenge fotografieren, sollten Sie eine Blende wählen, die eine geringe Schärfentiefe gewährleistet und die Zuschauer so unscharf abbildet, daß sie zu einer bunten Menge verschwimmen. Wenn jedoch die Reaktion des Publikums auf die Geschehnisse auf dem Spielfeld gezeigt werden soll, muß die Schärfentiefe groß genug sein, um die Gesichtsausdrücke der Zuschauer wiederzugeben. Ebenso könnte man das

Motiv von unten fotografieren und vor einem klaren Himmel abbilden. Manchmal können Brennweiten hilfreich sein, die das Motiv durch ihren größeren Bildwinkel in einer Umgebung abbilden, die die Bildwirkung erhöht. Zum Beispiel erzielt ein Foto eines gerade startenden Drachenfliegers einen dramatischeren Effekt, wenn das Objektiv erfassen kann, daß sich die Absprungstelle auf der Spitze eines steil abfallenden Felsvorsprungs befindet.

Karriereplanung

Wenn Sie sich für eine Karriere als Sport- und Actionfotograf interessieren, so könnten Sie damit beginnen, wichtige, wenngleich nicht unbedingt spektakuläre Veranstaltungen zu besuchen, wie zum Beispiel Ausscheidungswettkämpfe in Sportarten wie Golf, Skifahren, Fußball, Klettern etc. Auch bei diesen Veranstaltungen können Sie selbst als normaler Zuschauer gute Actionfotos machen und mit der Entwicklung Ihrer fotografischen Fähigkeiten beginnen. Wenn Ihre Bilder gut sind, werden regionale Zeitungen Ihre Arbeiten möglicherweise veröffentlichen wollen, und selbst Hochglanzmagazine könnten sich für diese nicht Auftrag gegebenen Fotos interessieren. All dies kostet sicherlich einiges an Zeit und Geld – sie werden Reisen unternehmen und Film- und Entwicklungskosten tragen müssen. Ihre Karriere ist diese Investition jedoch wert, wenn Sie wirklich auf diesem Spezialgebiet der Fotografie weiterkommen wollen.

FOTOGRAF:
Douglas Mesney/TSM

KAMERA:
Kleinbildkamera

OBJEKTIV:
50 mm

FILMEMPFINDLICHKEIT:
ISO 100/21°

BELICHTUNG:
⅛ Sekunde bei Blende 11

BELEUCHTUNG:
Licht des Schweißgerätes und Aufsteckblitz

▼ *Die in diesem Bild eines Schweißers enthaltene Spannung wird durch eine Verschlußzeit erreicht, bei der die Funken als Streifen abgebildet werden und auf dem ganzen Bild verschwimmen. Mit einem kleinen Aufsteckblitz wurden zu dunkle Schatten aufgehellt.*

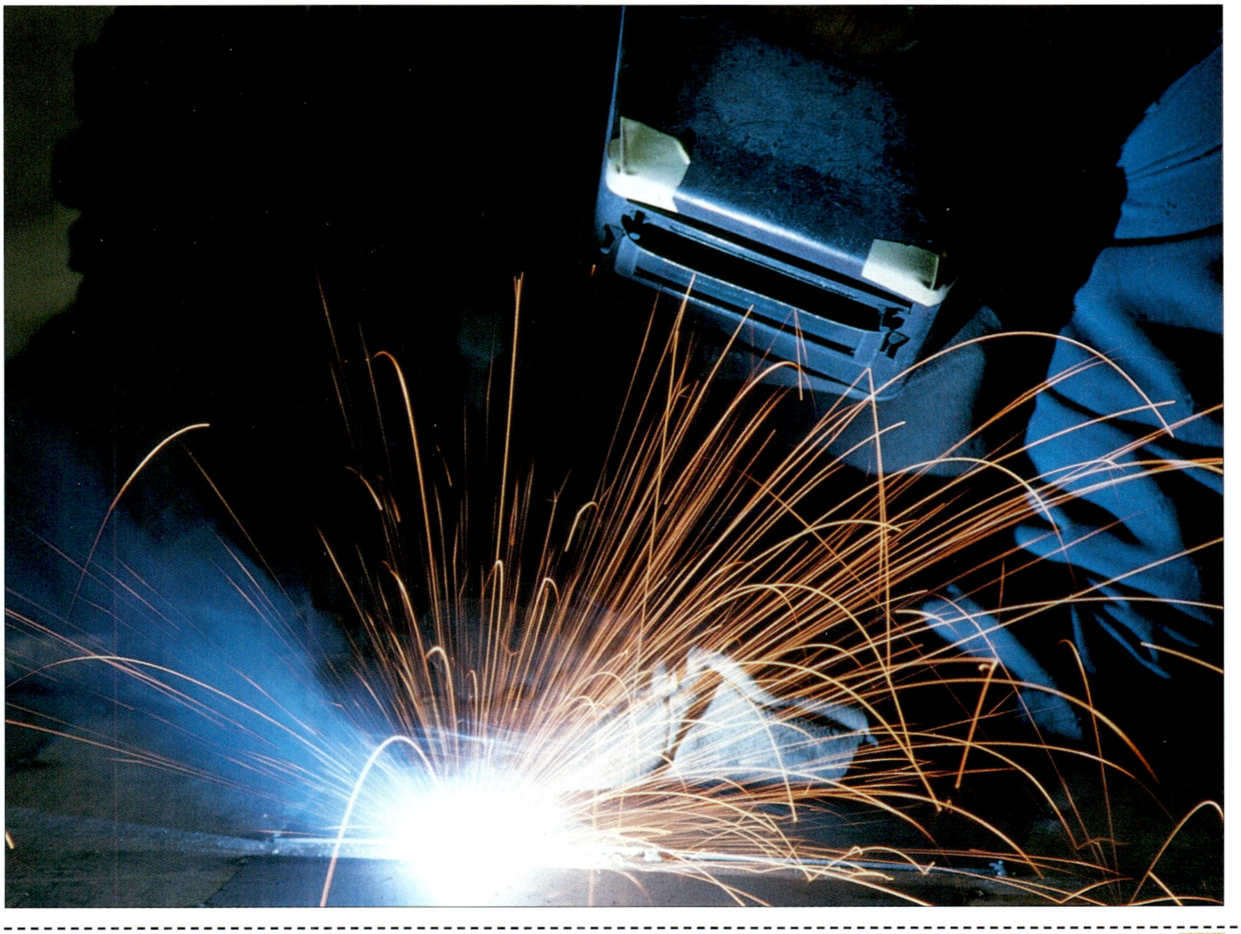

Ausrüstung und Zubehör

Bei der Sport- und Actionfotografie kommt es darauf an, das richtige Gleichgewicht an Geräten zu finden, die man zur jeweiligen Veranstaltung mitnimmt. Einerseits werden Sie nicht auf ein gutes Bild verzichten wollen, nur weil Sie im entscheidenden Augenblick zum Beispiel nicht das richtige Objektiv oder die geeignete Kameraauflage parat haben. Oder der Film geht in einem Moment zu Ende, an dem eine gelungene Aufnahme in greifbare Nähe zu rücken scheint, und Ihre bereits mit einem Film versehene Ersatzkamera ist im Kofferraum Ihres Wagens eingeschlossen. Andererseits können Sie sich jedoch nicht mit so vielen Geräten belasten, daß Ihre Bewegungsfreiheit eingeschränkt ist – oft müssen Sie schnell Ihren Standort verändern, um die richtige Position einzunehmen. Oder Sie finden das notwendige Zubehör nicht schnell genug, weil Sie zu lange in Ihrer mit unnötigem Krimskrams gefüllten Kameratasche kramen müssen.

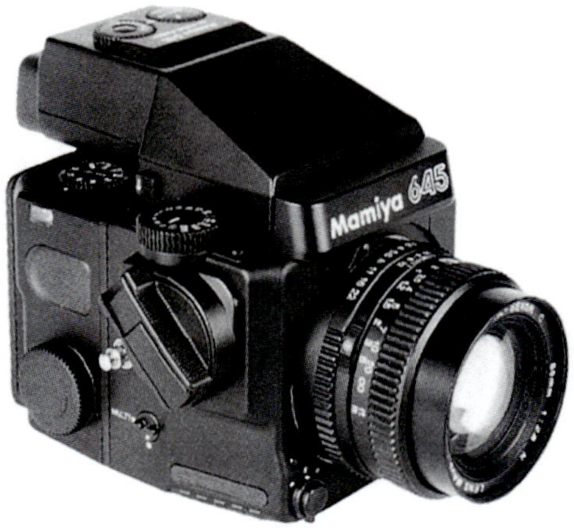

◀ *Die kleinste Mittelformatkamera. Sie produziert rechteckige Negative oder Dias mit einem Format von 4,5x6 cm.*

Beliebte Kameras

Die beliebteste Kamera der Sport- und Actionfotografen ist zweifellos die einäugige Kleinbild-Spiegelreflexkamera. Darauf folgt eine Vielzahl von zur Zeit erhältlichen Mittelformatkameras. Beide Formate weisen sowohl Vor- als auch Nachteile auf, und manchmal führen Fotografen beide Kameratypen mit sich, damit sie je nach der zur Verfügung stehenden Zeit und den Anforderungen der Situation zwischen beiden Typen wählen können.

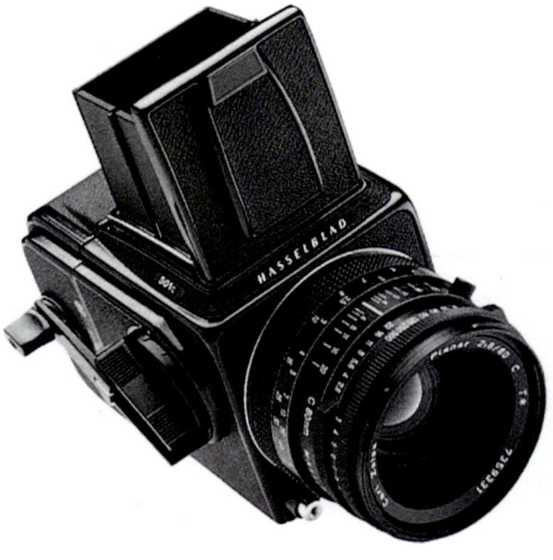

◀ *Dies ist die wahrscheinlich bekannteste Mittelformatkamera. Sie produziert quadratische Negative oder Dias mit einem Format von 6x6 cm.*

Mittelformatkameras

Bei diesem Format, von dem es viele Unterarten gibt, werden Rollfilme mit der Typenbezeichnung 120 (in Farbe und Schwarzweiß) und 220 (hauptsächlich in Schwarzweiß) verwendet. Farbfilme haben eine dickere Emulsion als Schwarzweißfilme, weshalb 220er Farbfilme im

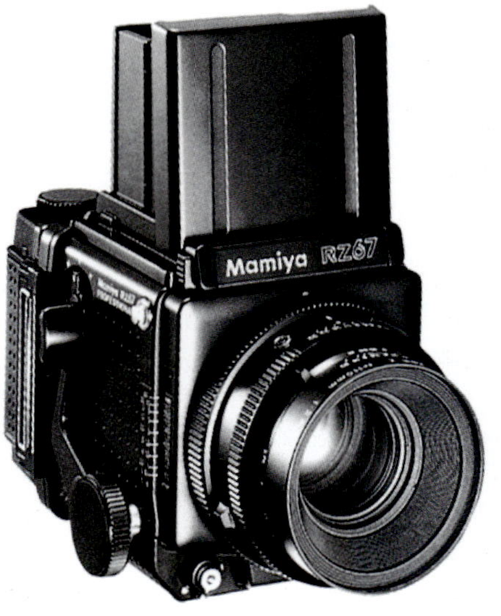

◀ *Dies ist die größte der gängigen Mittelformatkameras. Sie produziert rechteckige Negative oder Dias mit einem Format von 6x7 cm. (Das Format 6x9 cm ist ebenfalls erhältlich.)*

allgemeinen nicht auf dem Markt erhältlich sind, da sie nicht in das Filmfach der Kamera passen. Die drei gängigsten Größen der Mittelformatkameras sind 4,5x6 cm, 6x6 cm und 6x7 cm. Üblicherweise kann man mit der folgenden Anzahl an Aufnahmen pro Film rechnen:

Kameratyp	**Rollfilm (120)**	**Rollfilm (220)**
6x4,5 cm	15	30
6x6 cm	12	24
6x7 cm	10	20

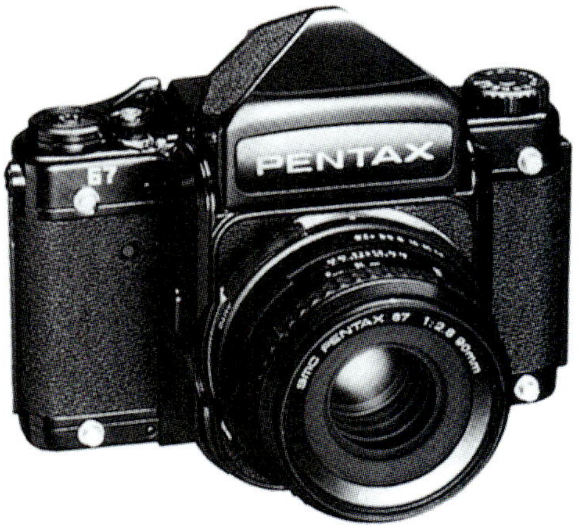

◀ *Diese Mittelformatkamera sieht aus wie eine größere Kleinbildkamera. Viele Fotografen halten die Anordnung der Bedienungselemente für praxisgerechter als die der gegenüberliegenden Kameras.*

Der Vorteil, den die meisten Fotografen im Mittelformat sehen, besteht darin, daß die Größe des Negativs – im Vergleich zum Kleinbildformat – qualitativ hochwertige Abzüge ermöglicht, insbesondere wenn stark vergrößert werden muß. Diese Tatsache allein überwiegt oft alle anderen Erwägungen. Die wichtigsten Nachteile dieses Formats bestehen (wiederum im Vergleich zum Kleinbildformat) darin, daß die Kameras schwer und nicht so leicht zu bedienen sind. Sie haben weniger Automatikfunktionen (was allerdings manchmal von Vorteil ist), ihr Anschaffungspreis ist höher, und Sie erhalten weniger Aufnahmen pro Film (weshalb Sie häufger einen neuen Film einlegen müssen).

Einäugige Kleinbild-Spiegelreflexkameras (SLRs)

In den letzten Jahren konnten die hochwertigsten Objektive für Kleinbild-Spiegelreflexkameras in einem Maße verbessert werden, daß das Ergebnis bei normalen bis mittleren Vergrößerungen – sagen wir 20x25 cm – hervorragend ist. Aufgrund der Beliebtheit bei Amateurfotografen ist das Angebot an Kleinbildkameras und Zubehör größer als bei anderen Formaten. Es gibt mindestens sechs große Hersteller von Kleinbildkameras, und jeder von ihnen produziert eine breite Palette von Kamerагehäusen, Objektiven, passenden Blitzgeräten und sowohl speziellem als auch allgemein einsetzbarem Zubehör. Das Angebot der jeweiligen Hersteller umfaßt rein manuelle und vollautomatische Modelle. Auch unabhängige Firmen bieten Objektive und Zubehör an. Im Vergleich zu Mittelformatkameras sind Spiegelreflexkameras leicht und bedienerfreundlich, weisen im allgemeinen eine ganze Reihe von automatischen Funktionen auf und ermöglichen höchst flexibles Arbeiten. Wenn jedoch überdurchschnittlich große Vergrößerungen erforderlich sind, liefern Mittelformatkameras eine bessere Bildqualität.

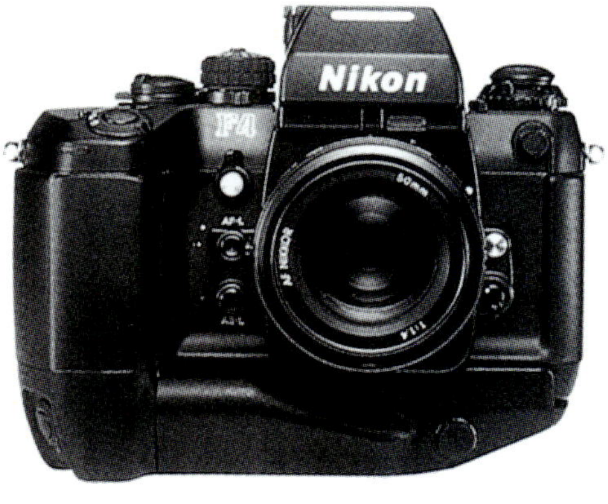

◀ *Diese professionelle Kleinbildkamera in Spitzenqualität, hier mit einem Motorantrieb ausgestattet, verfügt über ein robustes Druckguß-Gehäuse, drei verschiedene Meßsysteme, austauschbare Mattscheiben und Sucher, Meßwertspeicherung und Belichtungskorrektur, Zeit- und Blendenautomatik und voll automatische oder rein manuelle Belichtungsprogramme.*

Alle Spiegelreflexkameras verwenden das gleiche Filmmaterial – Filmpatronen mit entweder 24 oder 36 Aufnahmen, in Farbe oder Schwarzweiß. Aufgrund der Beliebtheit dieses Formats ist die Bandbreite der auf dem Markt erhältlichen Filme wiederum größer als bei jedem anderen Format.

Nützliches Zubehör

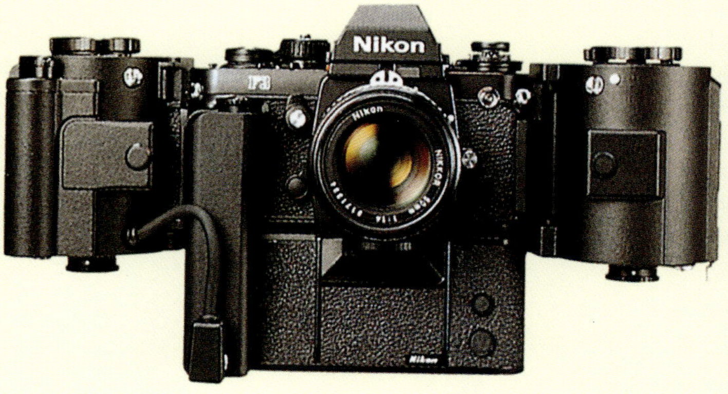

Wenn Sie absehen können, daß viele Aufnahmen nötig sein werden, können Sie den Filmwechsel nach jedem vollständig belichteten Film mit 24 oder 36 Aufnahmen vermeiden, indem Sie die Kamera mit einem Langfilmmagazin versehen. Diese Einrichtung wird nur für professionelle Spiegelreflexsystemkameras angeboten und ermöglicht bis zu 250 Aufnahmen. Obwohl viele moderne Spiegelreflexkameras mit einem eingebauten Filmtransport und einer Serienbildfunktion mit bis zu drei Bilder pro Sekunde ausgestattet sind, können auch einige ältere Modelle und professionelle manuelle Spiegelreflexkameras mit einem als Zubehör erhältlichen Motorantrieb versehen werden. Diese Einrichtung wird entweder eingebaut oder angesetzt und transportiert den Film nach jeder Auslösung zum nächsten Bild weiter bzw. aktiviert die Serienbildfunktion, solange Sie den Auslöser gedrückt halten. Bedenken Sie jedoch, daß ein Motorantrieb sehr schnell ein große Menge Film verbraucht und zudem recht laut ist. Daher sollte man ihn nicht einsetzen, wenn die Kamera das Motiv im entscheidenden Moment stören könnte.

Objektive

Beim Kauf eines Objektivs sollten Sie hinsichtlich der Qualität keine Kompromisse eingehen. Sei Ihr Kameragehäuse auch noch so gut - ein Objektiv niedriger Qualität wird auch zu schlechteren Ergebnissen führen. Dies zeigt sich bei der Vergrößerung um so deutlicher. Kaufen Sie deshalb immer nur das beste, was Sie für Ihr Geld bekommen können.

Ein Objektiv ist um so teurer, je größer seine Anfangsöffnung ist. Bei jeder Aufblendung auf die nächste Stufe - von Blende 5,6 auf Blende 4 zum Beispiel - wird die Lichtmenge, die durch das Objektiv fällt, verdoppelt. Dies bedeutet, daß Sie bei schwächer werdendem Licht fotografieren können, ohne Blitzlicht einsetzen zu müssen. Bei sehr großen Öffnungen muß das Objektiv jedoch mit großer optischer Präzision gefertigt sein, damit es eine verzeichnungsfreie Abbildung liefern kann. Somit kosten Objektive mit einer größten Blende von 1,2 oder 1,4 erheblich mehr als Objektive mit einer Öffnung von 2 oder 2,8.

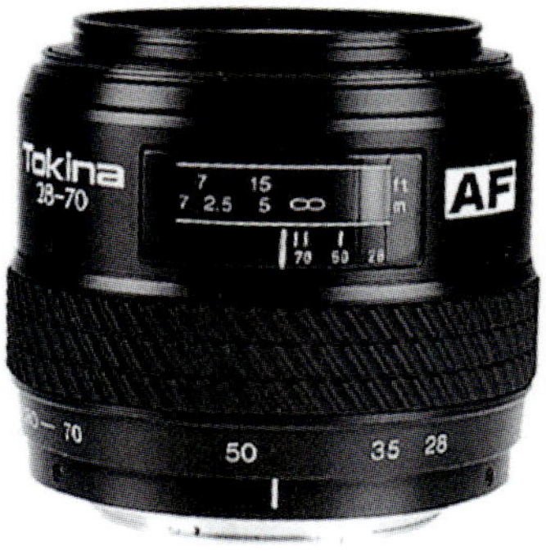

▲ *Ein 28-70 mm Zoomobjektiv für das Kleinbildformat.*

Objektive für Kleinbildkameras

Bei einer »typischen« Sportveranstaltung müssen Sie eventuell auf Nummer Sicher gehen und sowohl Weitwinkelobjektive (für Übersichtsaufnahmen oder beim Fotografieren in unmittelbarer Nähe des Geschehens) als auch Teleobjektive mittlerer bis langer Brennweite einsetzen, um auch Details in größerer Entfernung abzubilden oder überflüssige Details zu unterdrücken, wenn Sie näher am Geschehen arbeiten. Zu den nützlichsten Objektiven für Kleinbildkameras gehören ein 28 oder 35 mm-Weitwinkelobjektiv, ein 50 mm-Normalobjektiv und Teleobjektive mit Brennweiten von 135 mm bis 300 mm. Alternativ dazu kann eine Kombination verschiedener Zoomobjektive zum Einsatz kommen. Zum Beispiel könnten Sie ein 28-70 mm-Zoomobjektiv verwenden und zusätzlich dazu ein zweites Objektiv, das den Bereich von 80-250 mm abdeckt. So erhalten Sie mit nur zwei Objektiven die meisten erforderlichen Brennweiten und können auch alle Zwischenpositionen einregeln, die zur Feineinstellung der Entfernung und zur Bildgestaltung nötig sein könnten.

Objektive für Mittelformatkameras

Im Vergleich zum Kleinbildformat gibt es für Mittelformatkameras weniger Objektive, die außerdem größer, schwerer und teurer sind. Auch diese Objektive werden in die gleichen Kategorien eingeordnet - mit anderen Worten, Weitwinkel-, Standard- und Teleobjektive. Auch eine begrenzte Anzahl an Zoomobjektiven steht für Mittelformatkameras zur Verfügung.

Blitzgeräte

Die praktischste künstliche Lichtquelle für einen Actionfotografen, der im Freien oder innerhalb eines Gebäudes unter unzureichenden Lichtverhältnissen oder bei im Verhältnis zu den hellen Motivpartien zu dunklen Schatten fotografiert, ist zweifellos das Blitzlicht. Verschiedene Blitzgeräte liefern unterschiedliche Lichtenergie. Sie sollten daher sicherstellen, daß Sie das Blitzgerät verwenden, das zur Ausleuchtung des jeweiligen Bereichs am besten geeignet ist.

In Innenräumen bieten Ihnen horizontal und vertikal verschwenkbare Reflektoren die Möglichkeit, den Blitz auf eine geeignete Wand oder Zimmerdecke zu richten, so daß Ihr Motiv von reflektiertem statt von direktem Licht beleuchtet wird. Dadurch wird ein weicherer, schmeichelhafterer Effekt erzielt. Die Leistungskraft des Blitzgeräts kann auf diese Weise jedoch nicht voll ausgenutzt werden. Um diesen Leistungsabfall auszugleichen, sollten Sie eine größere Blende wählen oder näher am Geschehen fotografieren.

Im Freien wird sich jedoch nur selten eine Wand in der Nähe finden lassen, die das Blitzlicht reflektieren kann. Falls Sie auf keinen Fall direktes Blitzlicht verwenden wollen, können Sie einen winkligen Reflektor aus Kunststoff oder Karton über dem Blitzkopf einsetzen. Bedenken Sie, daß Sie bei Farbaufnahmen nur weiße oder neutrale Flächen als Reflektor verwenden dürfen, wenn Sie keine Farbstiche riskieren möchten.

Die Streuung des Blitzlichts ist nicht bei allen Blitzgeräten gleich. Die meisten eignen sich für den Bildwinkel von mittleren Weitwinkel- und Teleobjektiven und von Standardobjektiven. Wenn Sie jedoch ein Objektiv extremer Brennweite benutzen, ist die Blitzausleuchtung möglicherweise unzureichend, da die Helligkeit zu den Bildecken hin abfällt. Manche Blitzgeräte können

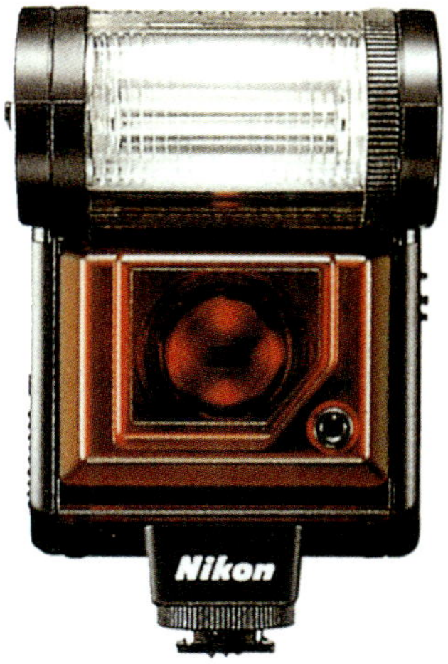

◀ *Diese Art von Blitzgerät wird im Zubehörschuh der Kamera aufgesteckt, wo er über elektrische Kontakte bei der Verschlußauslösung gezündet wird. Das Modell gibt einen speziellen Lichtstrahl ab, der die Autofokuseinrichtung der Kamera darin unterstützt, selbst im Dunkeln das Motiv zu finden und die Meßwerte zu ermitteln.*

▼ *Dieses Stabblitzgerät wird am Stativgewinde der Bodenplatte der Kamera befestigt. Der Kopf ist vertikal und horizontal verschwenkbar. In verschwenkter Position kann ein leicht gerichtetes Licht erzeugt werden.*

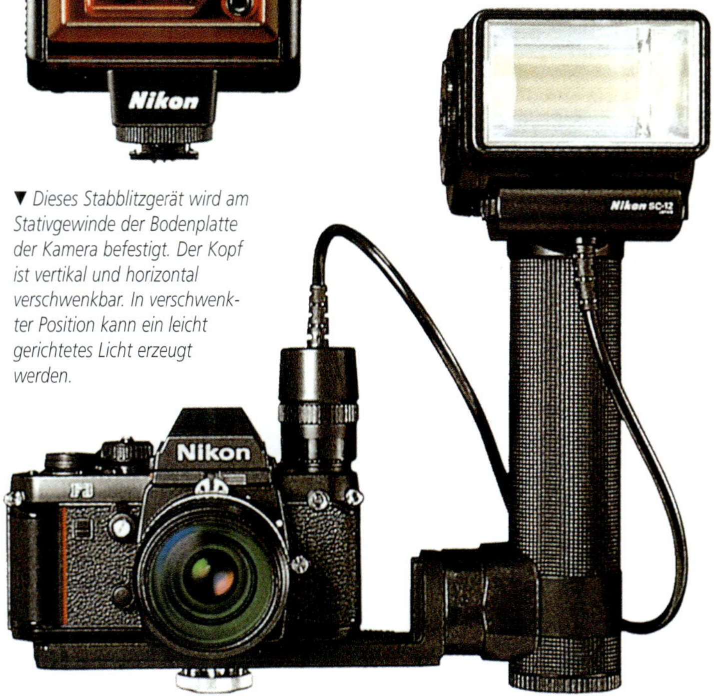

eingestellt werden und lassen sich so an den Bildwinkel verschiedener Brennweiten anpassen, oder die Streuung kann mit Hilfe von Vorsätzen verändert werden. Wenn Sie keine Zeit haben, um den Blitzkopf an das verwendete Objektiv anzupassen, sollten Sie versuchen, den Bildausschnitt so zu wählen, daß Sie zu stark unterbelichtete Bildteile später beim Vergrößern beseitigen können.

Kameraauflagen

Es wird immer wieder Situationen geben, in denen Sie mit Verschlußzeiten arbeiten, die zu Verwacklungen führen können. Wenn Sie ein schweres Teleobjektiv benutzen, können Verwacklungen sogar schon bei relativ kurzen Verschlußzeiten auftreten, insbesondere dann, wenn Sie nicht ruhig stehen. Die beste Lösung für dieses Problem besteht darin, die Kamera auf einem Stativ zu befestigen. Selbst ein leichtgewichtiges Stativ ist besser als gar keines. Falls dies nicht möglich ist, sollten Sie zumindest ein Einbeinstativ verwenden. Manche Actionfotografen bevorzugen eine Schulterstütze, die das gesamte Objektiv trägt und auf der Schulter abgestützt wird - wie ein Gewehr, das man an die Schulter anlegt.

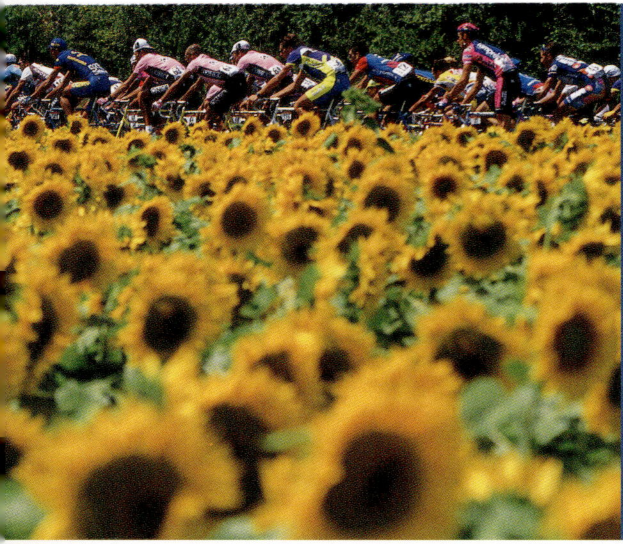
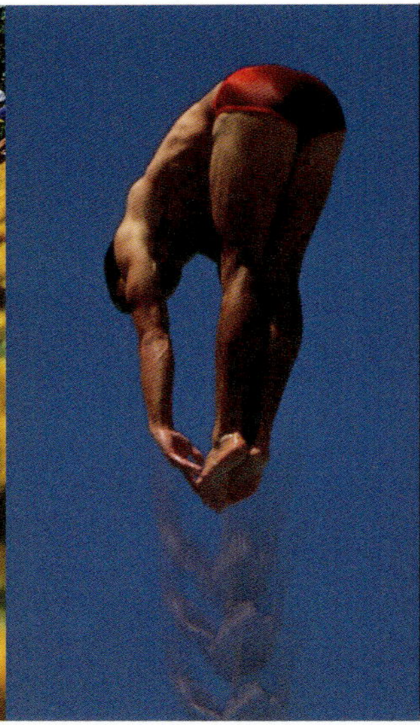
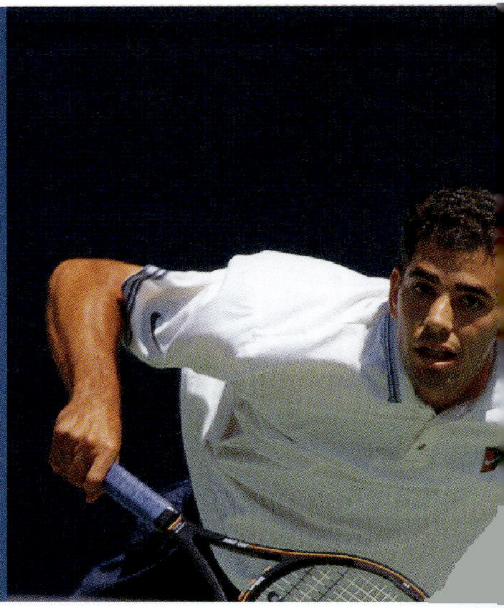

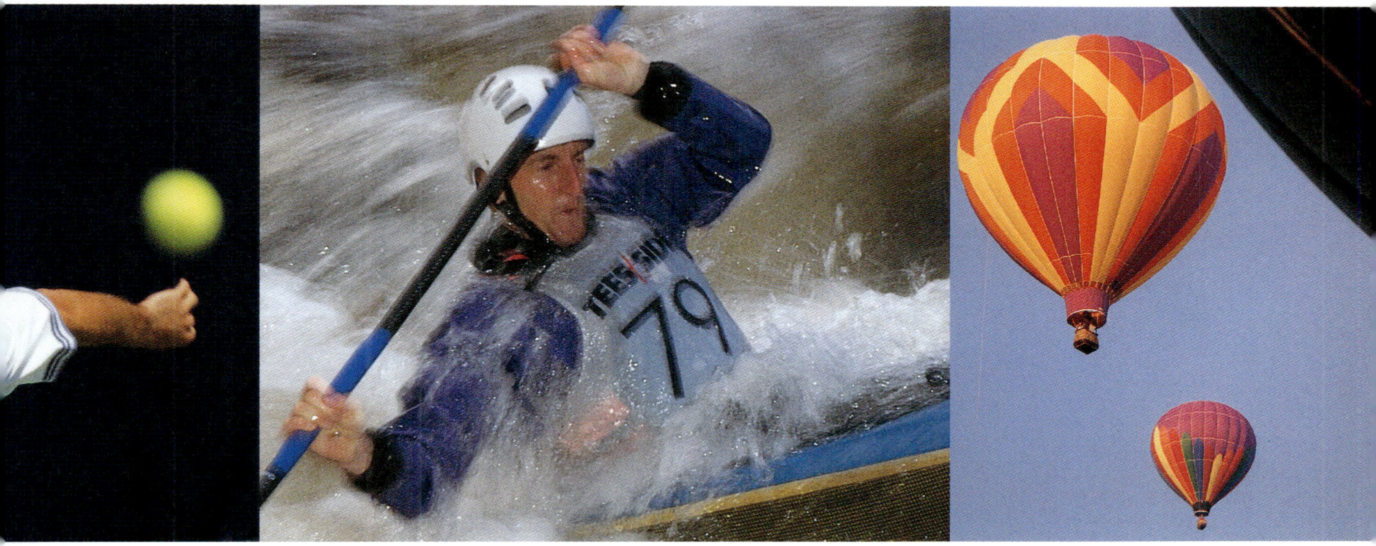

Die Grundlagen der Sport- und Actionfotografie

Die Interpretation von Actionmotiven

Die einzige Regel, die man sich beim Fotografieren zu Herzen nehmen sollte, lautet: Es gibt keine Regeln. Gerade das Wesen der Actionfotografie gebietet eine flexible Herangehensweise - wenn Sie nicht genau wissen, wann und wo sich eine Gelegenheit zum Fotografieren ergibt, können Sie sich auch niemals richtig auf die Aufnahme vorbereiten. Möglicherweise fotografieren Sie zum Beispiel ein sich schnell bewegendes Motiv unter schlechten Lichtverhältnissen, ohne jedoch eine Verschlußzeit wählen zu können, die die Bewegung einfriert. Anstatt das Bild gar nicht erst zu machen, könnten Sie sich für eine völlig andere Interpretation des Motivs entscheiden, indem Sie eine sehr lange Verschlußzeit wählen. Dadurch können Sie die Spannung und Dramatik der Situation durch die Unschärfe des Motivs neu definieren. Bei einer anderen Aufnahme möchten Sie möglicherweise Bewegung in ein vollkommen statisches Motiv bringen, indem Sie ein Effektfilter vor dem Objektiv verwenden.

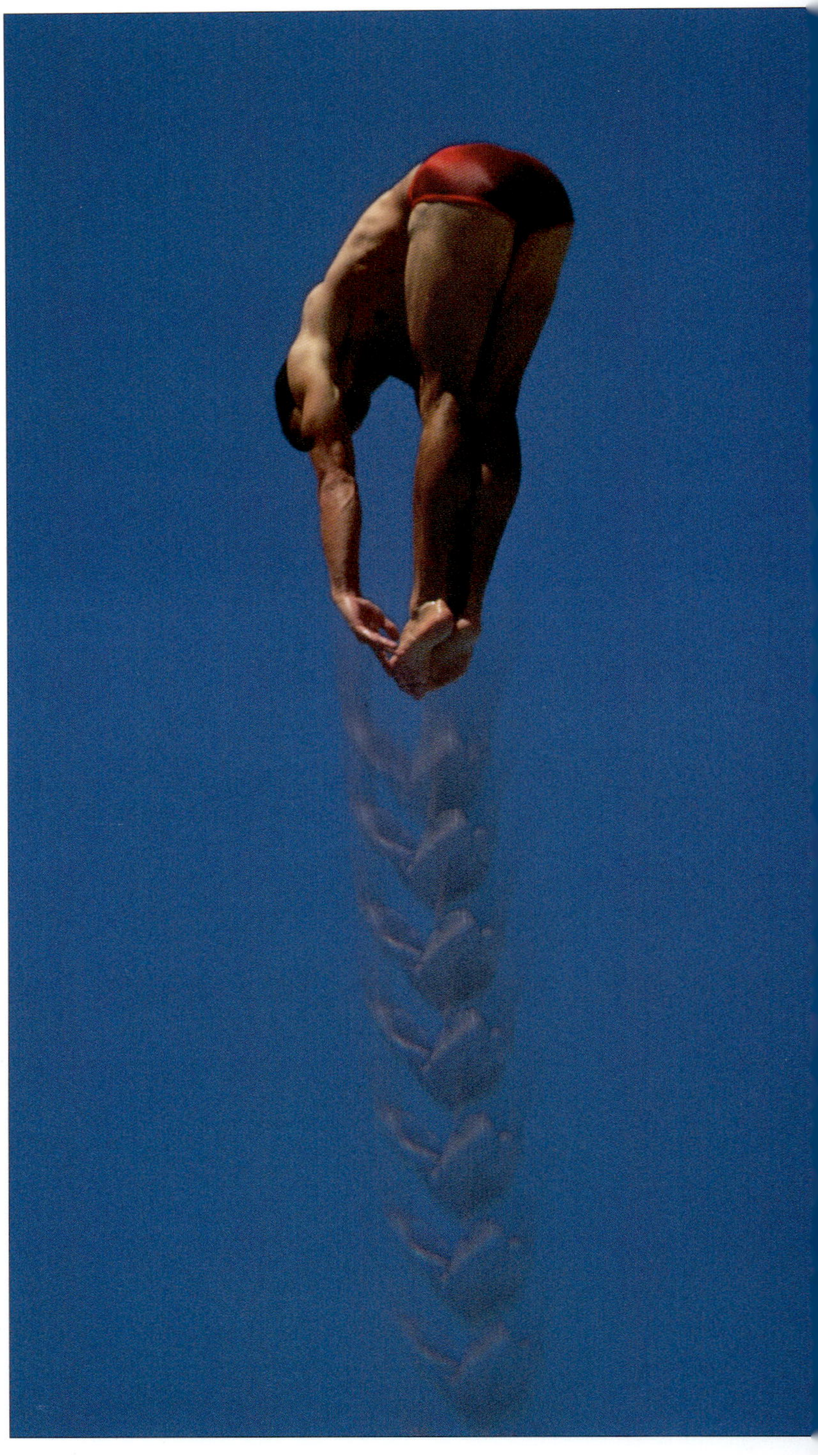

Fotografin:
Anne-Marie Weber/TSM

Kamera:
Kleinbildkamera

Objektiv:
135 mm

Filmempfindlichkeit:
ISO 100/21°

Belichtung:
1/250 Sekunde bei Blende 8

Beleuchtung:
Reines Tageslicht

◀ ▶ *Effektfilter können in der Actionfotografie eine große Rolle spielen, wenn Sie gezielt und nicht zu häufig eingesetzt werden. Das Foto des Kunstspringers, das bereits an sich eine dramatische Aufnahme darstellt, erhielt das »gewisse Etwas« durch die Verwendung eines Filters, das eine Reihe sich wiederholender Bilder des Motivs produziert und den Eindruck erweckt, als sei der Sportler von einer riesigen Feder in die Luft geschleudert worden. Die Nachtaufnahme eines Gebäudes in Kopenhagen, Dänemark, wirkt so lebendig, weil ein Effektfilter alle punktförmigen Lichtquellen als Lichtstreifen abbildet und so den Eindruck schafft, in dem Gebäude pulsiere das Leben.*

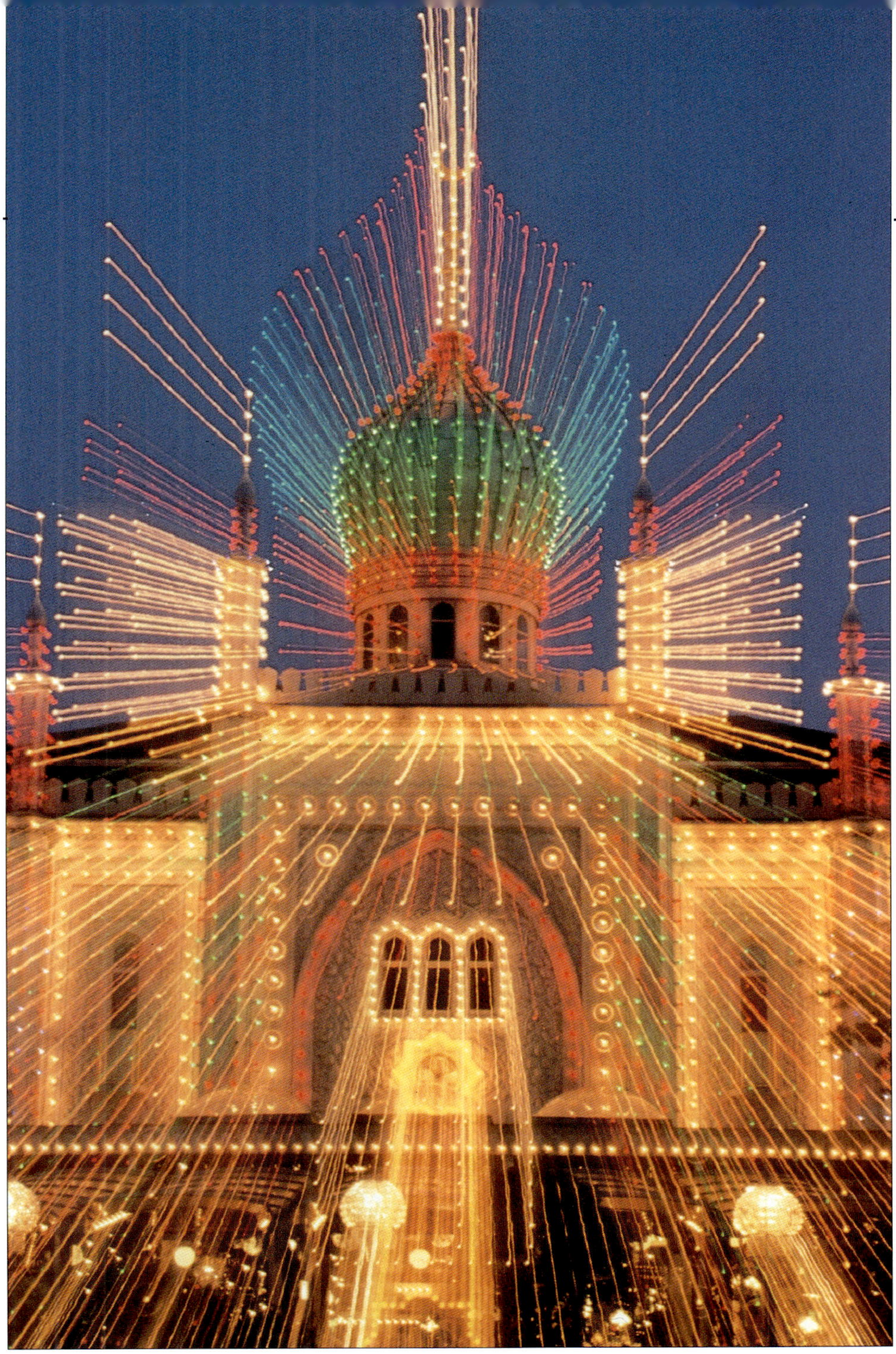

FOTOGRAF:
Bob Krist/TSM

KAMERA:
Kleinbildkamera

OBJEKTIV:
90 mm

FILMEMPFINDLICHKEIT:
ISO 200/24°

BELICHTUNG:
1/15 Sekunde bei Blende 4

BELEUCHTUNG:
Beleuchtung des Gebäudes

Hinweise und Tips

- Warten Sie, bis das Tageslicht vollständig verschwunden ist. Andernfalls führt eine sehr lange, manuell eingestellte Belichtung zu einer stumpfen, tageslichtartigen Wirkung.
- Verwenden Sie bei der Arbeit mit langen Verschlußzeiten ein Stativ oder eine andere feste Unterlage.
- Vermeiden Sie statische, punktförmige Lichtquellen im Bild, wie zum Beispiel nahegelegene Straßenlaternen. Bei einer Belichtungszeit von vielen Sekunden werden diese Lichtquellen in angrenzende Bereiche überstrahlen und den Gesamtkontrast reduzieren.

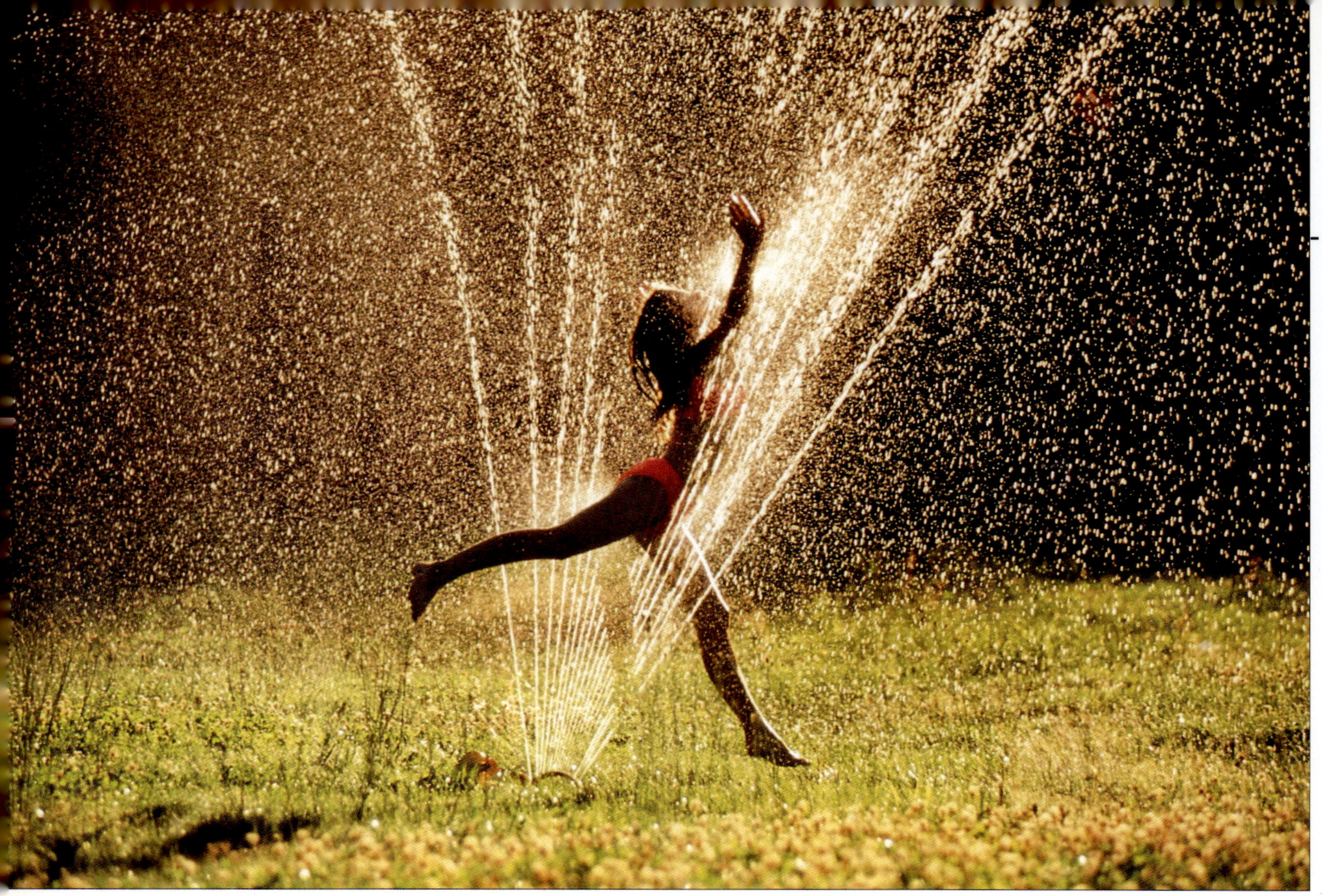

▲ *Bei diesem gestellten Bild herrschten die richtigen Lichtverhältnisse, so daß der Fotograf jede der Zeit/Blendenkombinationen der Kamera hätte auswählen können, um das Motiv unterschiedlich zu interpretieren. Eine lange Verschlußzeit hätte das Mädchen und das Spritzwasser beispielsweise in Form von wirbeligen Linien, verschwommenen Formen und Farbtupfern wiedergegeben. Die hier eingesetzte kurze Verschlußzeit gibt die Qualität und Intensität des Gegenlichts und die kühle Frische der Wasserstrahlen optimal wieder.*

FOTOGRAF:
Pete Saloutos/TSM
KAMERA:
Kleinbildkamera
OBJEKTIV:
200 mm
FILMEMPFINDLICHKEIT:
ISO 40/17°
BELICHTUNG:
1/250 Sekunde bei Blende 5,6
BELEUCHTUNG:
Reines Tageslicht

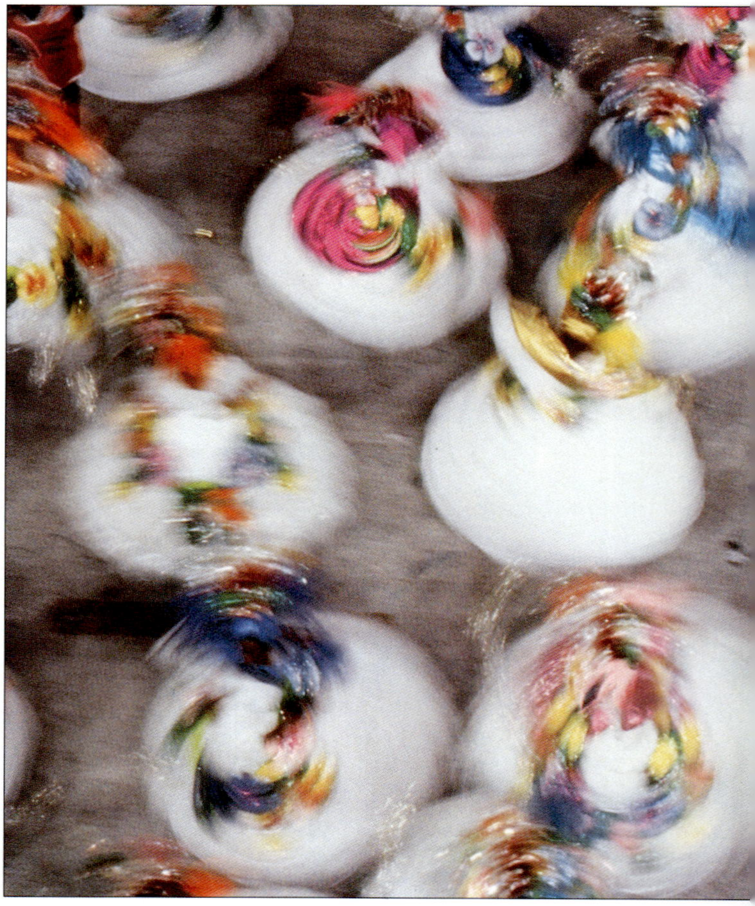

▼ *Dieses Bild wurde bei Sonnenuntergang auf dem berühmten Karneval in Rio aufgenommen. Zu dieser Tageszeit nimmt die Lichtintensität rasch ab. Die Fotografin hatte jedoch einen Film mit ISO 100/21° in ihrer Kamera, der nicht empfindlich genug ist, um die Bewegungen der schnell herumwirbelnden Tänzer einzufrieren. Anstatt ein Bild zu machen, das weder völlig scharf noch völlig unscharf gewesen wäre, entschied sich die Fotografin für die längste Verschlußzeit, die noch vorsichtig aus der Hand gehalten werden konnte, und gab die Tänzer als ein Kaleidoskop von Farben und Licht wieder.*

FOTOGRAFIN:
Lena Trindade/TSM

KAMERA:
Kleinbildkamera

OBJEKTIV:
55 mm

FILMEMPFINDLICHKEIT:
ISO 100/21°

BELICHTUNG:
1/15 Sekunde bei Blende 3,5

BELEUCHTUNG:
Reines Tageslicht

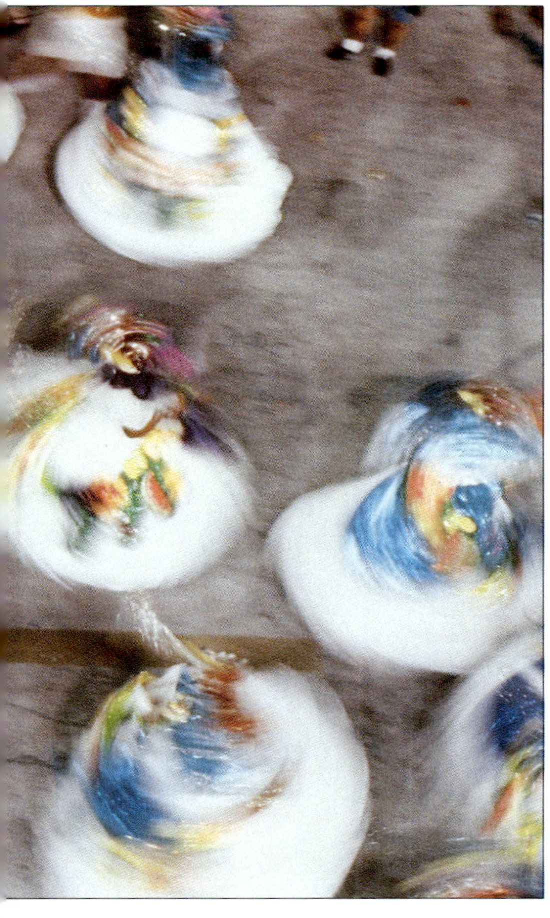

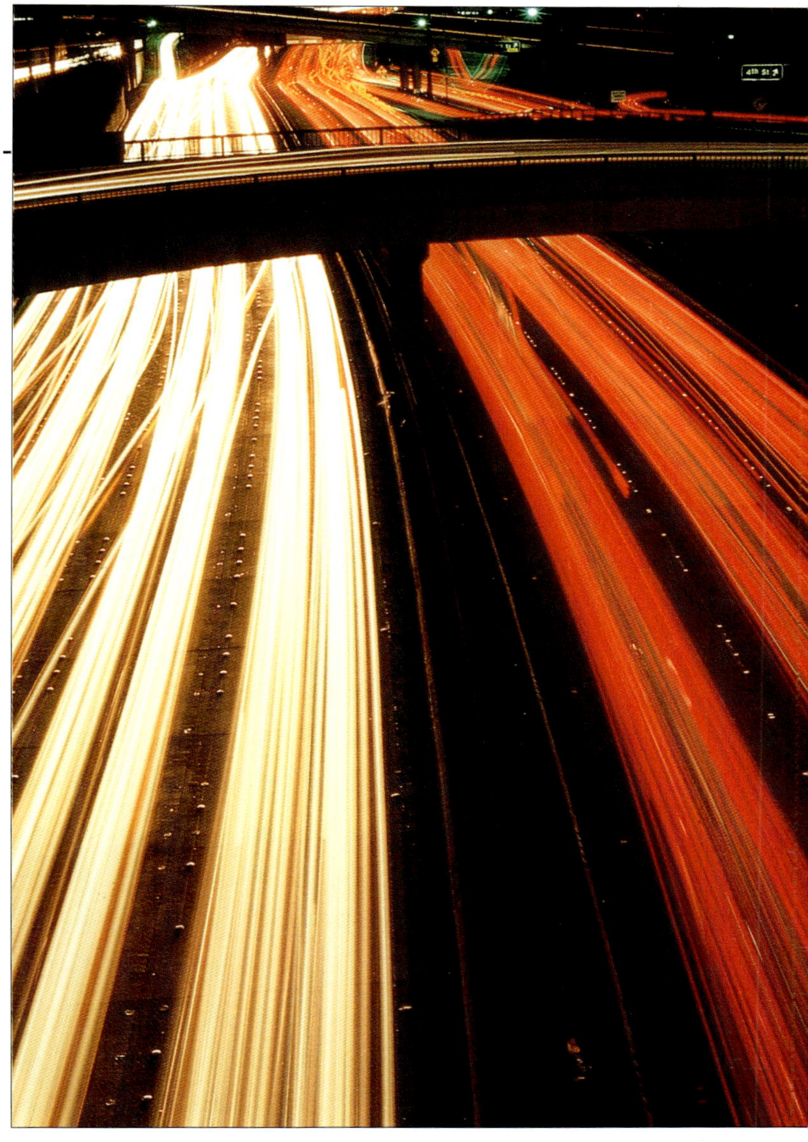

FOTOGRAF:
Benjamin Rondel/TSM

KAMERA:
Kleinbildkamera

OBJEKTIV:
50 mm

FILMEMPFINDLICHKEIT:
ISO 200/24°

BELICHTUNG:
20 Sekunden bei Blende 5,6

BELEUCHTUNG
Straßenbeleuchtung und Autoscheinwerfer

▲ *Diese Interpretation des Straßenverkehrs vermittelt weit besser den Eindruck von Aktivität und Bewegung, als dies bei einer Aufnahme mit eingefrorenen Bewegungen bei Tageslicht der Fall gewesen wäre. Die abstrakten Streifen weißen Lichts, die von den entgegenkommenden Autos stammen, und die roten Streifen der Rücklichter werden von einer Horizontlinie am oberen Bildrand miteinander verbunden und bilden so einen sehr dynamischen Bildaufbau. Diese Art Effekt hängt von der Geschwindigkeit der Autos und der Verkehrsdichte ab, aber eine manuell eingestellte Belichtungszeit von 15 bis 30 Sekunden reicht normalerweise aus.*

WIRKUNGSVOLLE UMRAHMUNG

Eine Möglichkeit zur Hervorhebung Ihres Motivs besteht darin, durch ein geeignetes Vordergrundelement hindurch zu fotografieren. Sie müssen möglicherweise den Kamerastandpunkt verändern, falls sich Ihr Motiv bewegt. In diesem Fall sollten Sie die kombinierte Wirkung von Rahmen und Motiv ständig im Sucher überwachen. Wenn Sie dann genau den gewünschten Bildaufbau vor Augen haben, sollten Sie auslösen, damit diese Gelegenheit nicht ungenutzt vorübergeht. Falls Sie Zeit haben, können Sie Ihr nächstes Foto besser vorbereiten, da Sie jetzt darauf bauen können, zumindest ein gelungenes Bild im Kasten zu haben.

Einer der Vorteile eines das Motiv vollständig umfassenden Rahmens besteht darin, daß er die umgebenden Teile der Szene wirkungsvoll verhüllt. Dies kann zum Beispiel eine Reihe parkender Autos sein, ein Lichtmast oder eines der Gerüste, mit denen so häufig die Zuschauerränge bei Freiluftveranstaltungen abgestützt sind. Jedes dieser Objekte und auch noch Hunderte anderer, die beim Fotografieren »On location« so häufig anzutreffen sind, könnten vom eigentlichen Motiv ablenken. Und wenn der störende Bildteil aus irgendwelchen Gründen nicht beim Vergrößern beseitigt werden kann, könnten Sie schnell Ihr kostbares Honorar für die Vervielfältigung Ihrer Fotos einbüßen.

Abgesehen von der rein praktischen Verwendung eines solchen Rahmens – mit anderen Worten, die Ausnutzung von Merkmalen der Szene, um die Aufmerksamkeit des Betrachters auf den wesentlichen Bildgegenstand zu lenken – können manche Arten von Rahmen selbst zu einem wichtigen Bestandteil des Bildes werden und beträchtlich zu seiner Wirkung und Anziehungskraft beitragen. Als Beispiel für diese Art der Bildgestaltung können spielende Kinder in einer heruntergekommenen Innenstadt dienen. Wenn man diese Kinder mit Bildelementen aus dieser Umgebung rahmt, so bettet man das resultierende Bild in den passenden Kontext ein. Dieses Foto kann dann sogar die Einstellung des Fotografen zur Welt vor seiner Linse widerspiegeln.

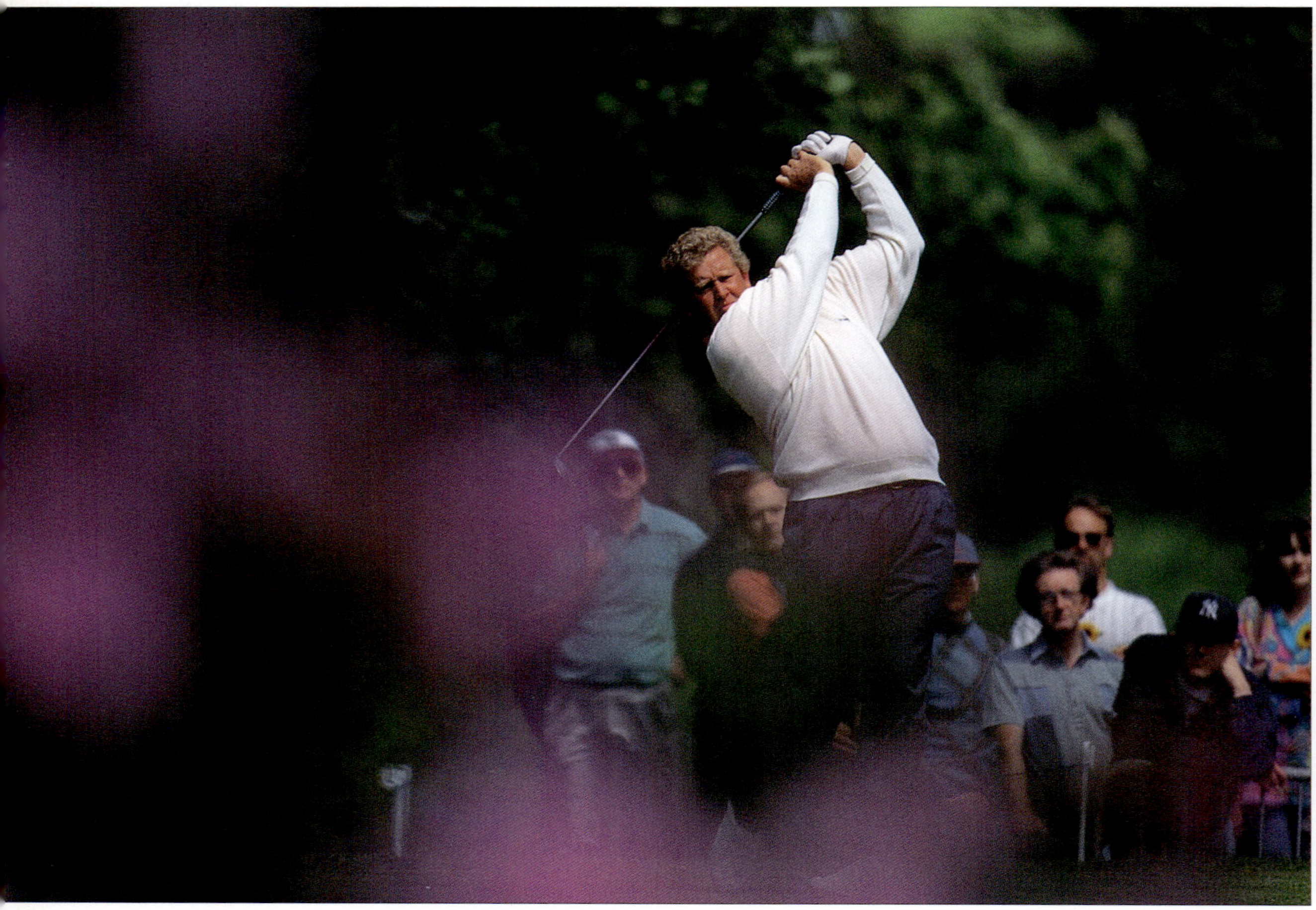

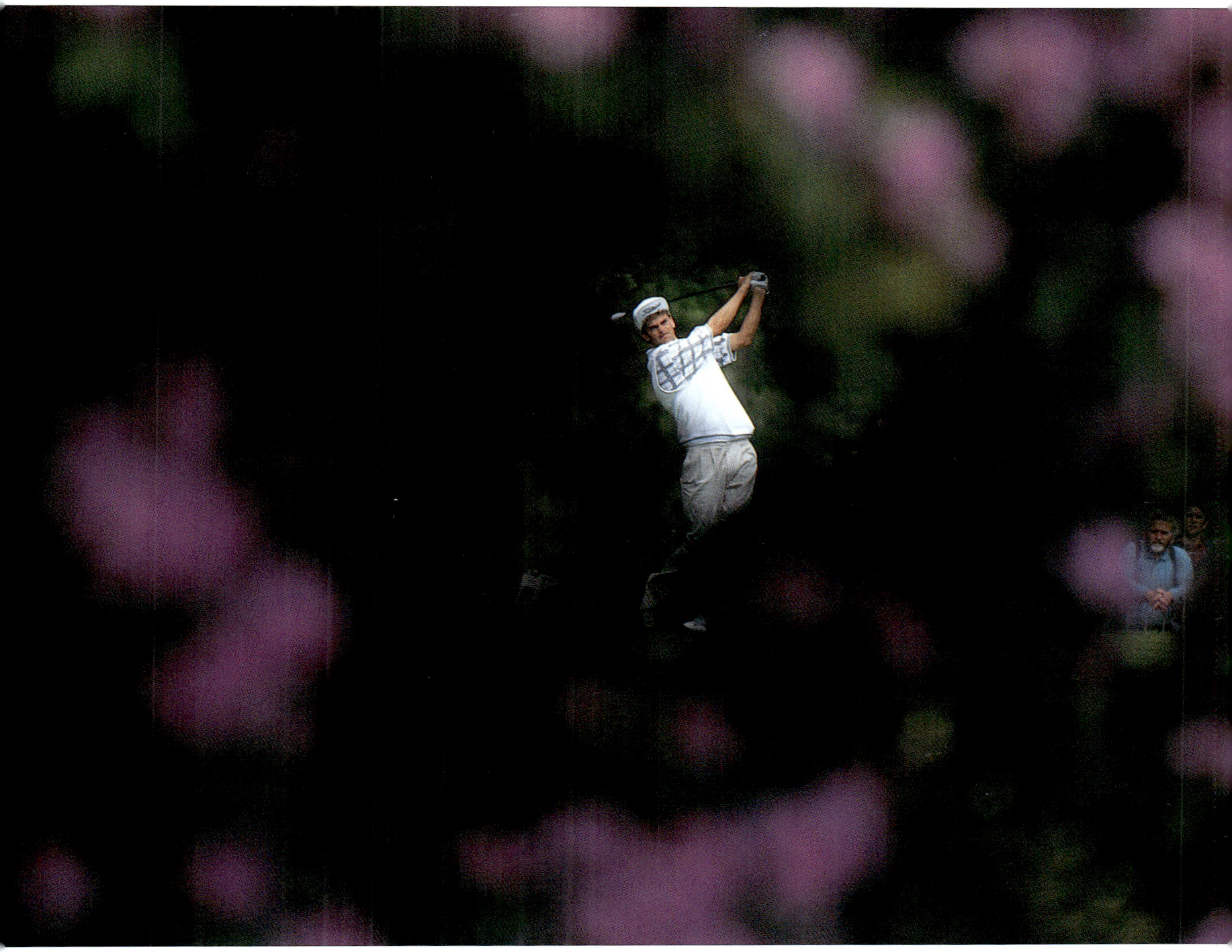

◀ *Ein blühender Busch, der strategisch günstig im Sucher angeordnet wurde, um eine Gruppe von buntgekleideten Zuschauern zu verbergen, bildet einen reizvollen Rahmen für den kraftvollen Schlag des Golfspielers. Je geringer die Distanz zwischen Objektiv und Vordergrundelement ist, desto unschärfer und »transparenter« wird es auf dem Bild erscheinen.*

FOTOGRAF:
Bob Martin
KAMERA:
Kleinbildkamera
OBJEKTIV:
400 mm
FILMEMPFINDLICHKEIT:
ISO 100/21°
BELICHTUNG
1/1000 Sekunde bei Blende 3,5
BELEUCHTUNG:
Reines Tageslicht

▲ *Dieses Bild ähnelt zwar der vorangegangenen Aufnahme; der Rahmen wurde hier jedoch so geschickt angeordnet, daß man durch das Gebüsch im Vordergrund nur noch den Golfspieler sehen kann. Wenn man jedoch genauer hinschaut, kann man durch eine Lücke noch einen Zuschauer erkennen.*

FOTOGRAF:
Bob Martin
KAMERA:
Kleinbildkamera
OBJEKTIV:
135 mm
FILMEMPFINDLICHKEIT:
ISO 50/18°
BELICHTUNG:
1/500 Sekunde bei Blende 4
BELEUCHTUNG:
Reines Tageslicht

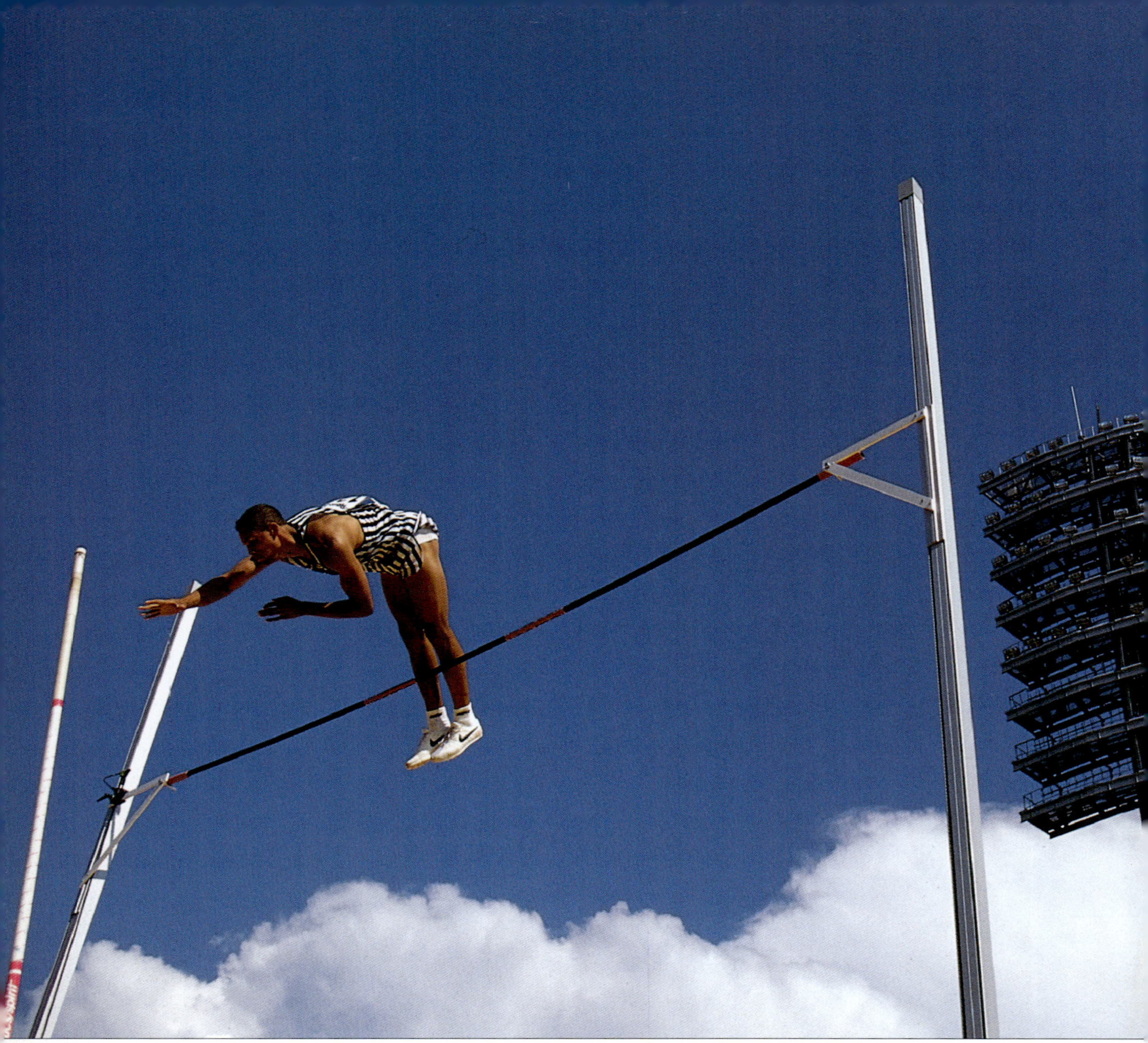

▲ *Die Wirkung dieser Aufnahme eines Stabhochspringers, der am höchsten Punkt seines Sprungs eingefroren wurde, ergibt sich teilweise aus der Wahl des Bildausschnitts: Der Springer befindet sich zwischen den beiden senkrechten Masten, die die Latte tragen. Auch die Form des Lichtmasts trägt dazu bei, die Aufmerksamkeit des Betrachters auf das Bild zu ziehen.*

FOTOGRAF:
Bob Martin
KAMERA:
Kleinbildkamera
OBJEKTIV:
70–200 mm (bei175 mm)
FILMEMPFINDLICHKEIT:
ISO 100/21°
BELICHTUNG:
1/500 Sekunde bei Blende 5,6
BELEUCHTUNG:
Reines Tageslicht

Probleme mit dem Autofokus

Viele moderne Gehäuse und Objektive für Spiegelreflexkameras sind für den Einsatz mit Autofokus gedacht. So gut diese Systeme auch sein mögen – alle haben ihre Schwachstellen. Typen, bei denen sich das Motiv im Autofokuszielfeld befinden muß (normalerweise in der Bildmitte), können durch ein außermittiges Motiv getäuscht werden. Die Autofokussysteme, die auf Infrarotlicht oder Ultraschall basieren, erweisen sich eventuell als unzuverlässig, wenn durch Scheiben oder andere »feste« Hindernisse fotografiert wird. Diejenigen Systeme, die auf Kontrastvergleich beruhen, können zu unzureichenden Ergebnissen führen, wenn der Gesamtkontrast gering ist.

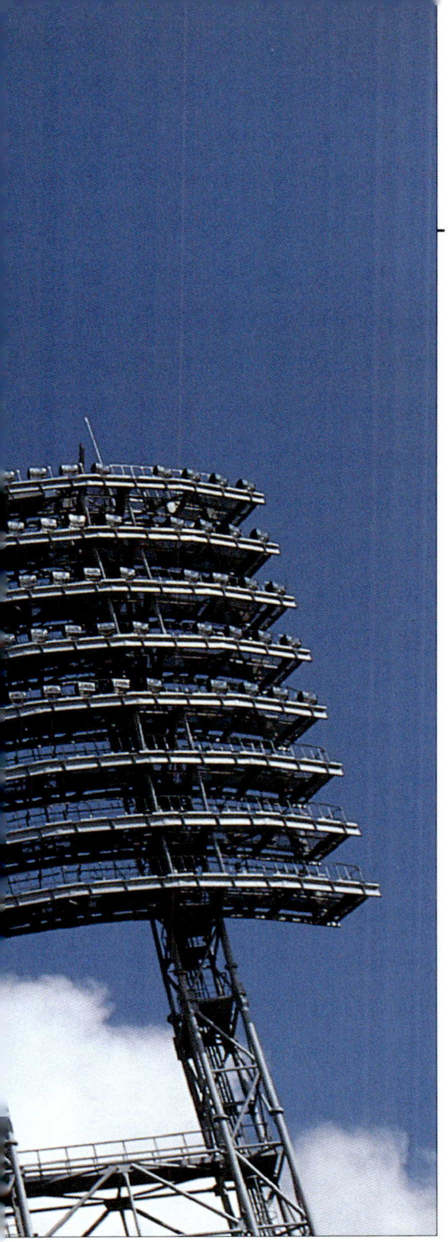

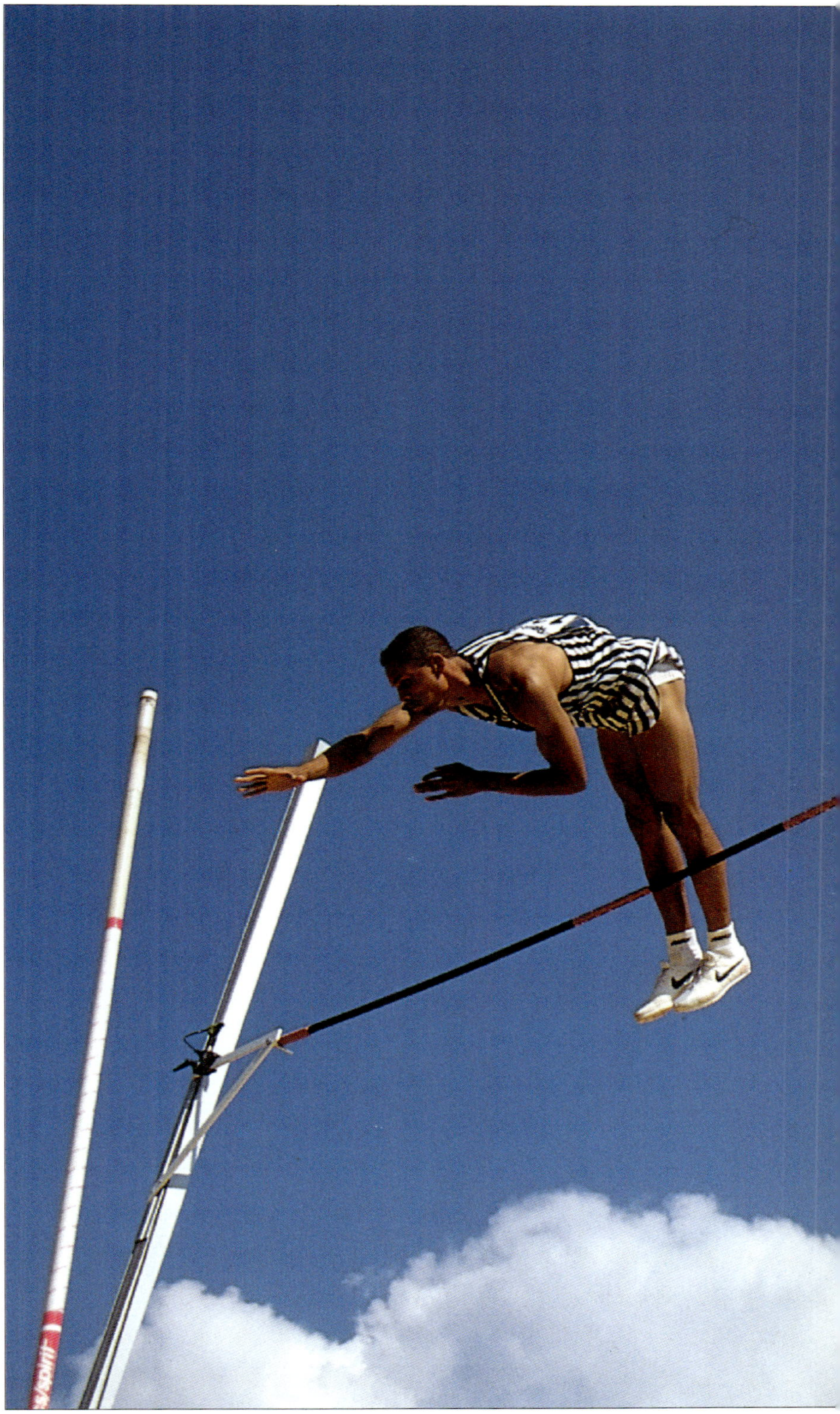

▶ *In dieser Version wurde der Stabhochspringer vergrößert abgebildet. Die ursprüngliche Bildwirkung wurde dadurch zwar verändert, aber das Bild gewinnt durch den erhöhten Kontrast zwischen der neutralen Kleidung des Sportlers und dem tiefblauen Himmel.*

DYNAMISCHE BILDGESTALTUNG

Der Eindruck von Bewegung kann oft auch mit Hilfe der Bildgestaltung vermittelt werden, selbst wenn das Motiv selbst relativ statisch ist.

Ein in der Bildmitte positioniertes Motiv drückt beispielsweise oft am wenigsten Bewegung und Dynamik aus. Motive am Bildrand weisen jedoch ganz automatisch ein Potential für Bewegung auf, und je extremer ihre Position auf der Abbildung ist – mit anderen Worten, je weiter Sie es von der Bildmitte wegrücken – desto dynamischer kann die Bildgestaltung wirken.

Alternativ dazu kann der Eindruck von Bewegung in einem Bild eines im großen und ganzen stillstehenden Motivs mit Hilfe von verschiedenen Maßstäben vermittelt werden, um innerhalb des Fotos eine Spannung aufzubauen. Zum gleichen Zweck können Sie auch sich überschneidende Bildelemente verwenden. Dazu müssen Sie einen Aufnahmestandpunkt finden, an dem Sie Motive in verschiedenen Entfernungen im Sucher haben, die sich gegenseitig mehr oder minder verdecken. Unterschiede im Maßstab und sich überschneidende Bildteile sind gleichzeitig die beiden Gestaltungselemente, mit denen Sie Räumlichkeit und den Eindruck von Entfernungen oder einer bestimmten Perspektive auf einem zweidimensionalen Papierbild oder Dia erzeugen können.

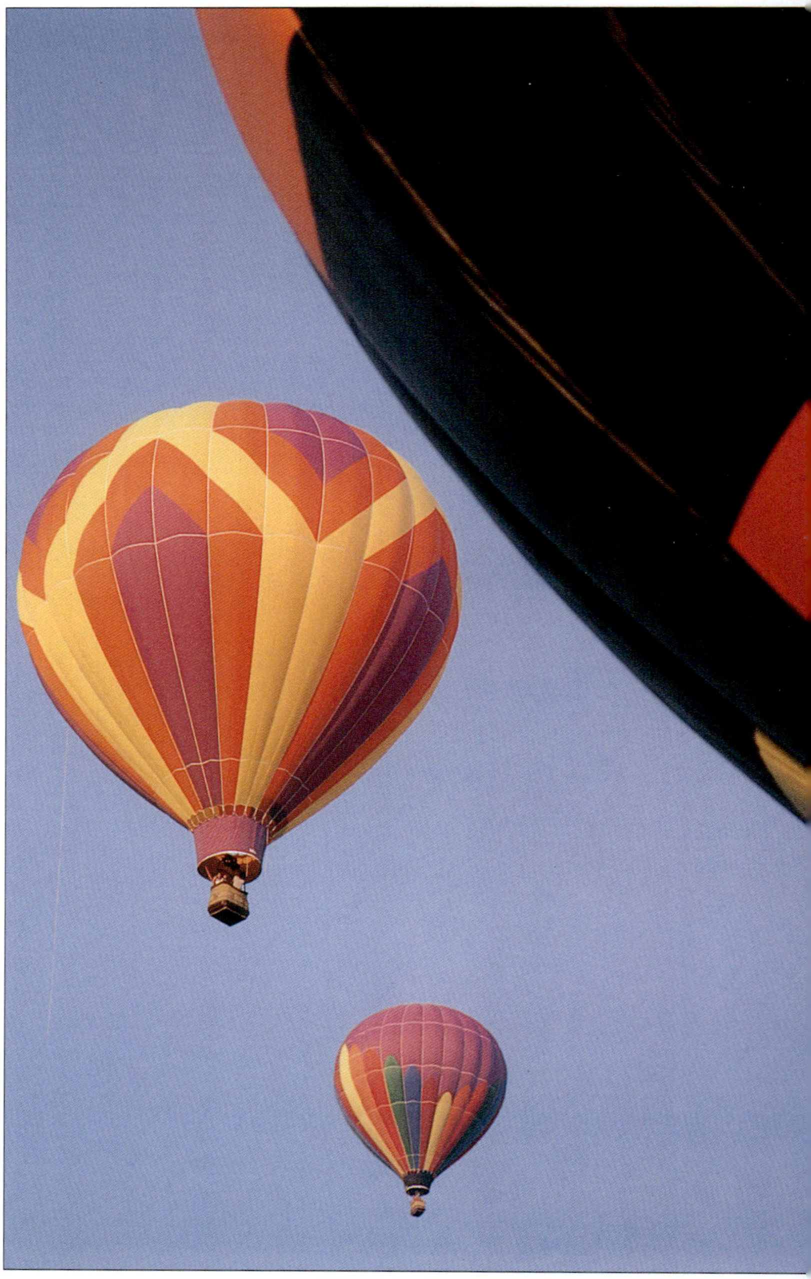

▲ *Die Anordnung der fast stillstehenden Motivteile wirkt durch die dramatischen Größenunterschiede dynamischer. Die unterschiedlich groß abgebildeten Ballons definieren deutlich Vordergrund, Mittelgrund und Hintergrund. Zudem befindet sich keines der Motivteile in der Bildmitte.*

FOTOGRAF:
Joe Baker/Refocus

KAMERA:
Kleinbildkamera

OBJEKTIV:
85 mm

FILMEMPFINDLICHKEIT:
ISO 50/18°

BELICHTUNG:
1/250 Sekunde bei Blende 8

BELEUCHTUNG:
Reines Tageslicht

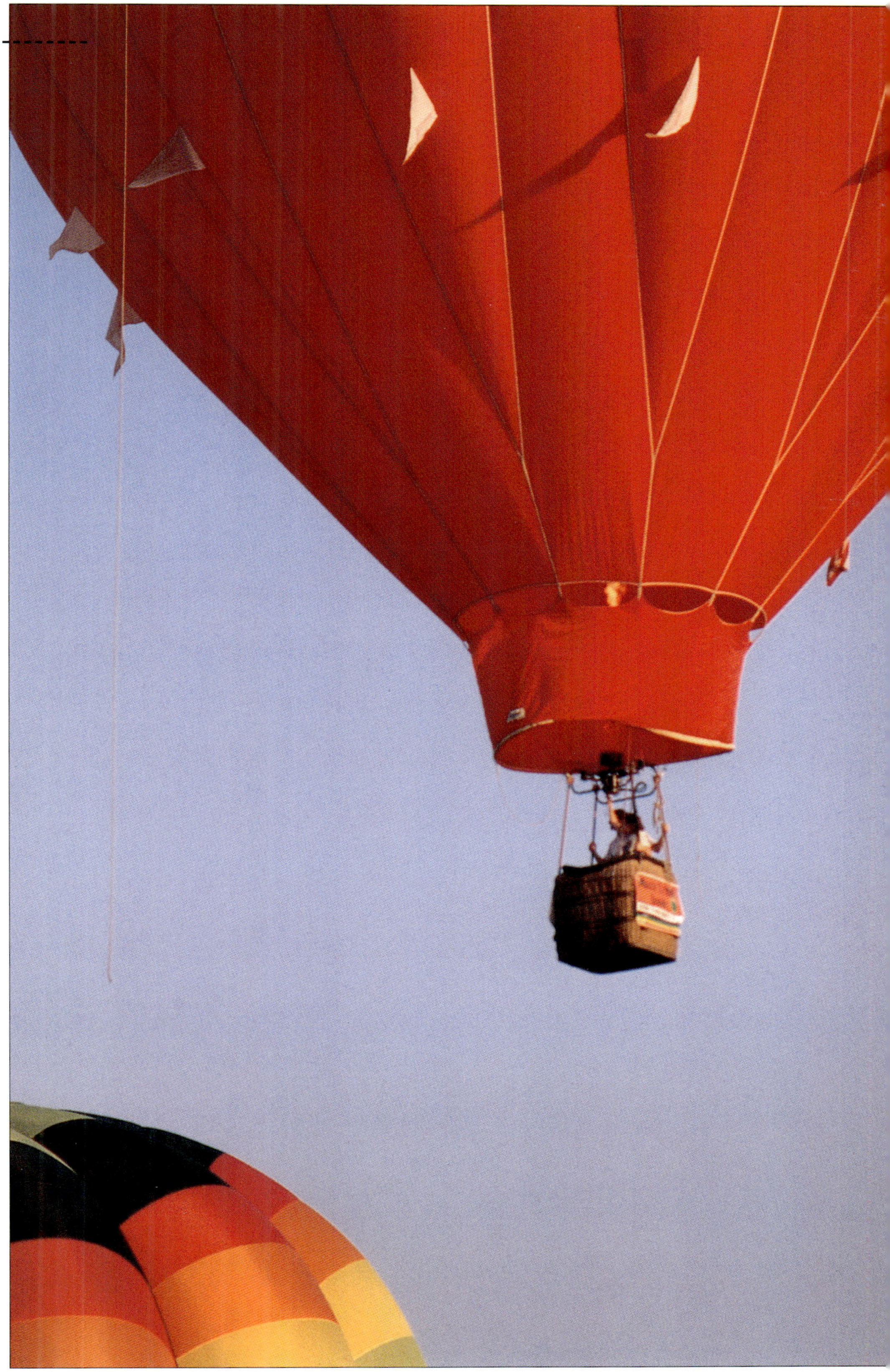

▶ *Hier nutzt der Fotograf die Bildecken voll aus, um eine dynamische Wirkung zu erzielen. Decken Sie den Ballon am unteren Bildrand mit der Hand ab, und Sie werden sehen, daß die Aufnahme sofort statischer, weniger lebendig wirkt.*

FOTOGRAF:
Joe Baker/Refocus

KAMERA:
Kleinbildkamera

OBJEKTIV:
50 mm

FILMEMPFINDLICHKEIT:
ISO 50/18°

BELICHTUNG:
1/250 Sekunde bei Blende 11

BELEUCHTUNG:
Reines Tageslicht

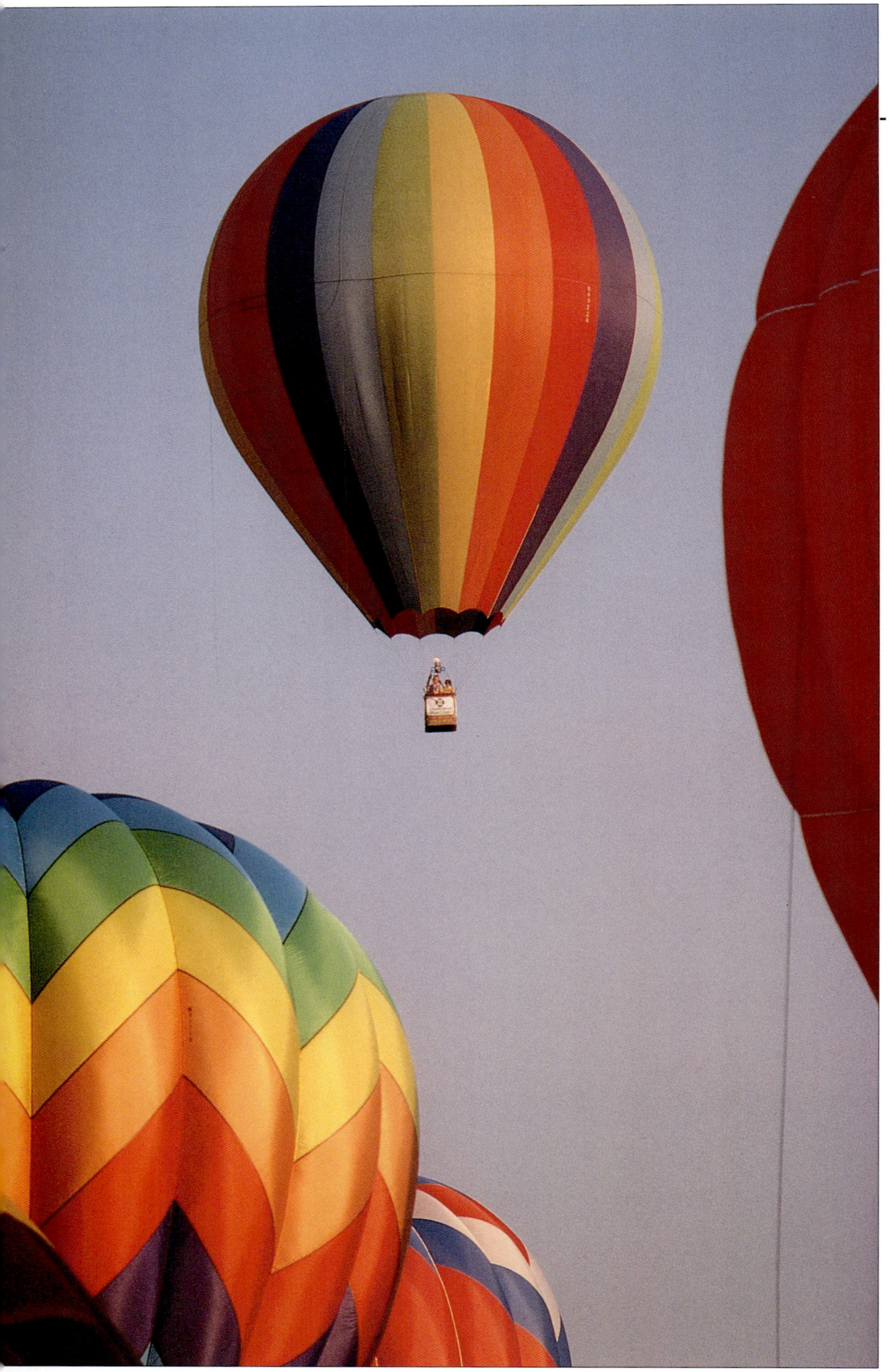

◀ ▶ *Bei diesen beiden Aufnahmen wird die dynamische Wirkung nicht durch Größenunterschiede oder sich überschneidende Formen erzielt, sondern durch die Art und Weise, wie der Ballon im Hintergrund von den kameranäheren Ballons eingerahmt wird. Bei beiden Fotos bilden die Ballons einen sehr ausgeprägten, auffälligen Rahmen und scheinen den hinteren Ballon zu verdrängen. So entsteht die Wirkung, der Ballon im Hintergrund würde nach oben geschoben, fast wie der Korken in einer Flasche.*

FOTOGRAF:
Joe Baker/Refocus

KAMERA:
Kleinbildkamera

OBJEKTIV:
35 mm

FILMEMPFINDLICHKEIT:
ISO 50/18°

BELICHTUNG:
1/500 Sekunde bei Blende 11

BELEUCHTUNG:
Reines Tageslicht

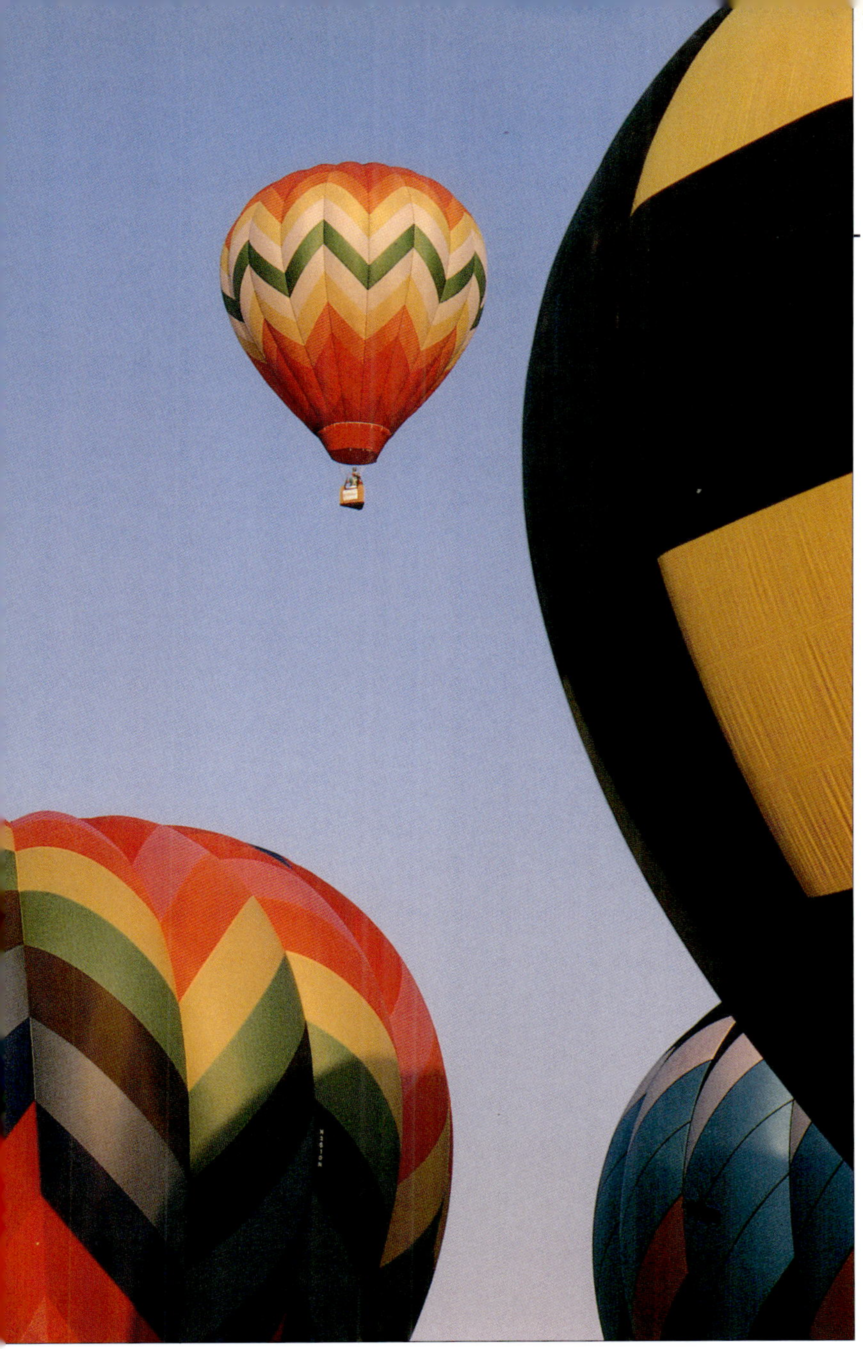

Fotograf:
Joe Baker/Refocus
Kamera:
Kleinbildkamera
Objektiv:
50 mm
Filmempfindlichkeit:
ISO 50/18°
Belichtung:
1/125 Sekunde bei Blende 8
Beleuchtung:
Reines Tageslicht

▼ *Dieses Bild zeigt alle Ballons in fast der gleichen Größe. Sie sind gut über den gesamten Bildausschnitt verteilt. Dieses Foto zeigt von allen hier abgebildeten Variationen zu diesem Thema die geringste Dynamik.*

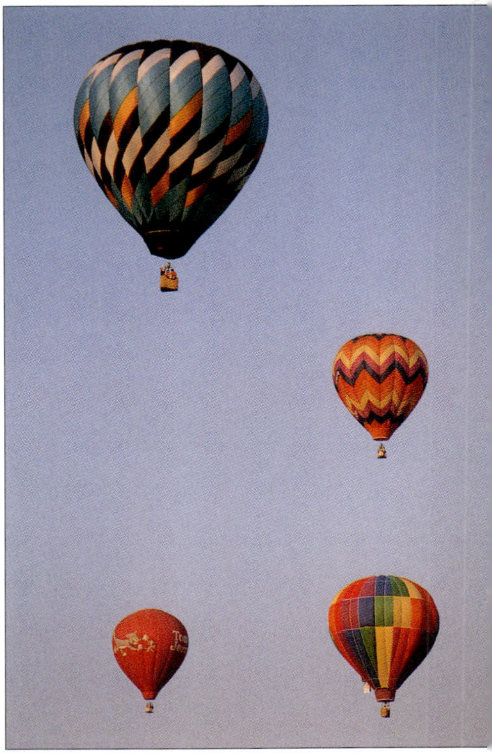

Fotograf:
Joe Baker/Refocus
Kamera:
Kleinbildkamera
Objektiv:
35 mm
Filmempfindlichkeit:
ISO 50/18°
Belichtung:
1/250 Sekunde bei Blende 8
Beleuchtung:
Reines Tageslicht

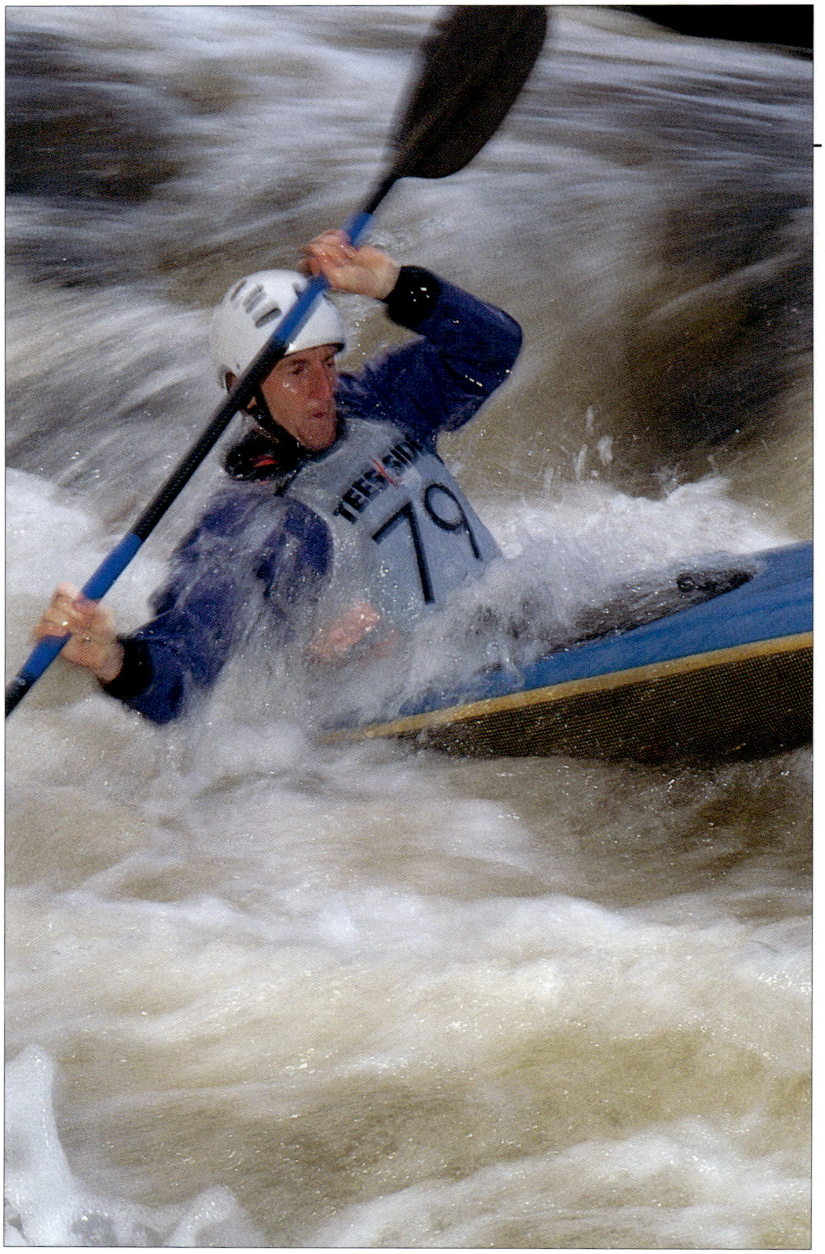

FOTOGRAF:
Gary Foxton/Refocus
KAMERA:
Kleinbildkamera
OBJEKTIV:
70 mm
FILMEMPFINDLICHKEIT:
ISO 200/24°
BELICHTUNG:
1/60 Sekunde bei Blende 4
BELEUCHTUNG:
Tageslicht und Blitzlicht

▲ *Dieses Foto eines Kajakfahrers macht die Schwierigkeit deutlich, ein sich schnell bewegendes Objekt im Hochformat abzubilden. Das Bild enthält zwar immer noch alle Bestandteile eines spannenden Actionfotos, aber beide Paddel wie auch die Bootspitze wurden am Bildrand abgeschnitten.*

Bildformate

Bei der Bildgestaltung, d.h. bei der Anordnung von Motivteilen im Bildausschnitt, um bestimmte Informationen, eine Stimmung oder Atmosphäre zu vermitteln, müssen Sie das verwendete Bildformat bedenken. Beispielsweise können mit Kleinbild- und Mittelformatkameras (außer 6x6 cm-Modellen) entweder Aufnahmen im Querformat oder im Hochformat gemacht werden, indem man die Kamera seitlich dreht. Wenn sich das Motiv sehr schnell durch das Bildfeld bewegt, neigen Sie wahrscheinlich intuitiv eher zum Querformat, um beispielsweise zu vermeiden, den Arm eines Sprinters, die Spitze einer Baseballkappe oder einen Rennwagen seitlich abzuschneiden. Die Wahl des Querformats setzt die Bildelemente auf eine Art und Weise zueinander in Bezug, daß das Auge des Betrachters über das gesamte Bild schweift. Je nach Motiv kann jedoch auch das Hochformat eine ähnlich dynamische Wirkung erzielen. Mit Hilfe dieser Art der Bildgestaltung werden die Motivteile in verschiedenen Entfernungen von der Kamera zueinander in Bezug gesetzt, so daß das Auge des Betrachters in das Bild hineingezogen wird. Quadratische Bilder können im Hinblick auf die Motivbewegungen neutral wirken und vermitteln in diesem Fall am wenigsten Dynamik. Falls es Ihre Zeit erlaubt, sollten Sie die Bildelemente so anordnen, daß die Abbildung beim Ver-größern hoch- oder querformatig gestaltet werden kann.

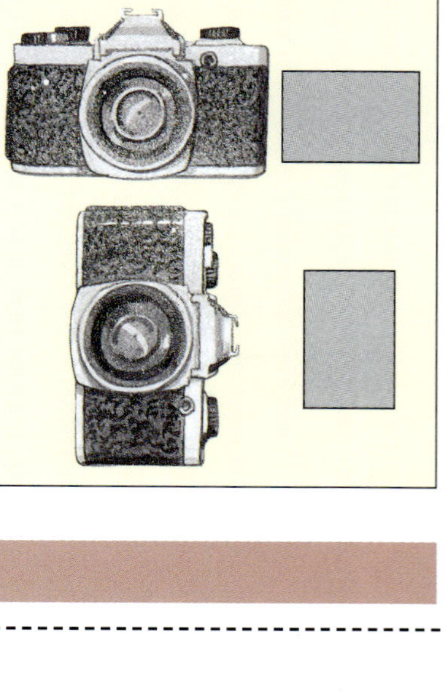

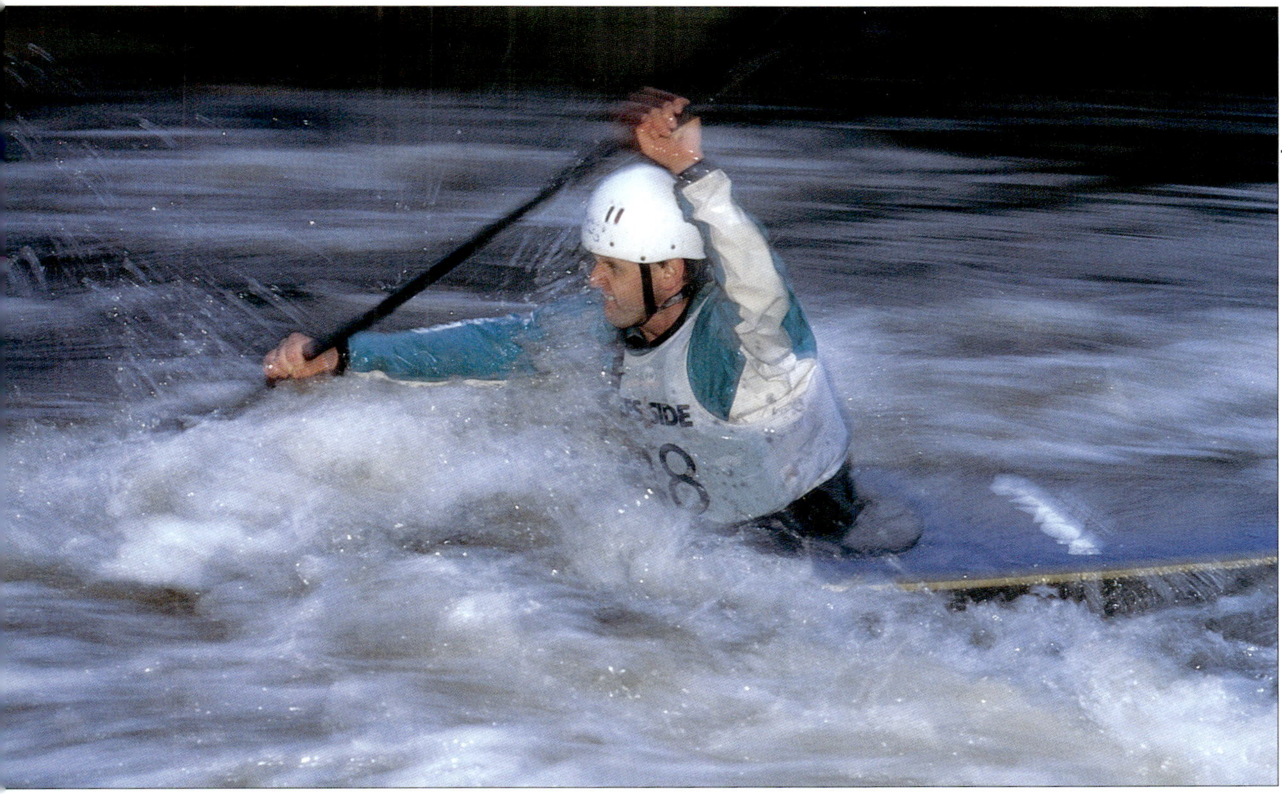

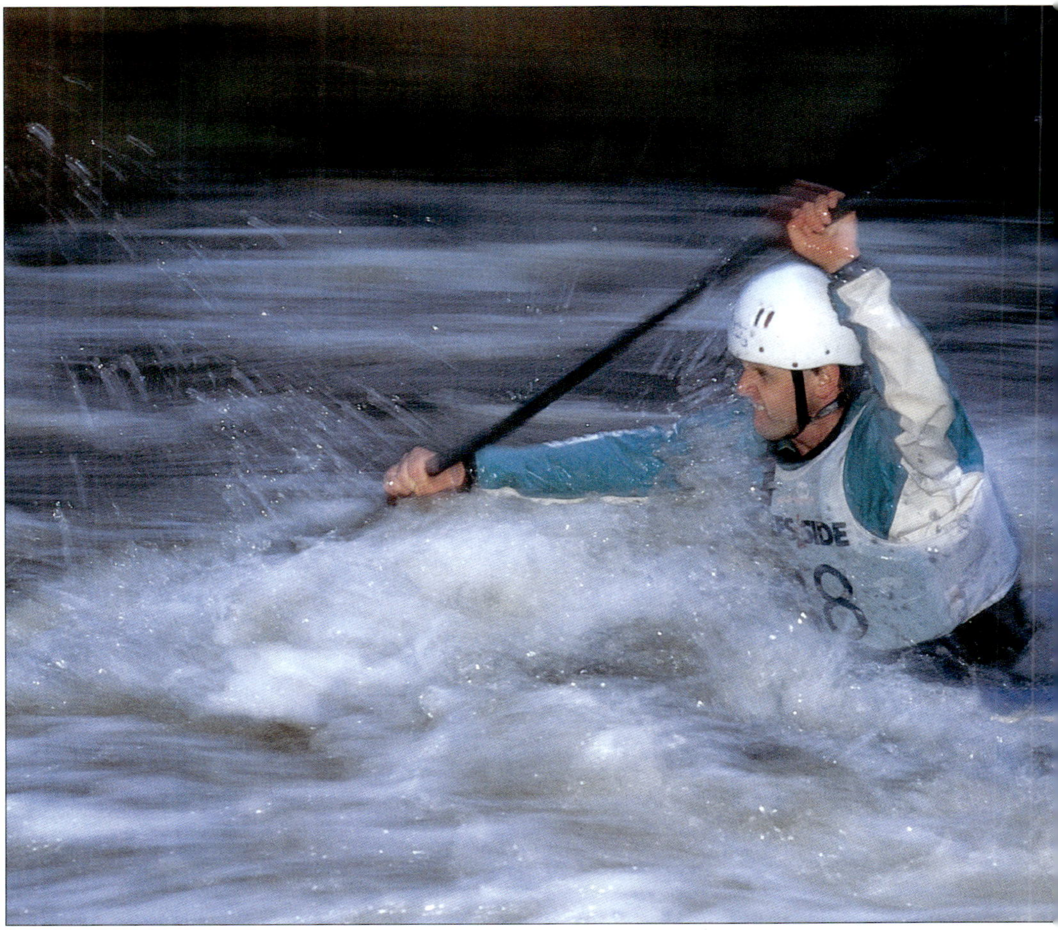

▲▶ *Das Originalformat (oben) zeigt, daß das Motiv in der Bildmitte positioniert wurde. In der zweiten Version (rechts) wurde der Bildausschnitt verändert und das Motiv an den Bildrand gerückt, wobei der Rücken des Sportler fast an den seitlichen Rand anstößt. Durch die so entstehende zusätzliche Fläche vor dem Motiv wird im gesamten Bild Bewegung und Spannung erzeugt.*

FOTOGRAF:
Gary Foxton/Refocus

KAMERA:
Kleinbildkamera

OBJEKTIV:
70 mm

FILMEMPFINDLICHKEIT:
ISO 200/24°

BELICHTUNG:
1/60 Sekunde bei Blende 4

BELEUCHTUNG:
Tageslicht und Blitzlicht

Reizvolle Vordergründe

Die grundlegende Funktion eines Actionfotos besteht zwar darin, die vor der Kamera stattfindenden Geschehnisse so deutlich wie möglich abzubilden; auch die anderen Bildelemente müssen jedoch einbezogen werden, es sei denn, Sie zeigen das Motiv formatfüllend und unterdrücken alle anderen Details.

Ebenso wie der Hintergrund, der eine entscheidende Rolle bei der Bildgestaltung spielen kann, ist auch der Vordergrund von ausschlaggebendem Interesse. Eine große Fläche mit uninteressanten Farben oder Tonwerten direkt vor dem Motiv kann jegliche Wirkung, die die Bewegung Ihres Motivs erzielt haben mag, zunichte machen. Auch ein Vordergrund, der zu viele visuelle Informationen enthält, könnte die Aufmerksamkeit zu sehr vom eigentlichen Motiv ablenken und so die Gesamtkomposition schwä chen. Es kommt hierbei darauf an, ein ausgewogenes Verhältnis zwischen diesen beiden Extremen zu finden.

▶ *Die Teilnehmer der Tour de France sind zwar die Hauptmotive dieses Fotos; die Betonung der Sonnenblumen im Vordergrund steigert den Marktwert dieses Fotos jedoch erheblich: Sportzeitschriften und Sonntagsbeilagen, aber auch Fremdenverkehrsämter und Hersteller von Gesundheitskost könnten sich dafür interessieren.*

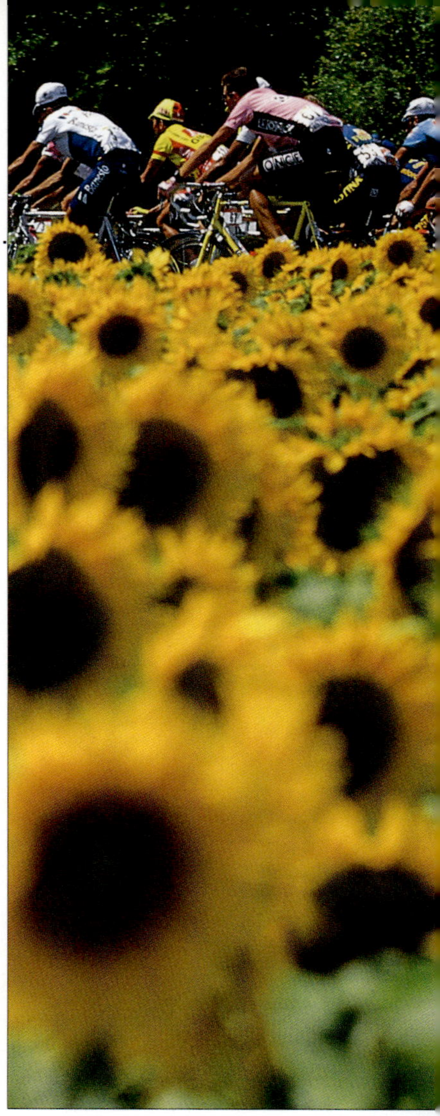

Fotograf:
Bob Martin
Kamera:
Kleinbildkamera
Objektiv:
300 mm
Filmempfindlichkeit:
ISO 50/18°
Belichtung:
1/1000 Sekunde bei Blende 4
Beleuchtung:
Reines Tageslicht

Hinweise und Tips

- Setzen Sie ein langbrennweitiges Objektiv ein, wenn Sie einen zu unruhigen oder nichtssagenden Vordergrund nicht mit aufs Bild bringen wollen.
- Nutzen Sie gegebenenfalls die geringe Schärfentiefe eines langbrennweitigen Objektivs aus, um den Vordergrund unschärfer als ein Objekt in größerer Entfernung abzubilden.
- Da es aufgrund des Gewichts eines Objektivs mit langer Brennweite leicht zu Verwacklungen kommen kann, sollten Sie entweder eine sehr kurze Verschlußzeit einstellen oder ein Stativ, ein Einbeinstativ oder eine Schulterstütze verwenden.

Fotograf
Bob Martin
Kamera:
Kleinbildkamera
Objektiv:
600 mm
Filmempfindlichkeit:
ISO 100/21°
Belichtung:
1/500 Sekunde bei Blende 5,6
Beleuchtung:
Reines Tageslicht

▶ *Der Fotograf bezog auf diesem Foto das Geländer der Zuschauertribüne ein und bettete so die Bewegung in ihren Kontext ein. So wird der Eindruck vermittelt, Pete Sampras befände sich bei diesem Match der Australian Open genau gegenüber der Kamera. Es wurde nur eine mittlere Blende verwendet, aber bei einem 600 mm-Teleobjektiv ist die Schärfentiefe so gering, daß nur das Motiv mit der kritischen Schärfe abgebildet wird.*

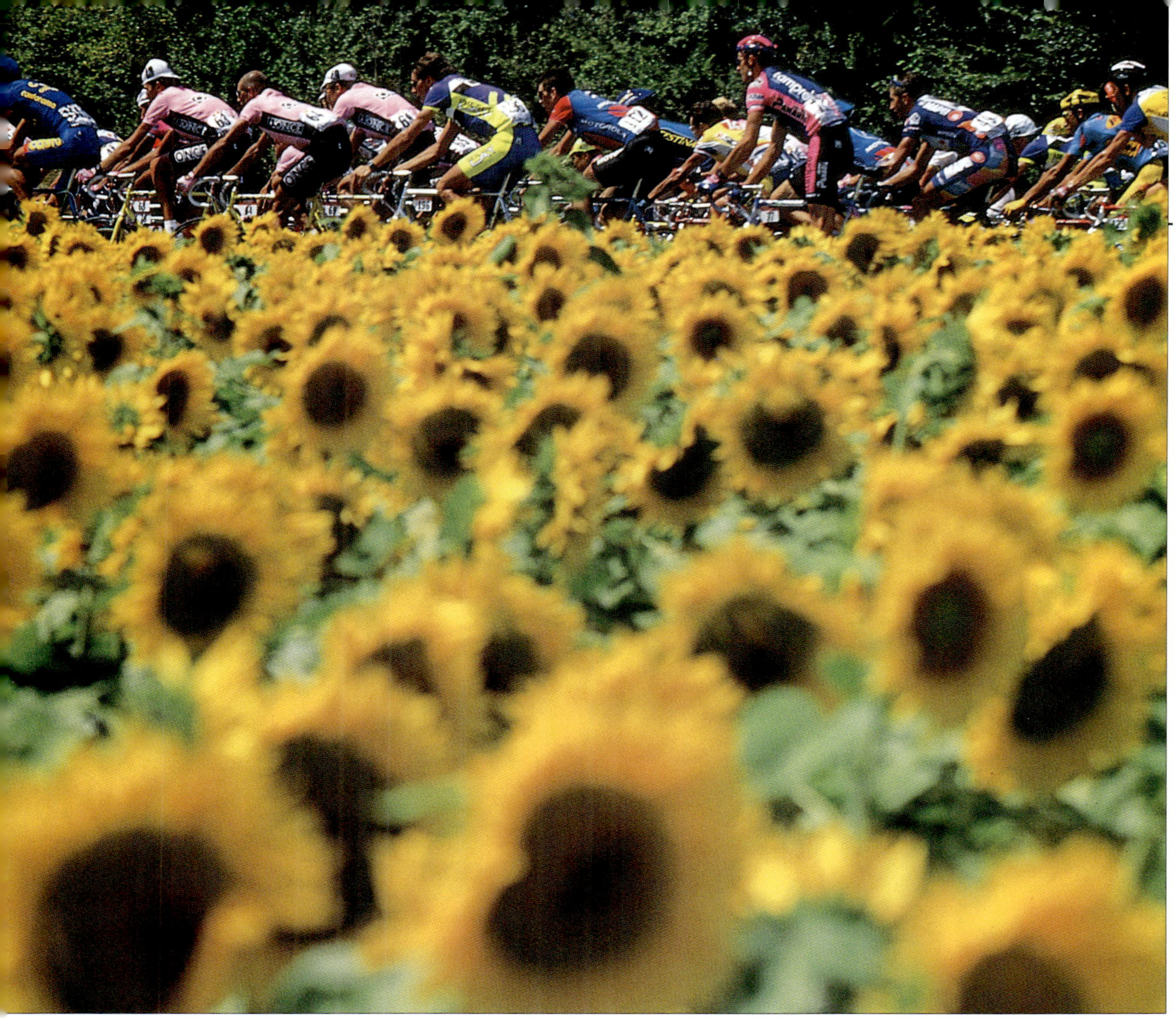
ONCE

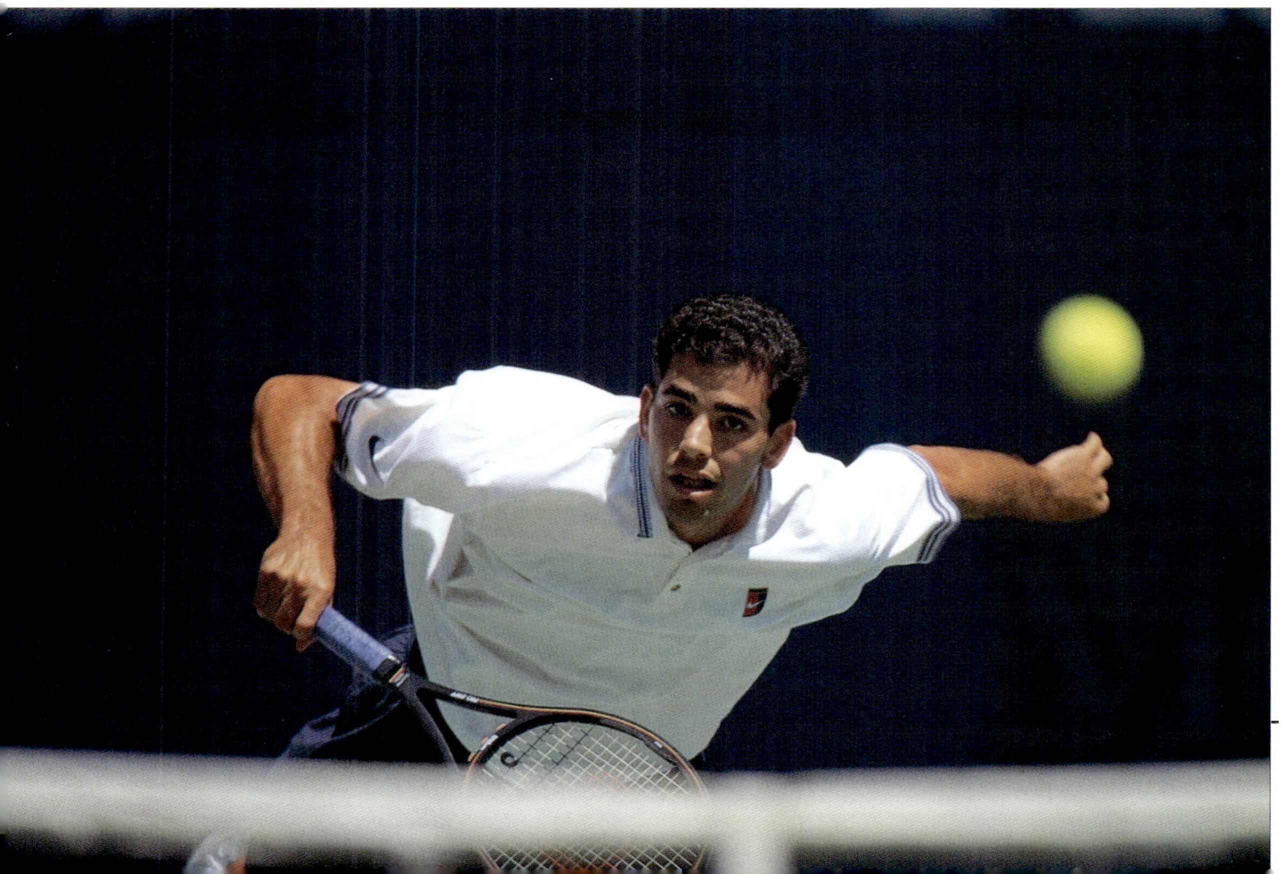

HINTERGRÜNDE

Im Eifer des Gefechts, wenn sich vor Ihren Augen ein spannender Verlauf entwickelt und Sie unbedingt die richtige Aufnahme auf Film bannen möchten, geschieht es nur allzu häufig, daß Sie den Hintergrund und dessen Bedeutung für den Gehalt und die Wirkung des Gesamtbildes außer acht lassen. Hintergründe können zusätzliche Informationen über die Veranstaltung oder das Motiv liefern oder einen wichtigen Beitrag zum allgemeinen visuellen Reiz des Fotos leisten. Oft entscheidet der Hintergrund darüber, ob Ihr Bild veröffentlicht wird oder in einer Pappschachtel mit allen anderen aussortierten Fotos verstaubt.

Um den Betrachter nicht hinsichtlich des wirklichen Hauptmotivs des Bildes zu verwirren, sollte man den Hintergrund normalerweise etwas unschärfer als das Hauptmotiv abbilden. Sie müssen jedoch den Hintergrund nicht abstrakt und verschwommen wiedergeben, um Ihre Aussage deutlich zu machen – eine etwas unschärfere Abbildung reicht oft aus. Alternativ dazu können Sie ein Objektiv mit einer geeigneten Brennweite verwenden oder aus einem bestimmten Blickwinkel fotografieren, so daß ein deutlicher Größenunterschied zwischen Motiv und Hintergrundelementen entsteht.

Gelegentlich werden Sie das Motiv von seiner Umgebung isoliert zeigen wollen, so daß nichts im Bild von den dargestellten Bewegungen ablenkt. Wenn der Hintergrund unruhig ist, sollten Sie aus erhöhter Position fotografieren, so daß die Person vorwiegend vor dem Boden, dem Platz oder Spielfeld abgebildet wird.

FOTOGRAF:
Bob Martin
KAMERA:
Kleinbildkamera
OBJEKTIV:
600 mm
FILMEMPFINDLICHKEIT:
ISO 50/18°
BELICHTUNG:
1/1000 Sekunde bei Blende 5,6
BELEUCHTUNG:
Reines Tageslicht

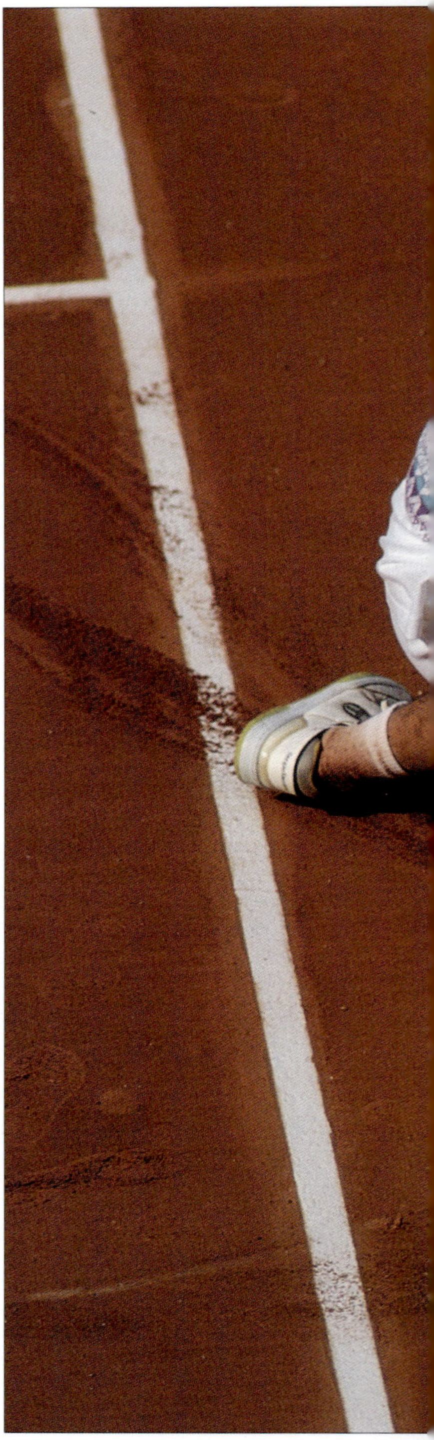

▶ *Pete Sampras rutscht auf dem Sandplatz der French Open entlang und hat gerade noch Ballkontakt. Die obere Bildbegrenzung beseitigt eine ganze Reihe potentieller Störungen – Schiedsrichter, Zuschauer, Balljungen und Werbeplakate. Das Ergebnis ist eine attraktive Aufnahme, die die ganze Aufmerksamkeit auf sich zieht. Die Bildgestaltung wird durch die vereinfachte Darstellung des Motivs verstärkt.*

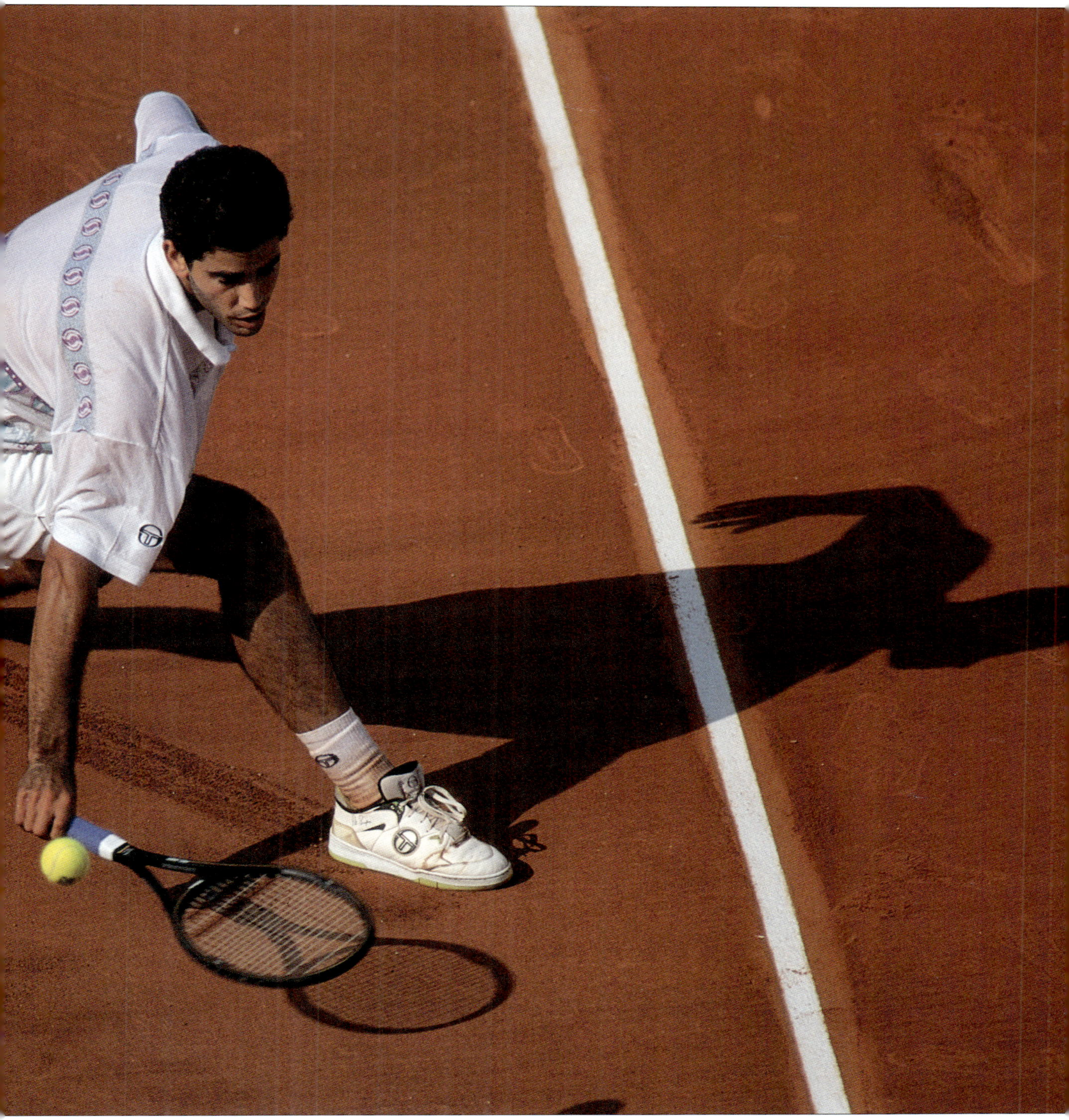

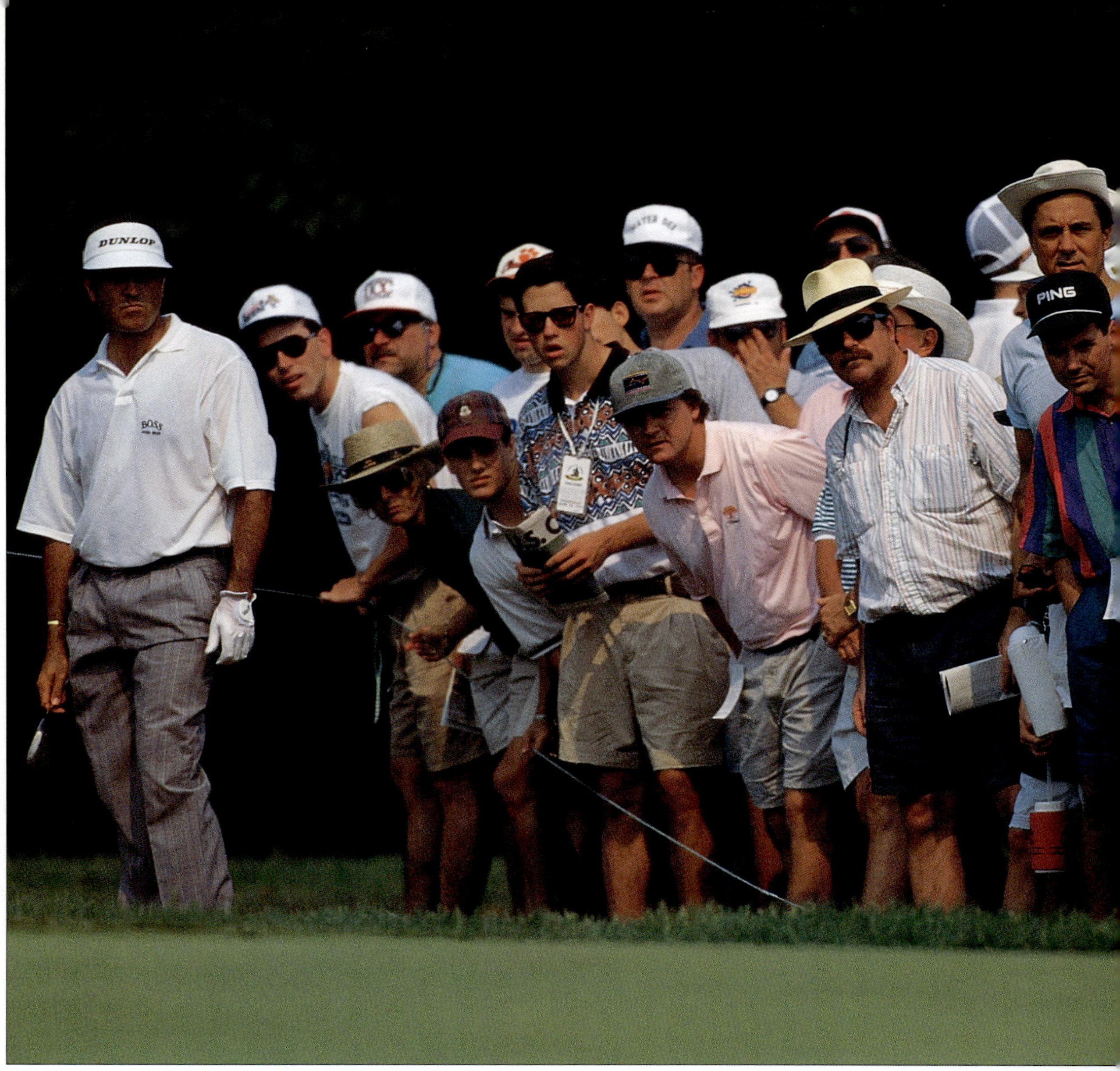

▲ *Das für Spannung sorgende Element in dieser Aufnahme von Seve Ballesteros bei den US Open ist nicht der Golfspieler selbst, sondern der gespannte Gesichtsausdruck und die Körpersprache der Zuschauer, die wie ein Mann auf das Ergebnis seines Putt warten.*

FOTOGRAF:
Bob Martin

KAMERA:
Kleinbildkamera

OBJEKTIV:
400 mm

FILMEMPFINDLICHKEIT:
ISO 100/21° (forcierte Entwicklung um 1 Blendenstufe)

BELICHTUNG:
1/500 Sekunde bei Blende 2,8

BELEUCHTUNG:
Reines Tageslicht

Hinweise und Tips

- Ein langbrennweitiges Objektiv bildet den Hintergrund im Vergleich zum Vordergrund leicht vergrößert ab und verändert daher das Verhältnis der Bildelemente zueinander.
- Die geringe Schärfentiefe bei langbrennweitigen Objektiven macht die Unterscheidung zwischen Hauptmotiv und anderen Bildelementen in unterschiedlichen Entfernungen relativ einfach.
- Ein Weitwinkelobjektiv bildet die Elemente im Bildvordergrund vergrößert ab und läßt daher den Hintergrund entfernter und kleiner erscheinen.

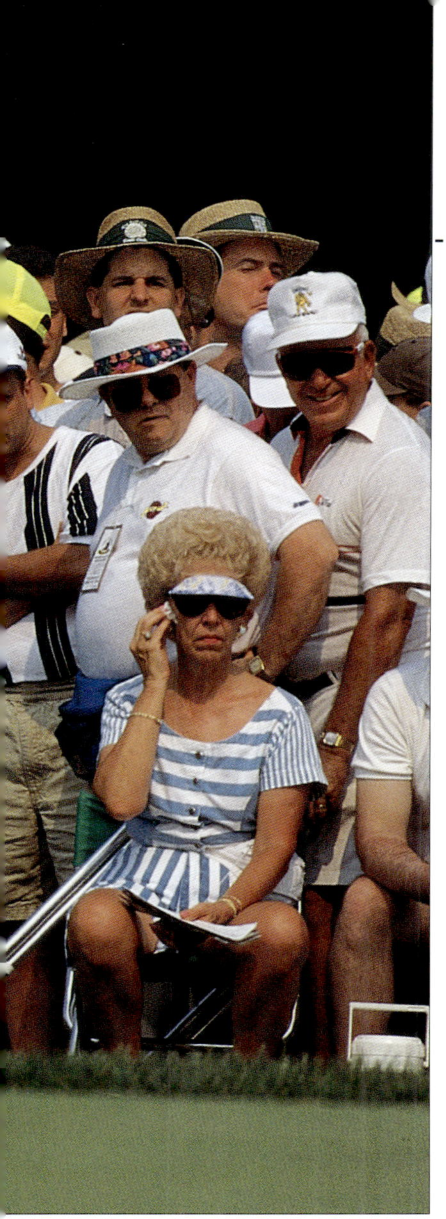

FOTOGRAF:
Bob Martin

KAMERA:
Kleinbildkamera (mit Schallschutzgehäuse)

OBJEKTIV:
500 mm

FILMEMPFINDLICHKEIT:
ISO 50/18° (forcierte Entwicklung um 1 Blendenstufe)

BELICHTUNG:
1/2000 Sekunde bei Blende 2,8

BELEUCHTUNG:
Reines Tageslicht

▼ *Die Personen im Hintergrund des Golfspielers Greg Norman bei den US Open wurden unscharf genug abgebildet, um die Aufmerksamkeit des Betrachters nicht abzulenken. Sie bilden jedoch eine farbige Kulisse für den Sportler und machen den Verlauf der Spielbahn deutlich. In dieser Phase eines Golfturniers wird jegliches Kamerageräusch nicht gerade für Begeisterungsstürme sorgen.*

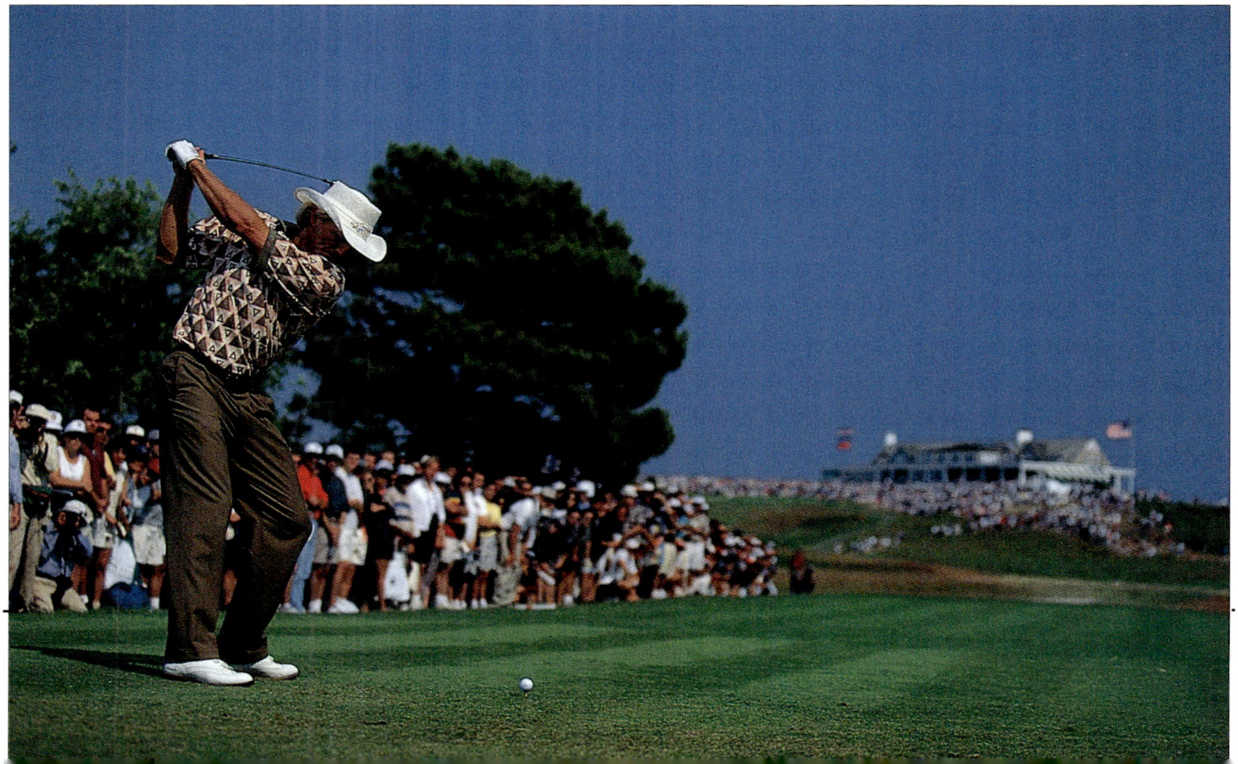

Farbe als bildbestimmendes Element

Die Farben können über den Erfolg oder Mißerfolg eines Actionfotos entscheiden. Sportmagazine drucken fast ausschließlich Farbfotos, und auch in den Sportzeitungen sind Farbbilder fast schon die Regel.

Die häufigsten Probleme mit den Farben Ihres Fotos ergeben sich normalerweise aus bunter Kleidung von Zuschauern, die sich in unmittelbarer Nähe des Geschehens befinden, oder aus blühenden Sträuchern und Blumenarrangements, die sowohl bei Freiluft- als auch bei Hallenveranstaltungen häufig zu finden sind. Störende Hintergrundfarben können durch die Wahl einer großen Blende bei einem langbrennweitigen Objektiv erheblich abgeschwächt werden. Durch die daraus resultierende geringere Schärfentiefe werden die Farben weniger intensiv und störend abgebildet. Bei einem Diafilm können Sie die Farben jedoch durch leichte Unterbelichtung betonen – normalerweise genügt eine halbe Blendenstufe.

Suchen Sie immer nach einem Kamerastandpunkt, der Ihr Motiv vor einem farbigen Hintergrund zeigt, der Ihnen besonders gut gefällt. Dies ist natürlich in gewissem Maße Glückssache, da man unmöglich im voraus wissen kann, wo sich die spannenden Szenen des Geschehens abspielen werden.

▼ Dieses Foto eines jungen Schwimmers, der zum Luftholen aus dem Wasser kommt, wird von intensiven, satten Farben beherrscht. Seine wasserüberströmte Haut wirkt wie dunkles Glas, während die grüne Fassung seiner Schwimmbrille einen Überraschungseffekt erzielt. All dies kommt vor dem Hintergrund des tiefblauen Schwimmbeckens hervorragend zur Geltung.

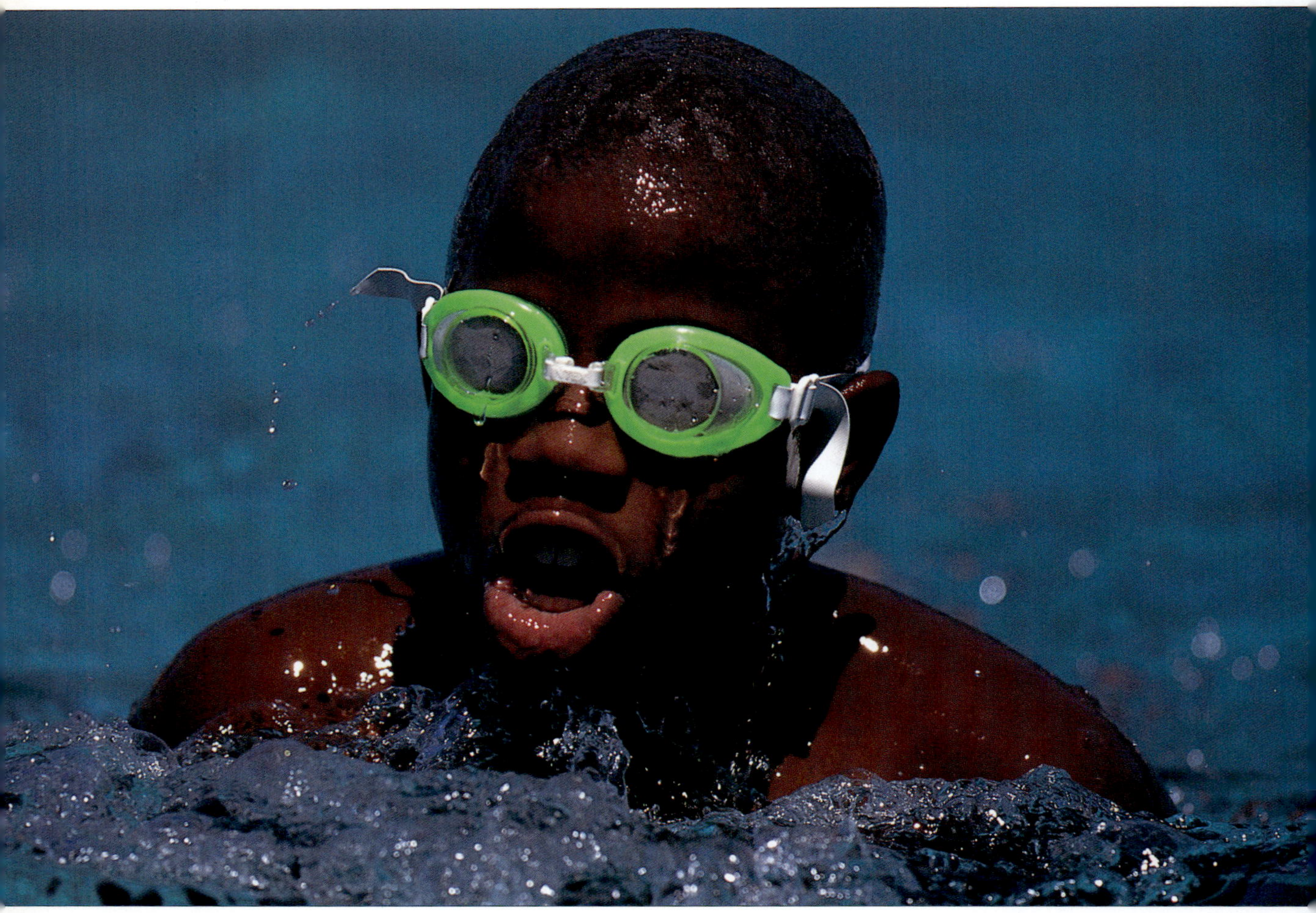

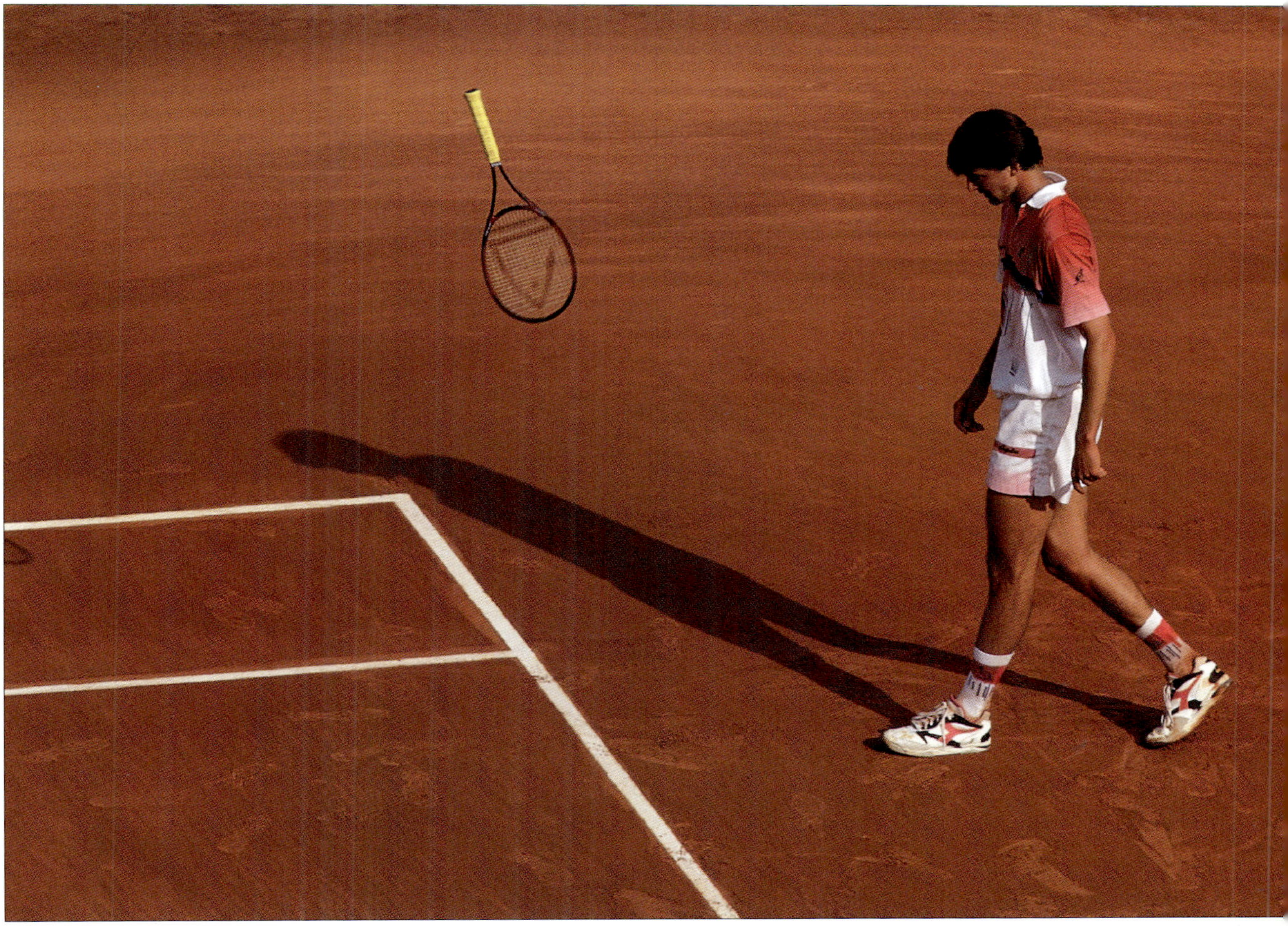

▲ *Auf diesem Foto hat die Kamera den Moment eingefangen, in dem Goran Ivanisevic enttäuscht den Schläger zu Boden wirft. Das Bild wäre jedoch nicht weiter bemerkenswert, gäbe es nicht einen starken Farbkontrast zwischen dem roten Sandplatz, der weißen Kleidung und den weißen Markierungslinien des Spielfelds. Beachten Sie auch, wie der gelbe Griff des Tennisschlägers beharrlich die Aufmerksamkeit auf sich zieht.*

Fotograf:
Bob Martin
Kamera:
Kleinbildkamera
Objektiv:
600 mm
Filmempfindlichkeit:
ISO 50/18°
Belichtung:
1/1000 Sekunde bei Blende 5,6
Beleuchtung:
Reines Tageslicht

Fotograf:
Bob Martin
Kamera:
Kleinbildkamera
Objektiv:
600 mm
Filmempfindlichkeit:
ISO 100/21°
Belichtung:
1/1000 Sekunde bei Blende 2,8
Beleuchtung:
Reines Tageslicht

GELUNGENE AUSSCHNITTVERGRÖSSERUNG

Die Motivteile, die Sie weglassen, sind oft ebenso wichtig wie die Elemente, die im Bild zu sehen sind. Laut der Meinung vieler Puristen sollten bei Betätigung des Auslösers bereits alle wichtigen gestalterischen Entscheidungen über den Bildaufbau, den Bildausschnitt und alle anderen damit verknüpften Themen gefallen sein. In Wahrheit gibt es jedoch nicht nur einen optimalen Weg, eine bestimmte Szene wiederzugeben, und oftmals kann das Bild nachträglich verbessert werden, indem überflüssige Details weggelassen und nur ein Teil der Abbildung vergrößert wird.

Im Idealfall sollte das Gesamtbild vergrößert werden, ganz einfach deshalb, weil so die Qualität des Abzugs weitaus besser ist, da das Original nicht zu stark vergrößert werden muß. Beim Fotografieren von Sportlern oder anderen Motiven mit dynamischen Bewegungsabläufen können Sie es sich jedoch oftmals nicht leisten, den perfekten Kamerastandpunkt sicherzustellen, den optimalen Bildausschnitt festzulegen und zu gewährleisten, daß Sie das geeignete Objektiv angesetzt haben. Sie beobachten die steigende Spannung, wissen intuitiv, daß die Aufnahme in greifbare Nähe rückt, und Sie betätigen den Auslöser fast reflexartig. Selbst eine nur wenige Sekunden dauernde Unterbrechung zur Festlegung des Bildausschnitts, zur Änderung des Aufnahmestandpunkts oder zum Objektivwechsel kann bedeuten, daß die Aufnahme für immer verloren ist.

▼ *Dieser Bunker in Oakmount, USA, ist angeblich der größte der Welt. Der ursprüngliche Bildausschnitt zeigt die Ausmaße des Bunkers nur zu gut – ein unerfahrener Golfspieler könnte hier den ganzen Tag vergeblich damit zubringen, auf das Grün zu gelangen.*

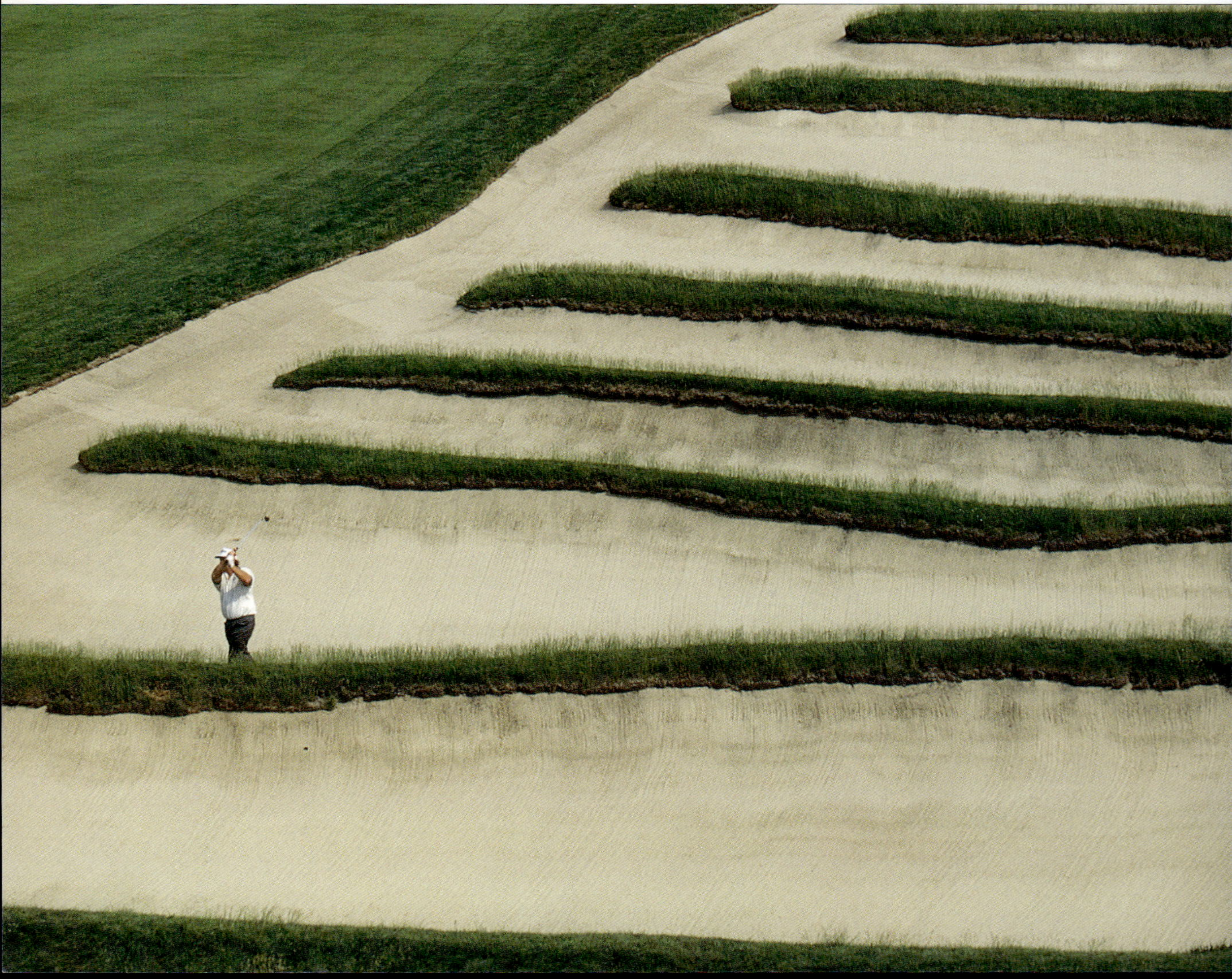

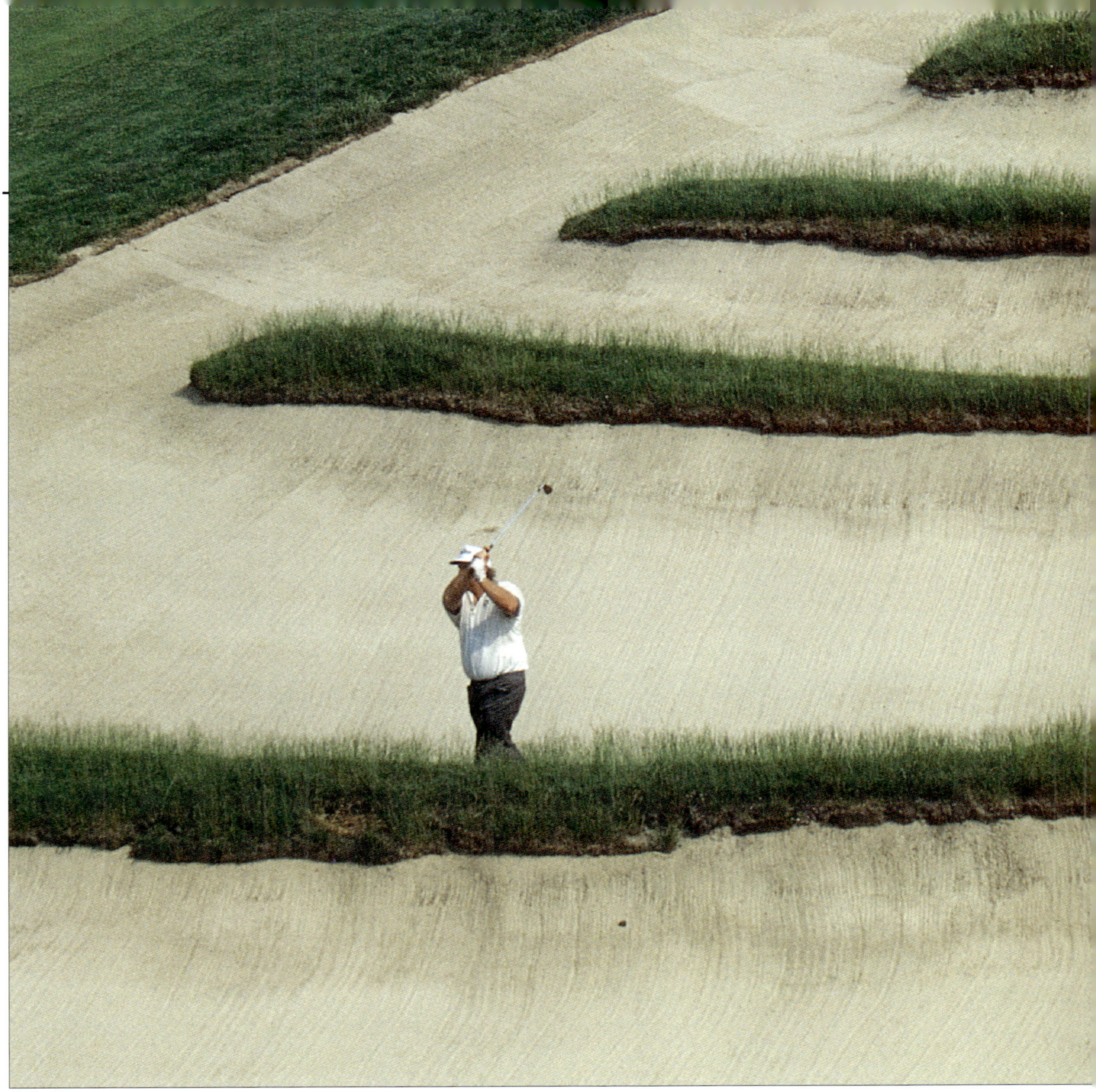

Fotograf:
Bob Martin
Kamera:
Kleinbildkamera
Objektiv:
80–200 mm Zoom (bei 200 mm)
Filmempfindlichkeit:
ISO 100/21°
Belichtung:
1/1000 Sekunden bei Blende 4
Beleuchtung:
Reines Tageslicht

▲ *Die Person wurde beim Vergrößern näher herangerückt, wodurch viele visuelle Informationen über das gigantische Ausmaß des Sandhindernisses wegfielen. Trotzdem ist diese Aufnahme ein viel gelungeneres Actionfoto als das ursprüngliche Bild. Es wurde nicht durch die Veränderung des Bildausschnitts zu einem besseren Foto, sondern es erfüllt in dieser Form einfach besser seinen Zweck.*

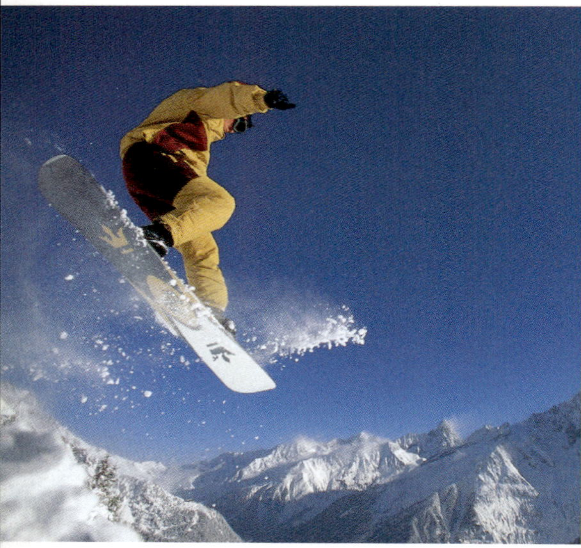

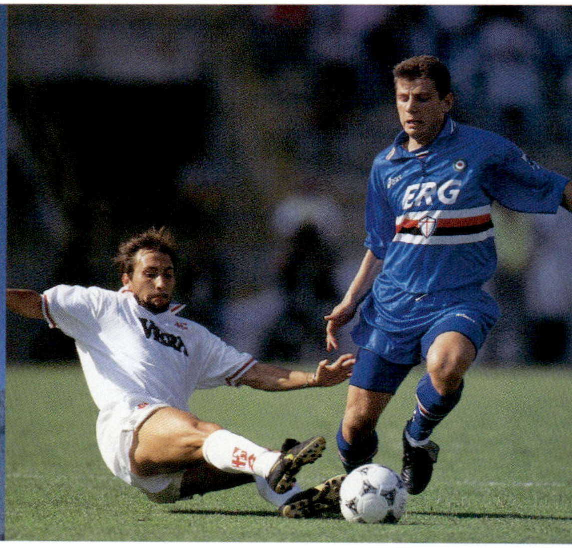

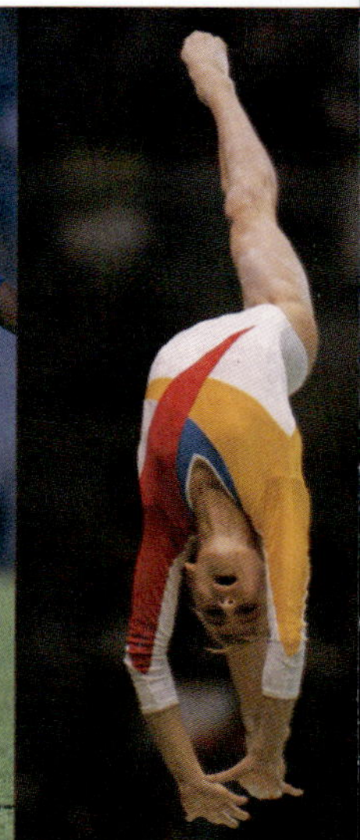

2

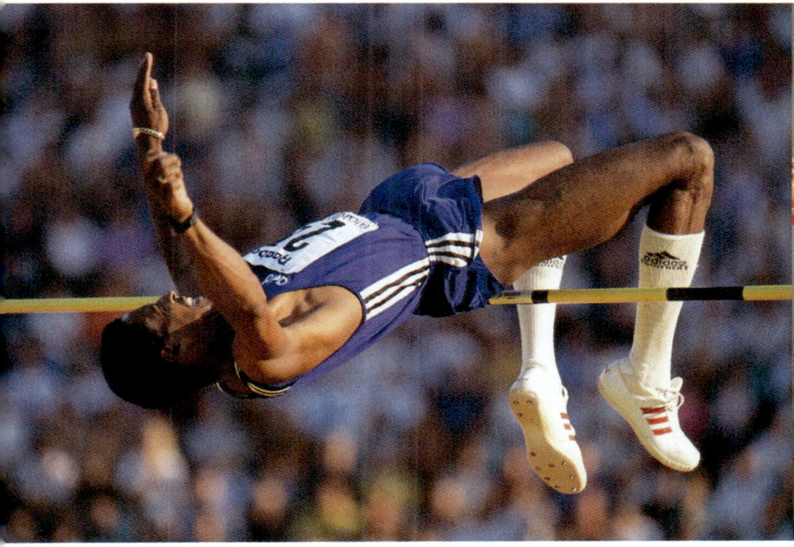

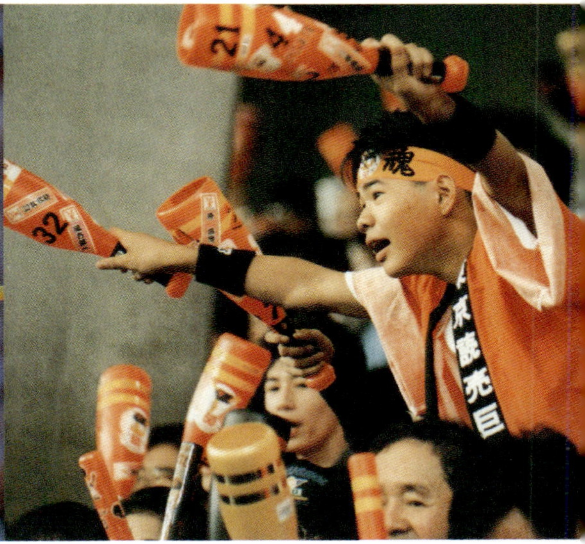

DER ENTSCHEIDENDE AUGENBLICK

Ein Blick in die Zuschauermenge

Wie spannend der Spielverlauf auch sein mag – lassen Sie die fotografischen Möglichkeiten, die andere Aufnahmegegenstände bieten können, nicht ungenutzt. Wenn Sie Ihre Kamera über die gesamte Szenerie schweifen lassen und auf die Zuschauer scharfeinstellen, könnte Ihnen mit dem richtigen Feingefühl die Art von Aufnahme gelingen, die Sportzeitschriften und Zeitungen so gerne und regelmäßig abdrucken.

Die Familie und Freunde der Spieler erhalten bei Veranstaltungen wie Wimbledon, wo das Foto unten aufgenommen wurde, Sonderausweise und spezielle Sitzplätze auf den Tribünen der wichtigsten Tennisplätze. Wenn Sie Ihre Hausaufgaben sorgfältig gemacht haben, werden Sie bei jedem dieser Spiele auf Anhieb erkennen, wer ein besonderes Interesse an den Spielern hat. Natürlich können auch allgemeine Aufnahmen von der Zuschauermenge sehr wirkungsvoll sein, wie im Beispiel rechts zu sehen ist. Oft geben die Gesichter und die Körpersprache der Zuschauer bei solchen Aufnahmen die Spannung und Dramatik der Veranstaltung wieder.

Welche Brennweite Sie benutzen sollten, um ein oder mehrere Gesichter in der Zuschauermenge zur Geltung zu bringen, hängt von Ihrem Aufnahmestandpunkt und vom vorhandenen Licht ab. Ein Zoomobjektiv verleiht Ihnen oft die nötige Flexibilität bei der Festlegung des Bildausschnitts, ohne daß Sie den Kamerastandort verändern müssen. Wenn die Lichtintensität sehr gering ist, müssen Sie jedoch eventuell Ihr lichtstärkstes Objektiv, d. h. Ihr Objektiv mit der größten maximalen Blende, einsetzen.

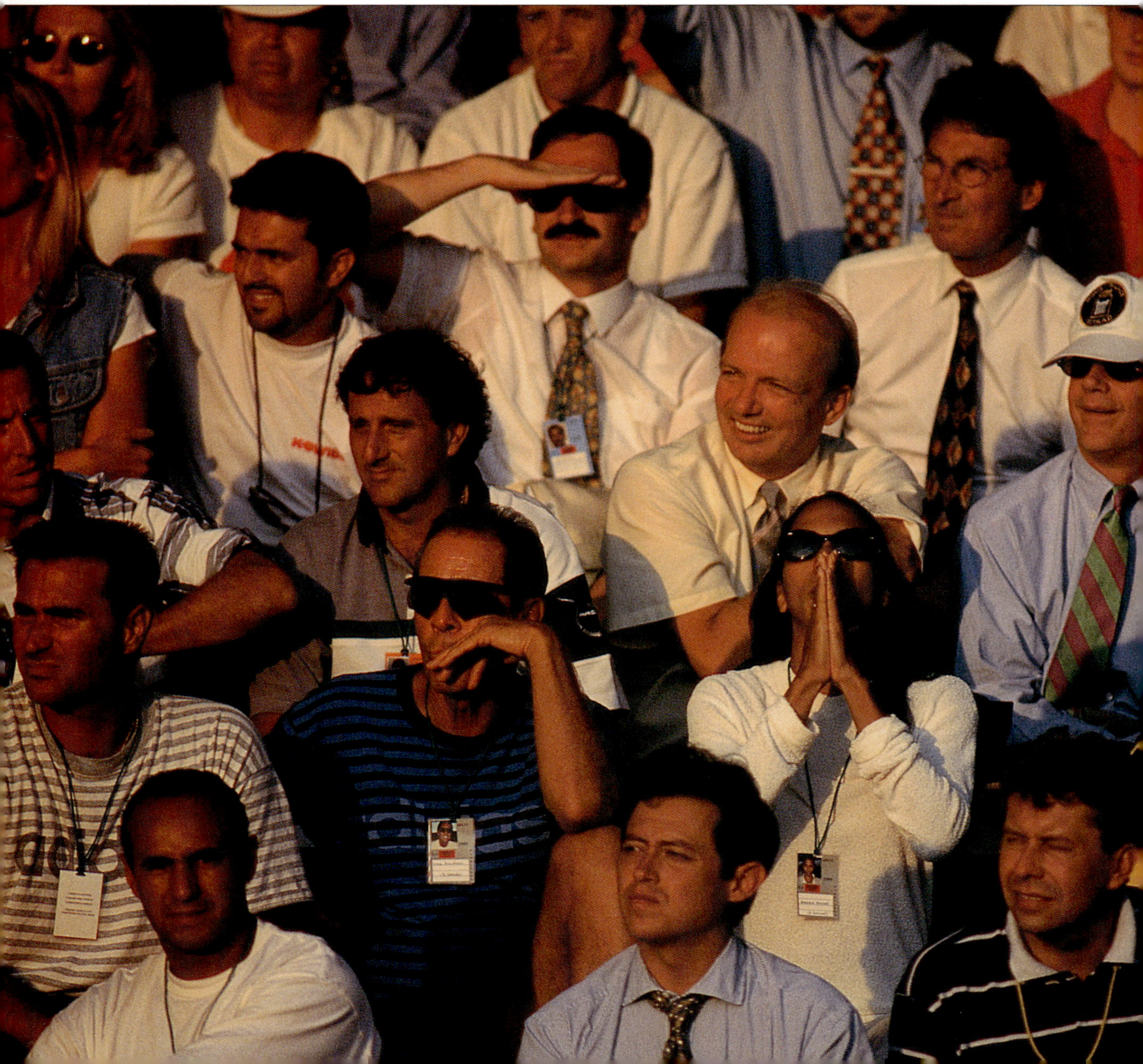

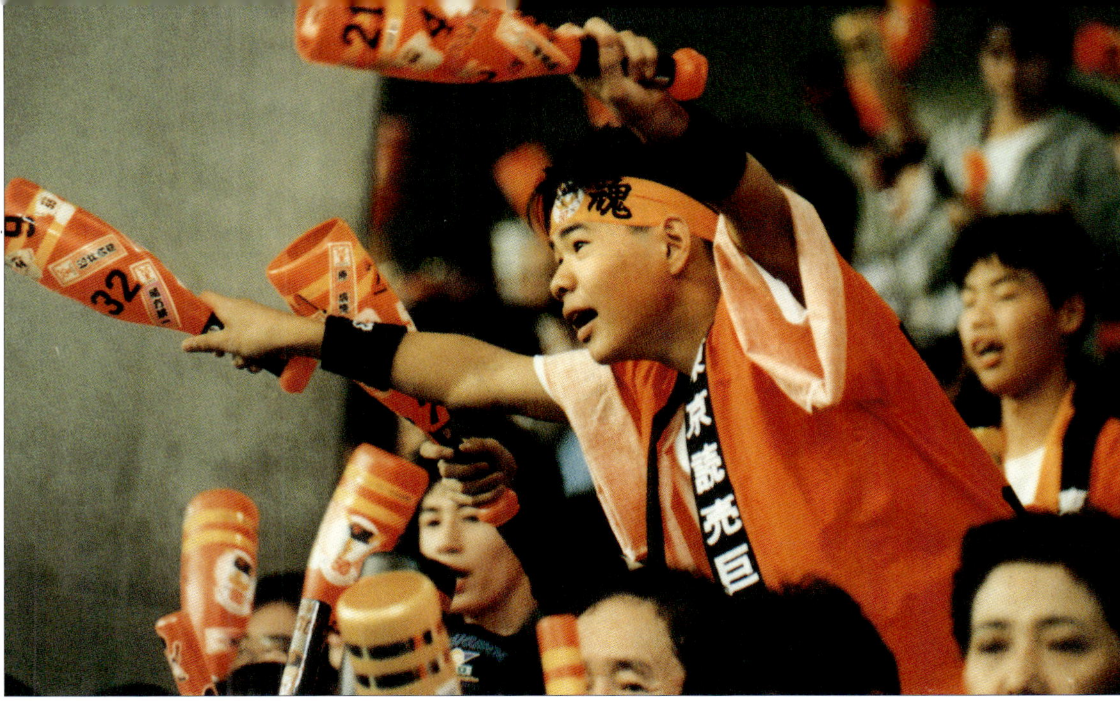

▲ *Die Aufregung und Angespanntheit der Zuschauer beim Baseball-Spiel der Tokyo World Series wird in dieser Aufnahme sehr gut dargestellt. Das Bild wurde mit einem mittleren Telezoom aufgenommen. Was das Foto jedoch nicht vermitteln kann, ist der ohrenbetäubende Lärm, den die 90 000 Zuschauer bei diesem Endspiel im Stadion verursachten.*

FOTOGRAF:
Bob Martin

KAMERA:
35 mm

OBJEKTIV:
70–200 mm (bei 200 mm)

FILMEMPFINDLICHKEIT:
ISO 800/30° (Negativfilm)

BELICHTUNG:
1/250 Sekunde bei Blende 2,8

BELEUCHTUNG:
Reines Tageslicht

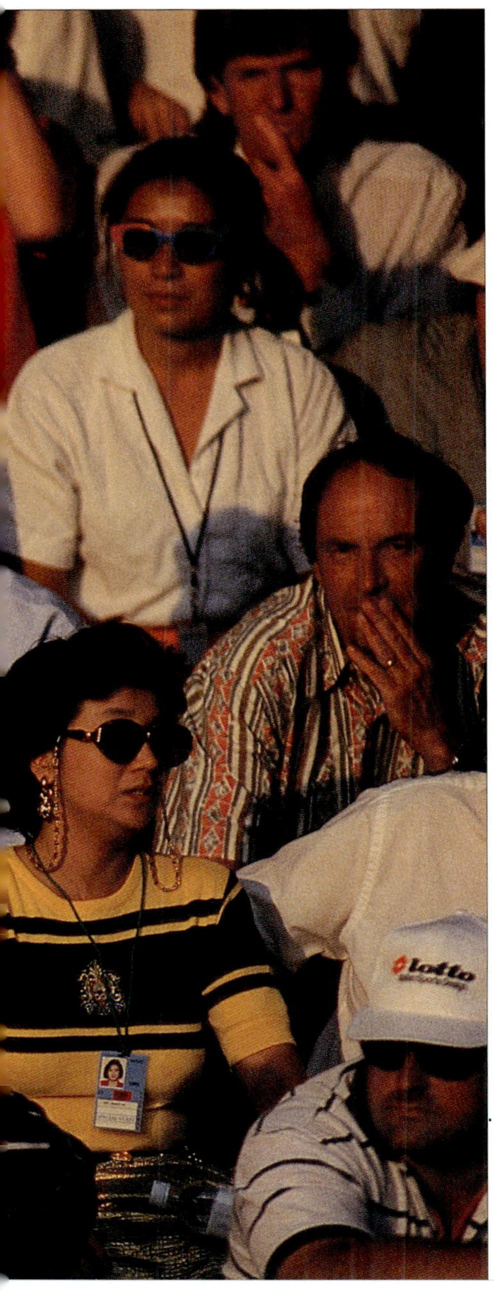

◀ *Dieses am Spätnachmittag eines warmen Sommertages in Wimbledon aufgenommene Bild ist ein echter Klassiker. Der Fotograf mußte eine Entscheidung fällen: Er konnte sich entweder auf das Tennisspiel mit Boris Becker oder auf die Zuschauerränge konzentrieren. Er hat genau den Moment abgepaßt, in dem Beckers Freundin wie im Gebet die Hände aneinanderlegt, weil es auf dem Platz um einen entscheidenden Punkt geht.*

FOTOGRAF:
Bob Martin

KAMERA:
Kleinbildkamera

OBJEKTIV:
600 mm

FILMEMPFINDLICHKEIT:
ISO 100/21°

BELICHTUNG:
1/250 Sekunde bei Blende 4

BELEUCHTUNG:
Reines Tageslicht

FOTOGRAF:
Bob Martin

KAMERA:
Kleinbildkamera

OBJEKTIV:
400 mm

FILMEMPFINDLICHKEIT:
ISO 400/27°

BELICHTUNG:
1/250 Sekunde bei Blende 2,8

BELEUCHTUNG:
Reines Tageslicht

▼ *Die Wahrscheinlichkeit eines gelungenen Fotos wird beträchtlich erhöht, wenn Sie bereits vor Beginn des Wettkampfs den richtigen Kamerastandort gefunden oder zumindest geplant haben. Wenn Sie zu spät ankommen, müssen Sie mit Zuschauern und anderen Fotografen um die besten Plätze kämpfen. Bei dieser Aufnahme eines russischen und eines türkischen Ringers bei den »Goodwill Games« im Jahr 1994 kam der Fotograf früh genug an, um sich einen Platz in der ersten Zuschauerreihe zu sichern und konnte so den Wettkampf ungehindert überblicken. Um die Bildwirkung weiter zu erhöhen, fotografierte er die Ringer aus einer Position, bei der das Objektiv fast den Fußboden berührte.*

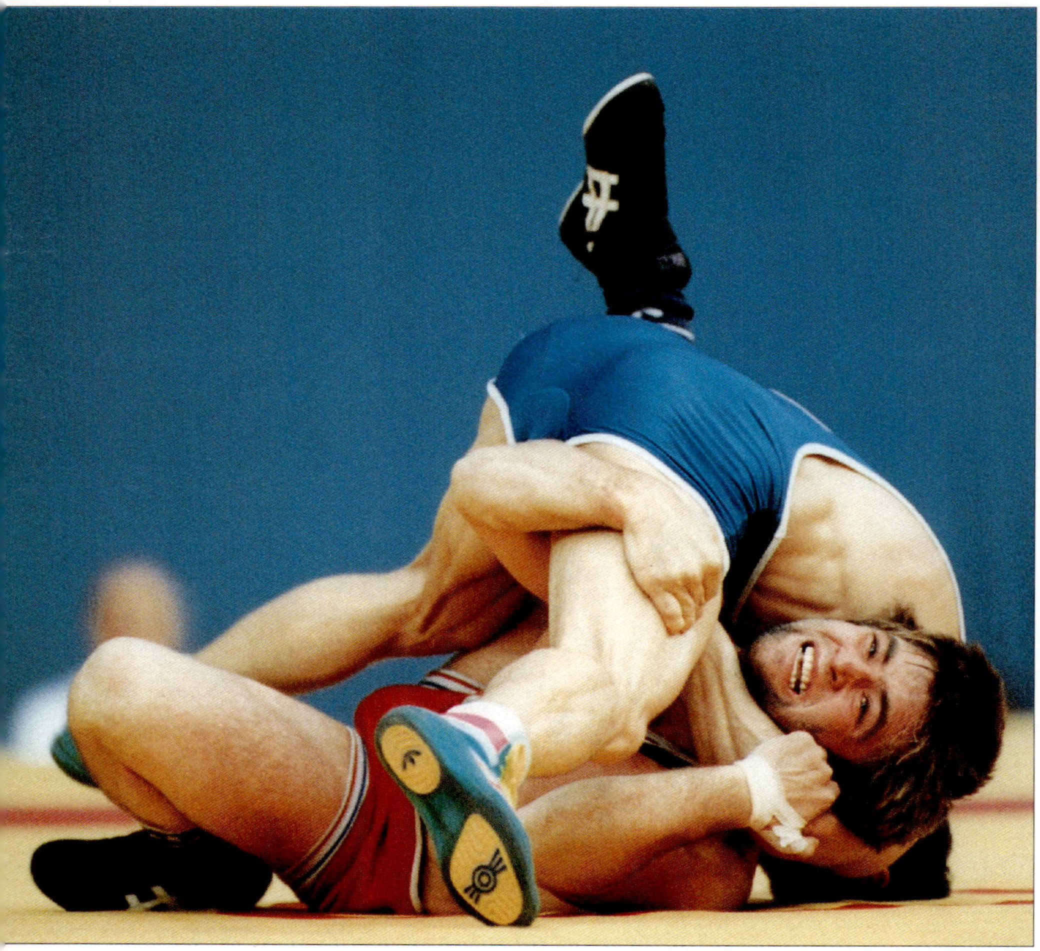

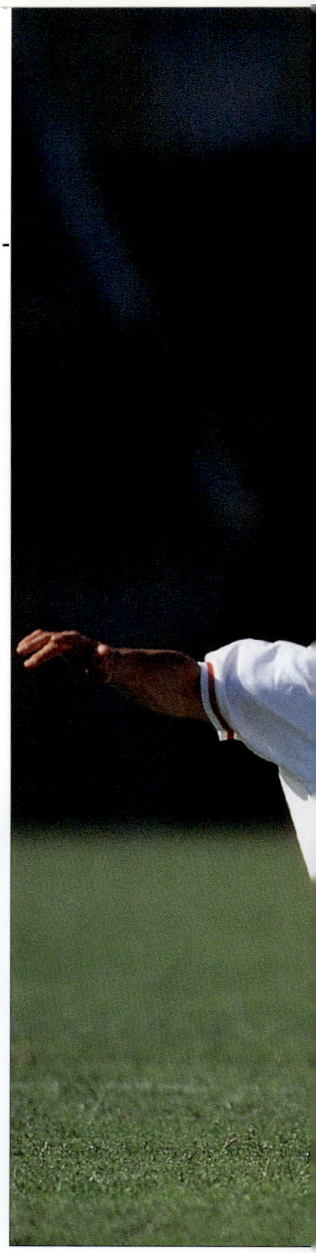

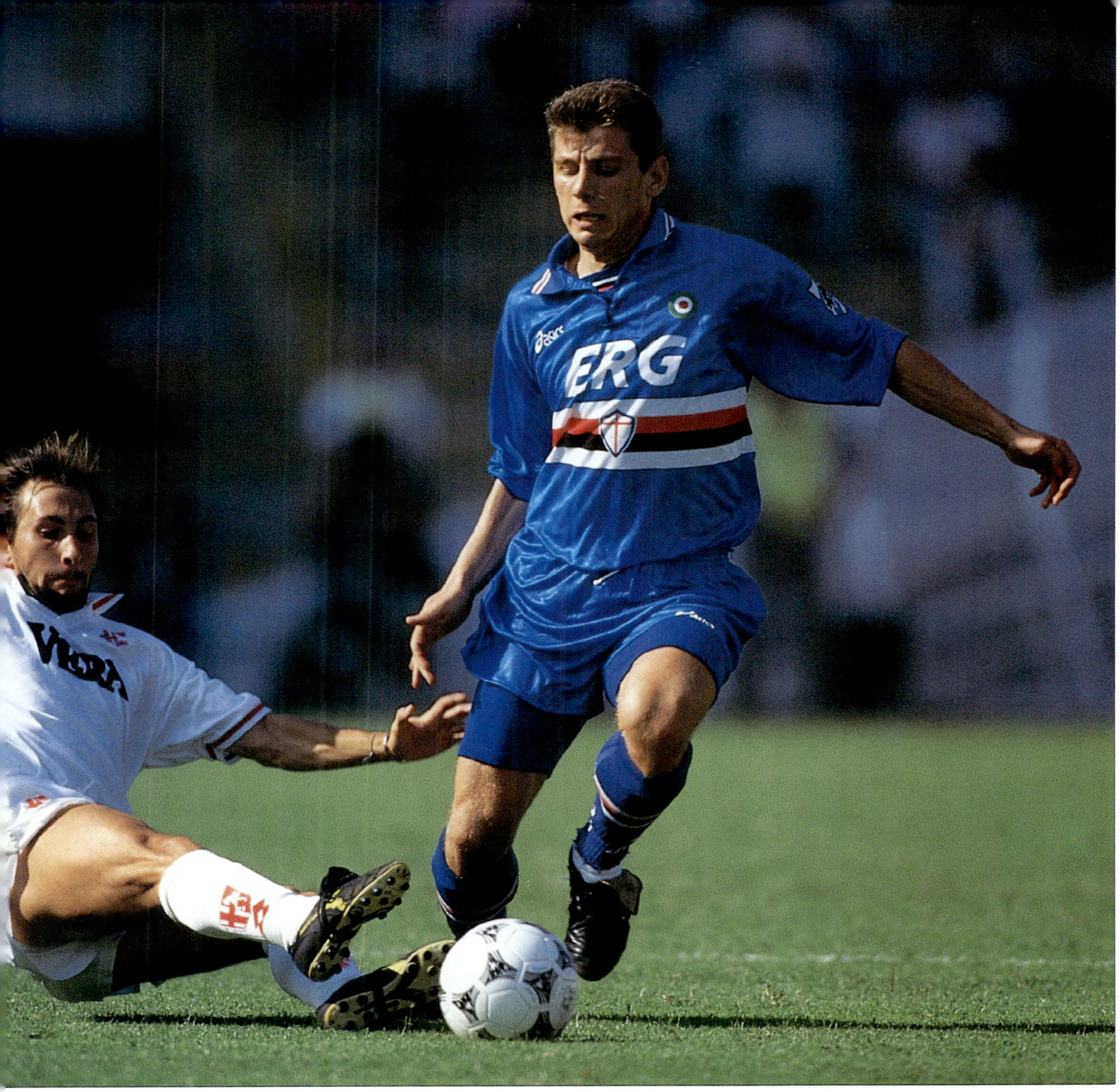

▲ *Wenn Sie die Sportart, die Sie fotografieren, und die Rolle der einzelnen Teilnehmer kennen, ist es leichter für Sie, zur richtigen Zeit am richtigen Ort zu sein. Hier folgte der Fotograf dem Verteidiger im weißen Trikot mit seinem Teleobjektiv, als dieser zurückrannte, um einen gegnerischen Spieler abzufangen.*
Das resultierende Foto, bei dem die Belichtung auf das Gegenlicht abgestimmt wurde, zeigt die Geschicklichkeit dieser Profifußballer, die sich beide mit äußerster Anspannung auf den Ball konzentrieren.

FOTOGRAF:
Bob Martin
KAMERA:
Kleinbildkamera
OBJEKTIV:
400 mm
FILMEMPFINDLICHKEIT:
ISO 100/21°
BELICHTUNG:
1/1000 Sekunde bei Blende 2,8
BELEUCHTUNG:
Reines Tageslicht

Die angemessene Verschlusszeit

Die Verschlußzeit trägt nicht nur zur Ermittlung der richtigen Belichtung bei. Es ist zwar richtig, daß Sie die Verschlußzeit jedes Mal, wenn Sie um eine Stufe auf- oder abblenden, halbieren bzw. verdoppeln müssen, um die gleiche Belichtung zu erreichen; die Verschlußzeit bestimmt aber auch, wie die Bewegung der Motive wiedergegeben wird.

Die Wahl einer sehr kurzen Verschlußzeit, sagen wir 1/2000 Sekunde, friert selbst die schnellsten Motive ein, wie zum Beispiel einen Rennwagen oder die Speichen eines Rennrads. Das resultierende Foto bildet das Motiv gestochen scharf ab und gibt alle Details wieder. Dies ist zwar vielleicht eine dramatische Aufnahme, entspricht aber nicht der Art und Weise, wie wir Schnelligkeit und Bewegung in Wirklichkeit wahrnehmen.

Alternativ dazu können Sie eine längere Verschlußzeit verwenden, so daß das Motiv verschwommen abgebildet wird (dies entspricht eher der Sicht des menschlichen Auges).

Der Grund hierfür liegt darin, daß sich das Motiv bewegt, während der Verschluß geöffnet ist und Licht auf den Film fällt. Mit Hilfe von verschiedenen Verschlußzeiten und einer Technik, die »Mitziehen« genannt wird, können Sie das Maß an Bewegungsunschärfe steuern (siehe gegenüberliegende Abbildung).

Da auch die Belichtung stimmen muß, können Sie nicht immer die Verschlußzeit wählen, die Ihnen am angemessensten scheint. Beispielsweise entscheiden Sie, daß bei einem bestimmten Motiv eine Verschlußzeit von 1/4000 Sekunde angebracht wäre. Wenn Sie dann jedoch zum Ausgleich Blende 2,8 wählen müßten, die größte Blende Ihres Objektivs jedoch 4 oder 5,6 ist, müssen Sie statt dessen 1/2000 bzw. 1/1000 s wählen.

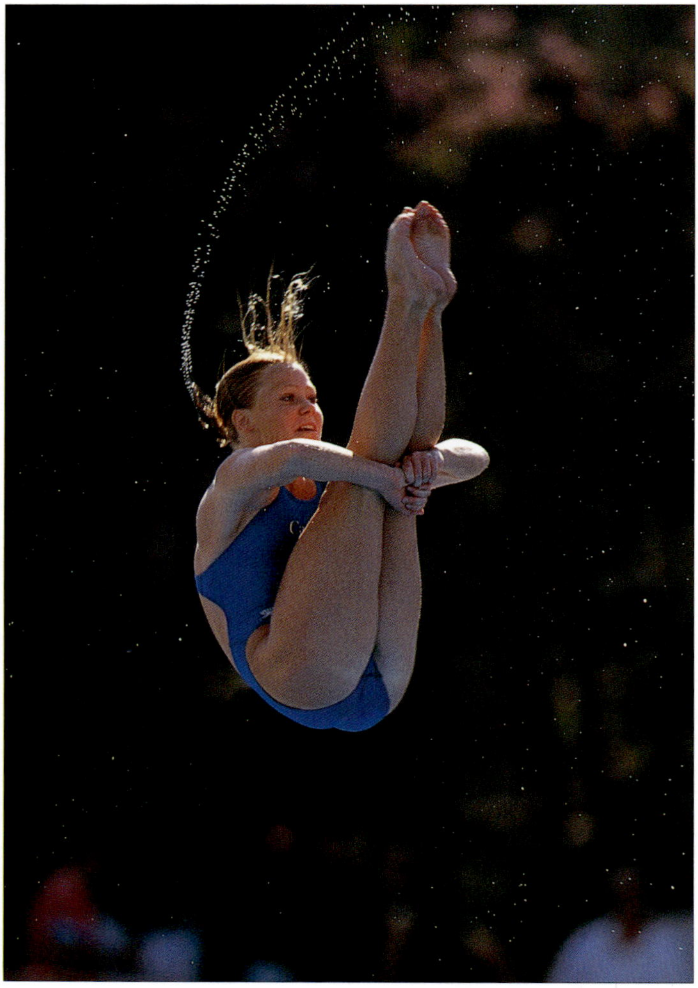

FOTOGRAF:
Bob Martin

KAMERA:
Kleinbildkamera

OBJEKTIV:
600 mm

FILMEMPFINDLICHKEIT:
ISO 100/21°

BELICHTUNG:
1/1000 Sekunde bei Blende 4

BELEUCHTUNG:
Reines Tageslicht

◀ Durch die Verschlußzeit von 1/1000 Sekunde wurden die Bewegungen dieser Kunstspringerin in dem Moment eingefroren, als sie ihre Beine umfaßte. So kann der Betrachter ihren Stil und ihre Anmut ausgiebig studieren. Beachten Sie auch die perfekt geformten Wassertröpfchen, die aus dem Haar der Springerin geschleudert werden.

Mitziehen

Das Mitziehen der Kamera während der Aufnahme ist ein Mittel, wie Sie die Bewegungsunschärfe des Motivs steuern und den Eindruck von Geschwindigkeit und Dramatik vermitteln können.
Dazu wählen Sie eine Verschlußzeit, die normalerweise nicht ausreichen würde, um das Motiv einzufrieren. Bewegen Sie nun die Kamera parallel zur Bewegungsrichtung des Motivs, um den Aufnahmegegenstand im Sucher zu halten. Auf diese Weise wird das Hauptmotiv scharf abgebildet, während die stillstehenden Bildelemente verschwimmen, wie beispielsweise der Vorder- und Hintergrund auf diesem Foto von Radrennfahrern. Je länger der Verschluß geöffnet bleibt, desto unschärfer wird die Umgebung abgebildet. Bei sehr langen Verschlußzeiten wird es jedoch auch immer schwieriger, das Motiv völlig scharf abzubilden.

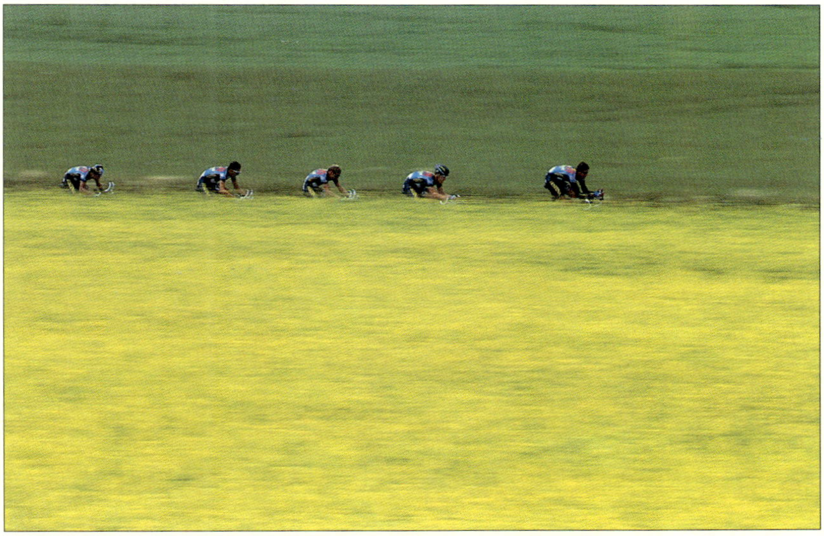

Fotograf:	Kamera:	Objektiv:	Filmempfindlichkeit:	Belichtung:	Beleuchtung:
Bob Martin	**Kleinbildkamera**	**600 mm**	**ISO 50/18°**	**$\frac{1}{30}$ Sekunde bei Blende 11**	**Reines Tageslicht**

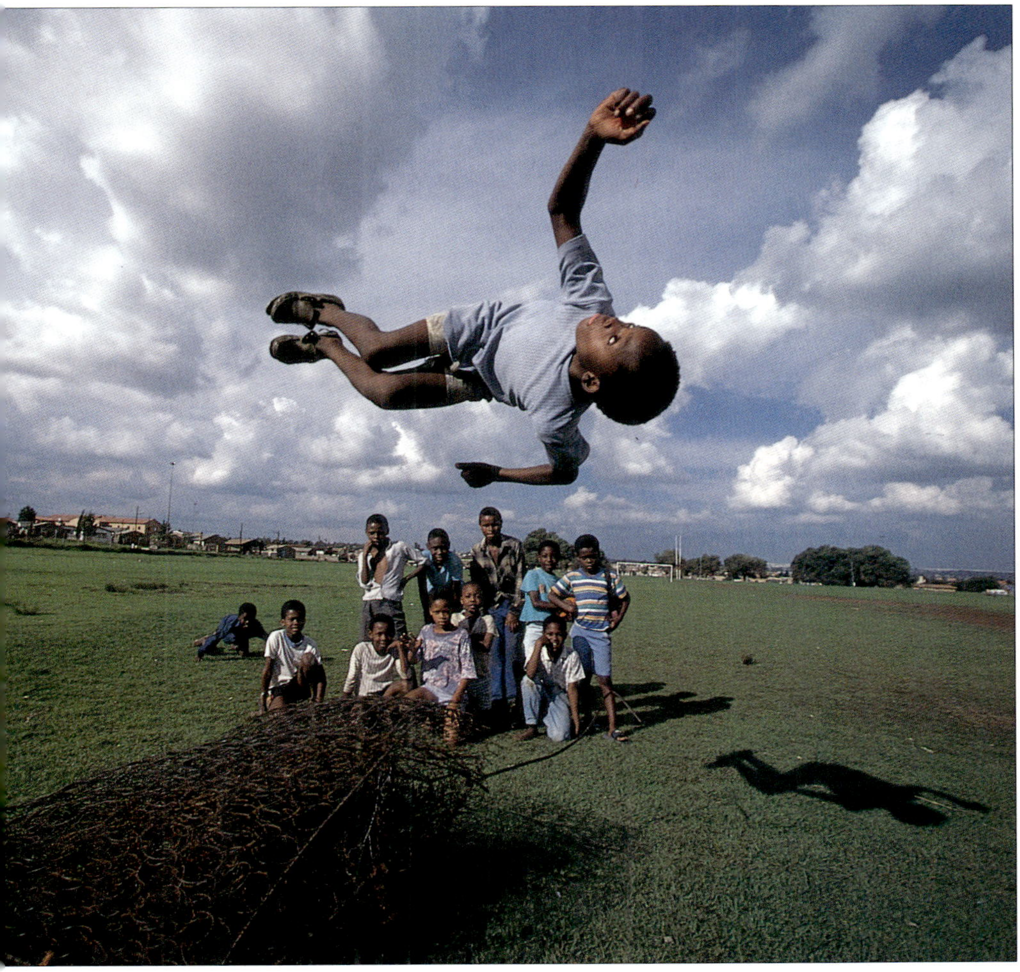

◀ *Diese Aufnahme eines Jungen, der auf einigen Sprungfedern eines alten Betts auf- und abhüpfte und dessen Bewegung in der Luft eingefroren wurde, wirkt merkwürdig irreal. Das Bild ist so erstaunlich scharf, daß man nicht sofort versteht, warum der Junge an dieser Stelle in der Luft stillzustehen scheint und sein Schatten seitlich auf das Gras fällt.*

Fotograf:
Bob Martin

Kamera:
Kleinbildkamera

Objektiv:
14 mm

Filmempfindlichkeit:
ISO 100/21°

Belichtung:
$\frac{1}{2000}$ Sekunde bei Blende 2,8

Beleuchtung:
Reines Tageslicht

▶ Die Radrennfahrer der Tour de France sind auf diesem Bild so verwischt, daß sie fast wie Geisterbilder erscheinen. Um diesen Effekt zu erzielen, schraubte der Fotograf die Kamera zur Vermeidung von Verwacklungen auf ein Stativ und wählte eine sehr lange Verschlußzeit. Mit Hilfe dieser Aufnahmetechnik wurde der Hintergrund im Gegensatz zu den Hauptmotiven sehr scharf abgebildet.

FOTOGRAF:
Bob Martin

KAMERA:
Kleinbildkamera

OBJEKTIV:
28–70 mm (bei 50 mm)

FILMEMPFINDLICHKEIT:
ISO 100/21°

BELICHTUNG:
1/30 Sekunde bei Blende 11

BELEUCHTUNG:
Reines Tageslicht

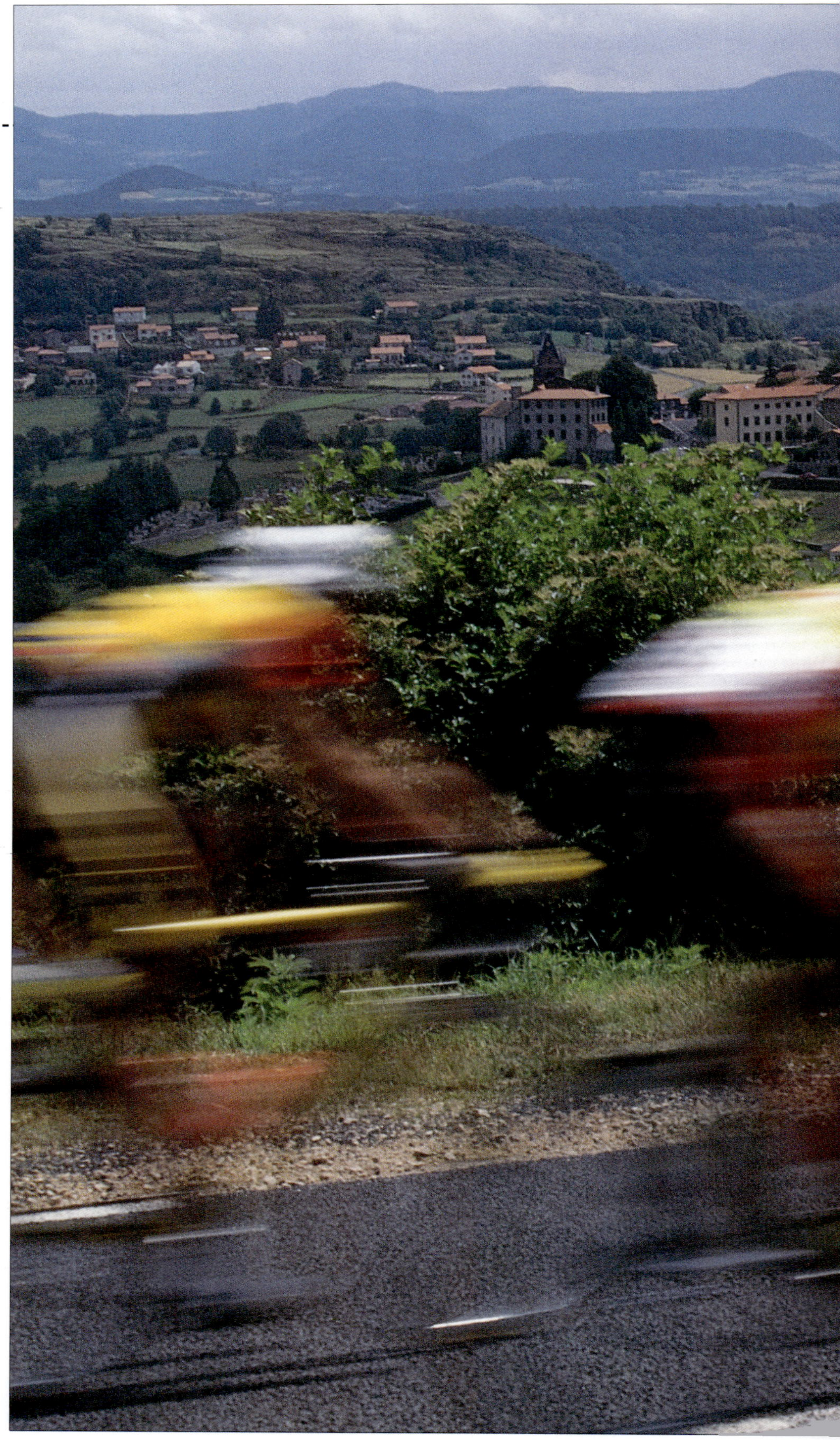

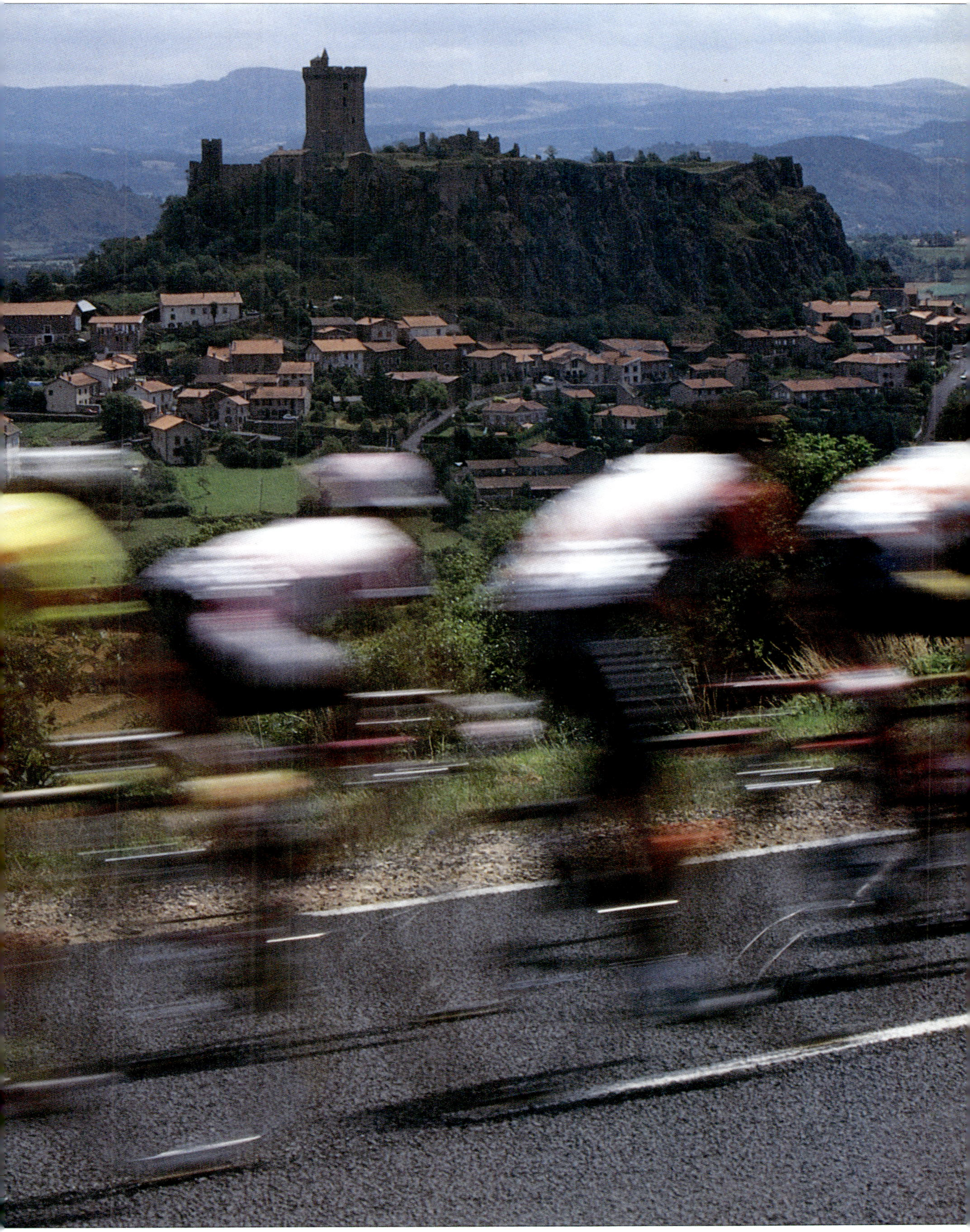

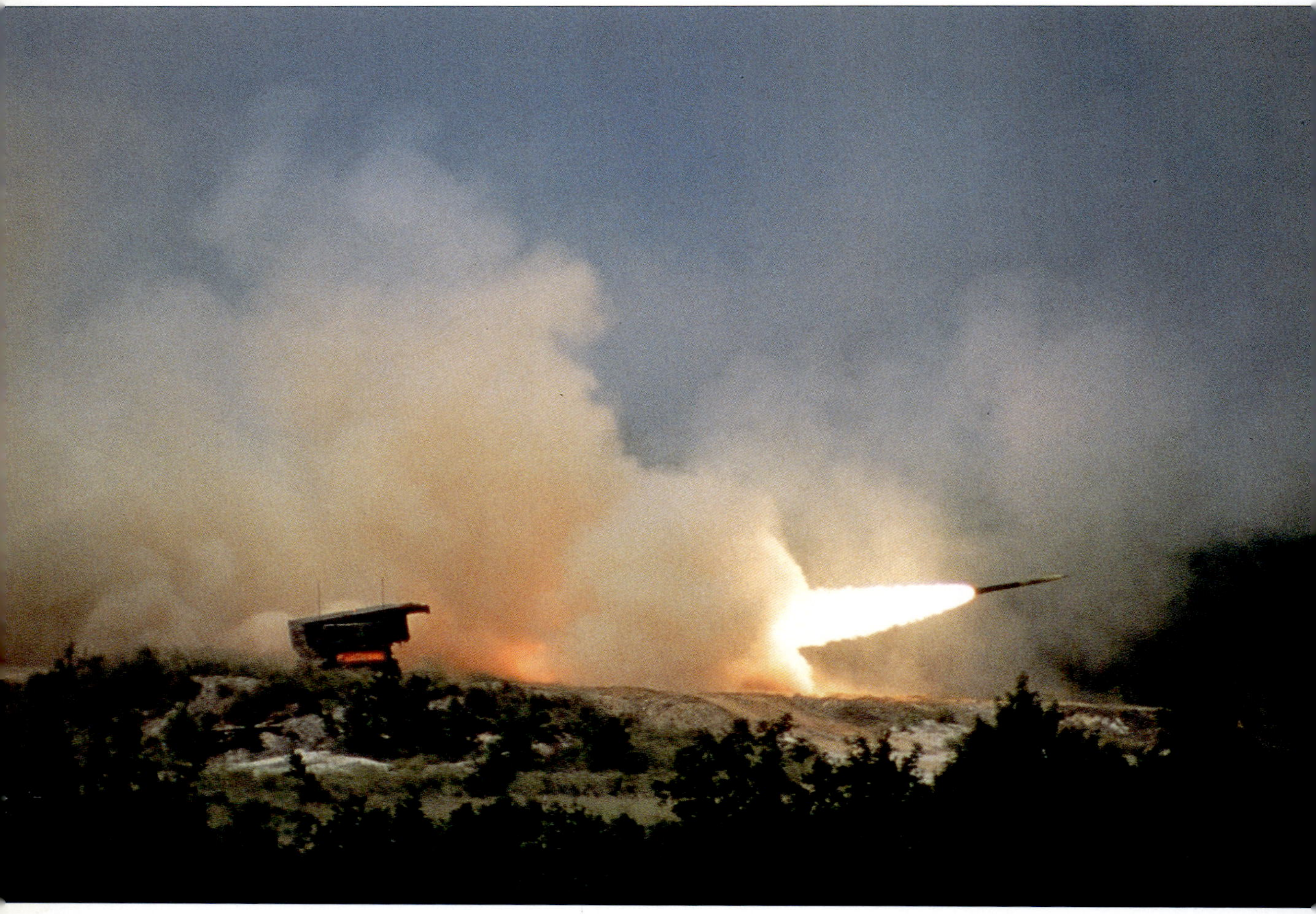

FOTOGRAF:
Hans Halberstadt/TSM

KAMERA:
Kleinbildkamera

OBJEKTIV:
500 mm

FILMEMPFINDLICHKEIT:
ISO 400/27°

BELICHTUNG:
1/2000 Sekunde bei Blende 5,6

BELEUCHTUNG:
Reines Tageslicht

◀▶ Obwohl die Geschwindigkeiten des Spaceshuttles bzw. der Rakete auf diesen beiden Aufnahmen nicht identisch waren, machen beide Bilder deutlich, daß bei verschiedenen Actionmotiven auch unterschiedliche Verschlußzeiten zum Einfrieren der Bewegung eingesetzt werden müssen. Der Faktor, der die Aufnahme von Bewegungen am unmittelbarsten beeinflußt, ist die Bewegungsrichtung im Verhältnis zur Kamera. Bewegungen zur Kamera hin oder von ihr weg können zum Beispiel mit längeren Verschlußzeiten eingefroren werden als Bewegungen, die in einem Winkel von 45° zur Kamera verlaufen. Bewegungen in einem Winkel von 90° zur Kamera erfordern die kürzeste Verschlußzeit, wenn Unschärfen vermieden werden sollen. Bedenken Sie jedoch, daß die Verschlußzeit um so kürzer sein muß, je kleiner der Abstand zwischen Kamera und Motiv (oder je länger die Brennweite ist) ist, wenn Sie das Motiv scharf abbilden wollen.

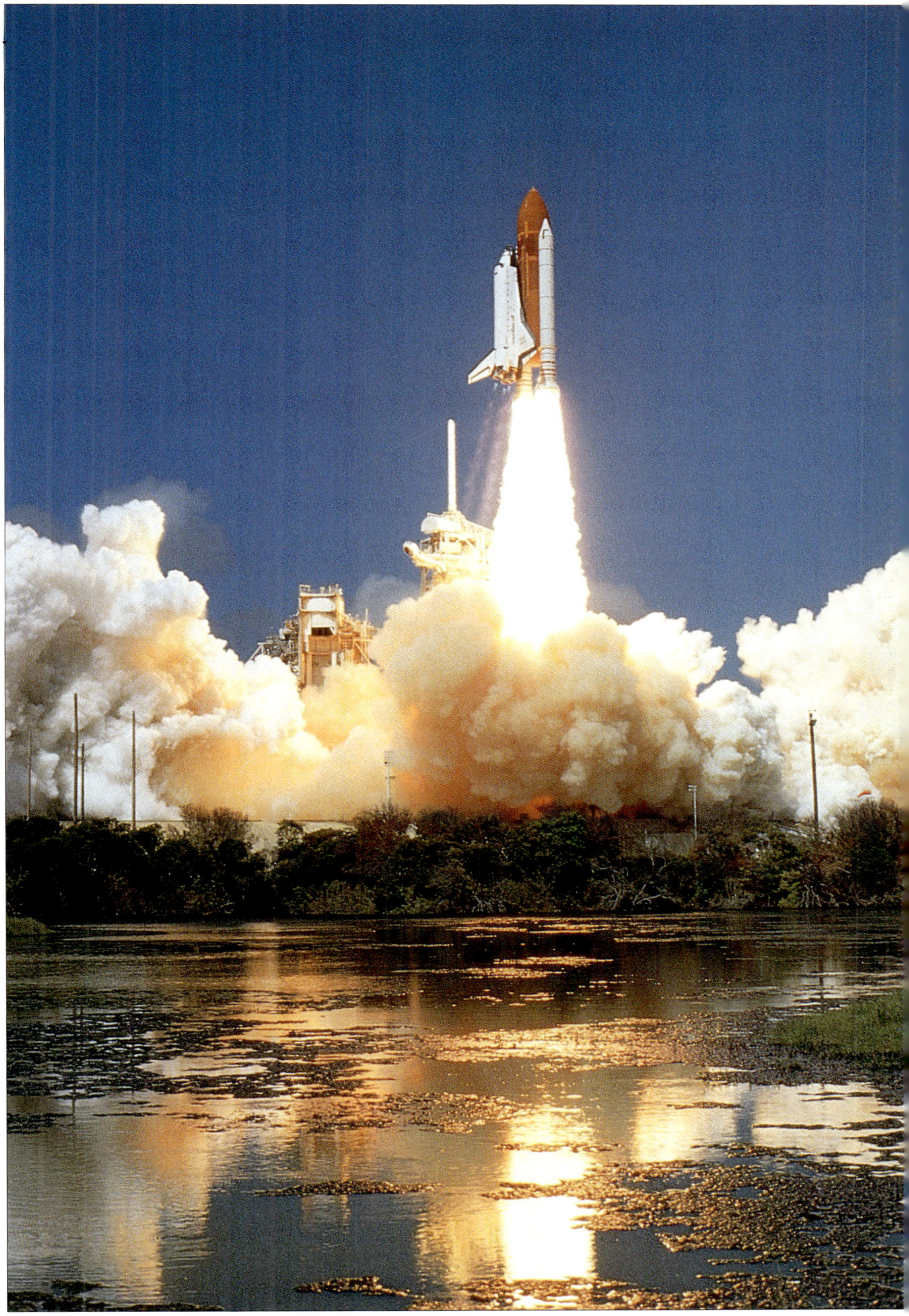

FOTOGRAF:
Mark M Lawrence/TSM

KAMERA:
Kleinbildkamera

OBJEKTIV:
50 mm

FILMEMPFINDLICHKEIT:
ISO 200/24°

BELICHTUNG
1/1000 Sekunde bei Blende 4

BELEUCHTUNG:
Reines Tageslicht

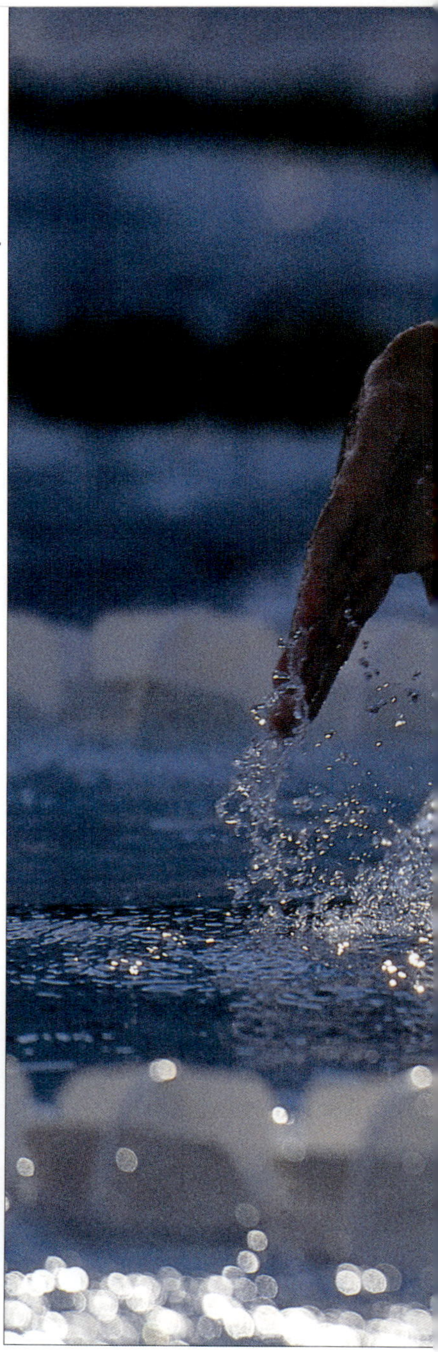

Die Verringerung von Lichtreflexen im Wasser

Spiegelungen der Umgebung des Schwimmbeckens und der Raumbeleuchtung im Wasser des Beckens können so störend sein, daß sie die Wirkung von Schwimmsportaufnahmen verderben. Wenn es nicht möglich ist, Ihren Aufnahmestandort zu verändern, um diese Spiegelungen zu verringern, können Sie ein Polarisationsfilter vor dem Objektiv verwenden. Je nach Art der Spiegelungen und der jeweiligen Lichtquelle kann ein Polarisationsfilter bei richtigem Aufnahmewinkel die Reflexionen mildern oder völlig beseitigen. Für diesen zweifellosen Vorteil müssen Sie jedoch auch einen Nachteil in Kauf nehmen – die Lichtstärke des Objektivs nimmt ab, denn das Filter bewirkt, daß etwa 2 Stufen weniger Licht auf den Film fällt.

▼▶ *Die Auswahl an Filtern zur Verwendung mit Farbfilmen ist recht begrenzt, es sei denn, Sie möchten einige der Effektfilter ausprobieren – Prismenfilter, Sternfilter, Nebelfilter etc. – die jedoch nur sehr begrenzt eingesetzt werden können. Polarisationsfilter beseitigen nicht nur Lichtreflexe auf Oberflächen wie Wasser, sondern können auch farbverstärkend wirken und den Kontrast zwischen Motiv und Umgebung erhöhen.*

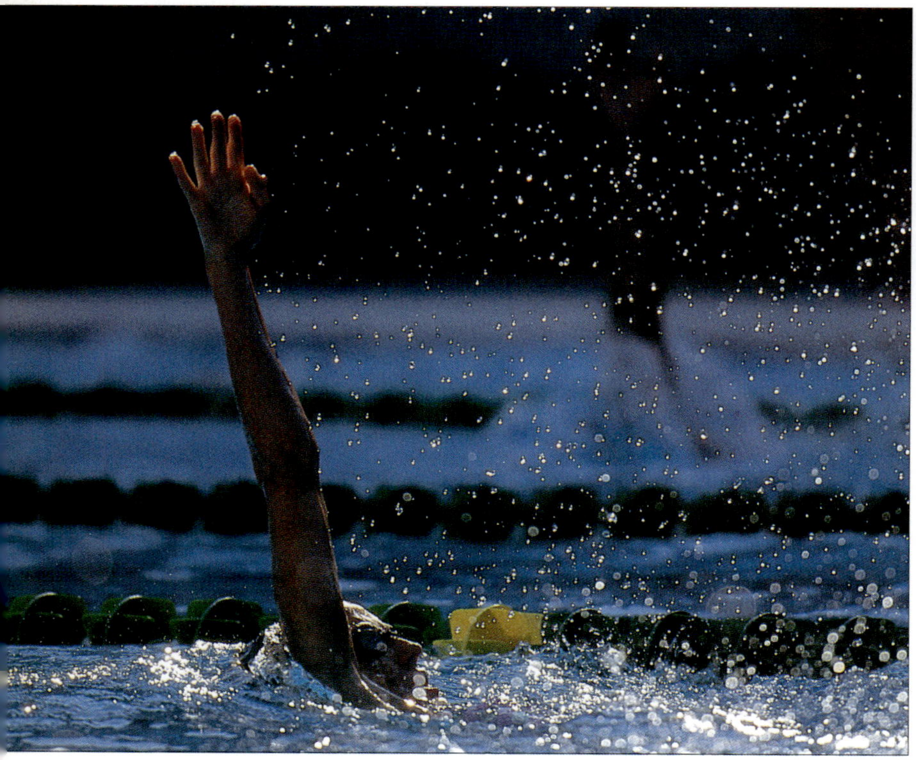

FOTOGRAF:
Bob Martin

KAMERA:
Kleinbildkamera

OBJEKTIV:
600 mm

FILMEMPFINDLICHKEIT:
ISO 100/21°

BELICHTUNG:
1/1000 Sekunde bei Blende 4

BELEUCHTUNG:
Reines Tageslicht

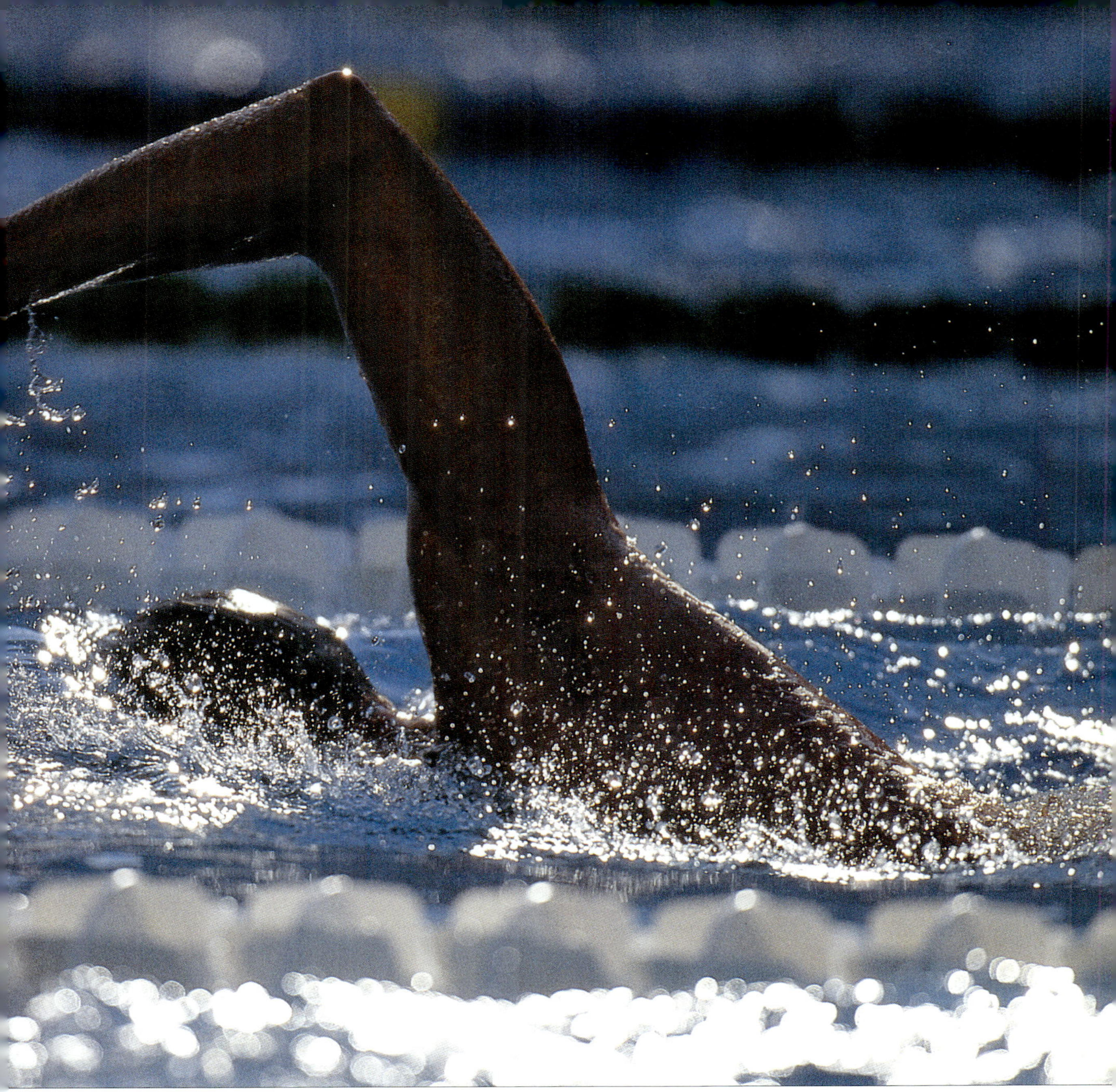

Hinweise und Tips

- Beim Blick durch den Kamerasucher sollten Sie sich den leeren Rahmen wie ein weißes Blatt Papier vorstellen, auf dem Sie die verschiedenen Bildelemente anordnen müssen, um der angestrebten Zielgruppe eine bestimmte Botschaft zu vermitteln. Dies ist der erste Schritt der Bildgestaltung.
- Nur in einem Fotostudio reicht die Zeit normalerweise aus, um jedes Bild im voraus zu planen. Sehen Sie sich den Bildausschnitt vor der Auslösung noch einmal ganz genau an und stellen Sie sicher, daß alle Bildelemente einen positiven Beitrag zum Bildganzen leisten.

Aufnahmen bei schwachem Licht

Jeder Fotograf, der Hallensportveranstaltungen dokumentieren möchte, wird früher oder später das Problem des Fotografierens bei schlechten Lichtverhältnissen kennenlernen. Zu den daraus resultierenden Schwierigkeiten gehören zum Beispiel ein zu dunkles Sucherbild, das die Scharfeinstellung deutlich erschwert, oder gemischte, nicht zueinander passende Lichtquellen, die zu Farbstichen führen können. Diese Probleme werden oft noch dadurch verstärkt, daß man eine recht kurze Verschlußzeit verwenden muß, um das Motiv deutlich und ohne Bewegungsunschärfen abzubilden. Ferner ist die Benutzung von Blitzgeräten möglicherweise verboten.

Es gibt zwei Möglichkeiten, die Auswirkungen dieser Probleme zu mindern: Erstens können Sie das lichtstärkste Objektiv verwenden, das Sie haben – mit anderen Worten, das Objektiv mit der größten maximalen Blende. Zweitens können Sie einen empfindlichen Film einlegen. Die Vorteile eines lichtstarken Objektivs liegen auf der Hand – Sie können eine Verschlußzeit von beispielsweise 1/500 Sekunde einsetzen, um bei schwachem Licht die Bewegung einzufrieren. Trotzdem ist die Blende immer noch groß genug, um eine korrekte Belichtung zu gewährleisten.

Die Verwendung eines hochempfindlichen Films bei schwachem Licht bringt jedoch auch Nachteile mit sich. Erstens reagieren empfindliche Emulsionen oft etwas anders auf Farben und Kontrast als weniger empfindliche Filme; zweitens ist die Abbildung auf hochempfindlichen Filmen oft körniger. Die Körnigkeit kann dann zum Problem werden, wenn das Bild, und insbesondere ein Teil des Bildes, stark vergrößert werden soll.

Aufnahmen auf Negativfilm

Fast alle Profifotografen im Bereich Action und Sport verwenden Diafilme bzw. Farbumkehrfilme. Einen Diafilm kann man einfach aus der Kamera entfernen und auf den Schreibtisch des Bildredakteurs legen, ohne daß Papierbilder abgezogen werden müssen wie beim Negativfilm. Der Diafilm war früher sogar der einzige Film, den die Verleger von Zeitungen, Zeitschriften und Büchern akzeptierten, was heute jedoch nicht mehr der Fall ist. Beim Negativfilm, der zudem mit empfindlicheren Emulsionen erhältlich ist, sind Belichtungsfehler jedoch weniger offensichtlich als beim Diafilm. Negativfilme können darüber hinaus push-entwickelt werden, um die Empfindlichkeit noch um eine oder zwei Stufen zu erhöhen. Gegebenenfalls kann man auch aus bereits entwickelten Negativen Dias für die Projektion machen.

Fotograf:
Bob Martin
Kamera:
Kleinbildkamera
Objektiv:
400 mm
Filmempfindlichkeit:
ISO 800/30°
Belichtung:
1/500 Sekunde bei Blende 2,8
Beleuchtung:
Reines Tageslicht

▶ *Diese bei wenig Licht und einer Verschlußzeit von 1/500 Sekunde fotografierte Turnerin scheint regungslos in der Luft zu schweben und wurde ursprünglich auf hochempfindlichen Negativfilm aufgenommen. Die Abbildung wurde auf Diapositivfilm kopiert, um ein für die Projektion geeignetes Dia herzustellen. Die körnige Struktur ist besonders in den Mitteltönen sichtbar. Dies ist aber normalerweise kein allzu großes Problem, wenn das Original nicht zu stark vergrößert werden soll.*

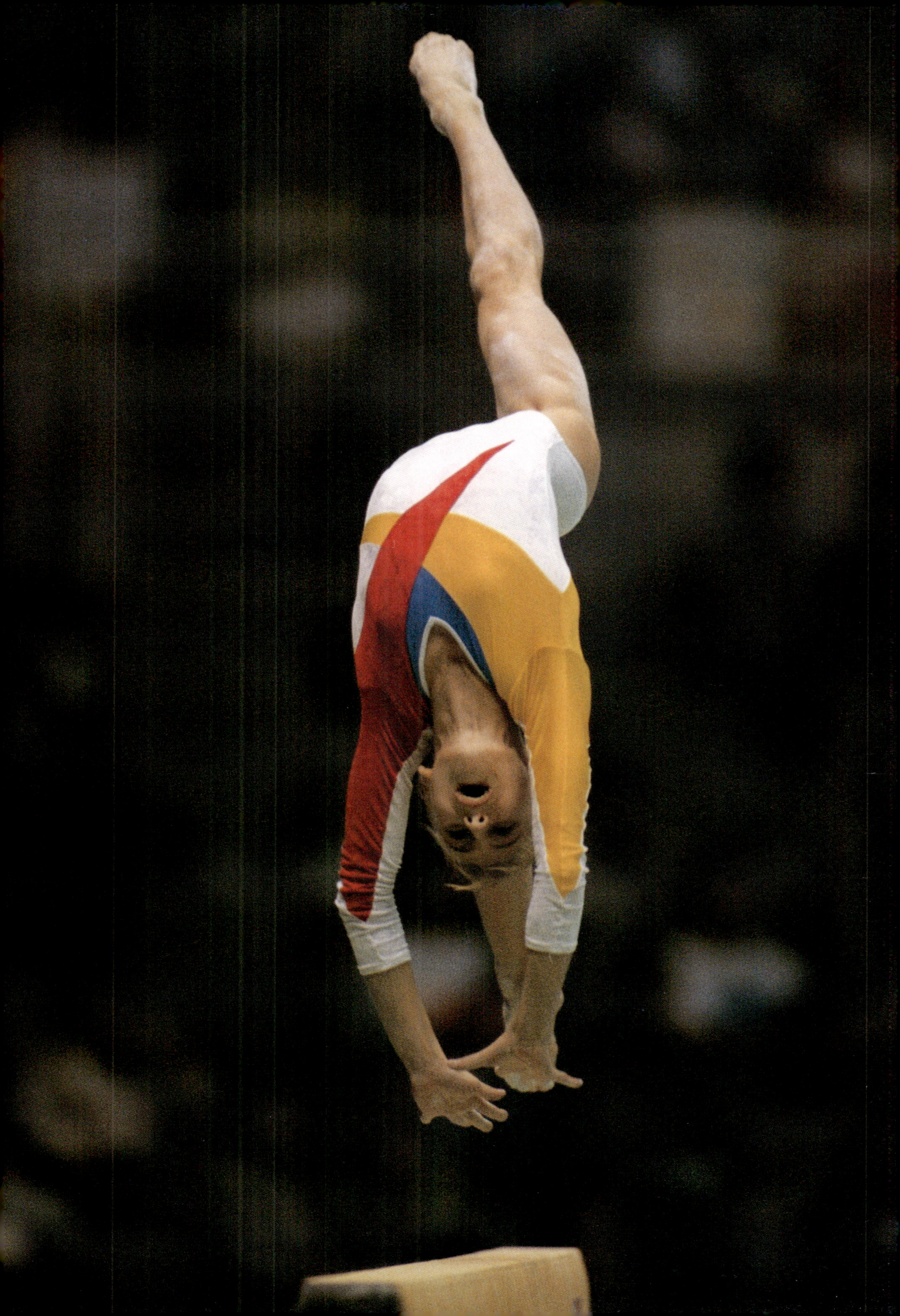

Schlag auf Schlag

Beim Fotografieren von größeren Sportveranstaltungen, wie zum Beispiel einem internationalen Golfturnier, können Sie es sich nicht leisten, über den Filmverschleiß nachzudenken. Hunderte von Fotografen konkurrieren miteinander, um ihre Arbeiten auf den Titelblättern der Fachzeitschriften und -zeitungen für Sportfans veröffentlicht zu sehen. Zwangsläufig werden viele Fotografen in ihren Bemühungen enttäuscht, und ihre Arbeit war umsonst.

Um die Chance zu erhöhen, just den Moment einzufangen, an dem die Spannung am größten ist, verwenden viele Fotografen entweder einen eingebauten oder einen ansetzbaren Motorantrieb. Wenn die Kamera auf »C« (Serienbildauslösung) eingestellt ist, ermöglicht ein handelsüblicher Motorantrieb vier bis sechs Aufnahmen pro Sekunde, solange Sie den Auslöser gedrückt halten (oder bis der Film zu Ende ist, was bei einer Patrone mit 36 Aufnahmen nur allzu schnell der Fall ist). Um zu verhindern, daß der Film im entscheidenden Moment gewechselt werden muß, führen die meisten Fotografen mindestens eine aufnahmebereite Ersatzkamera mit sich.

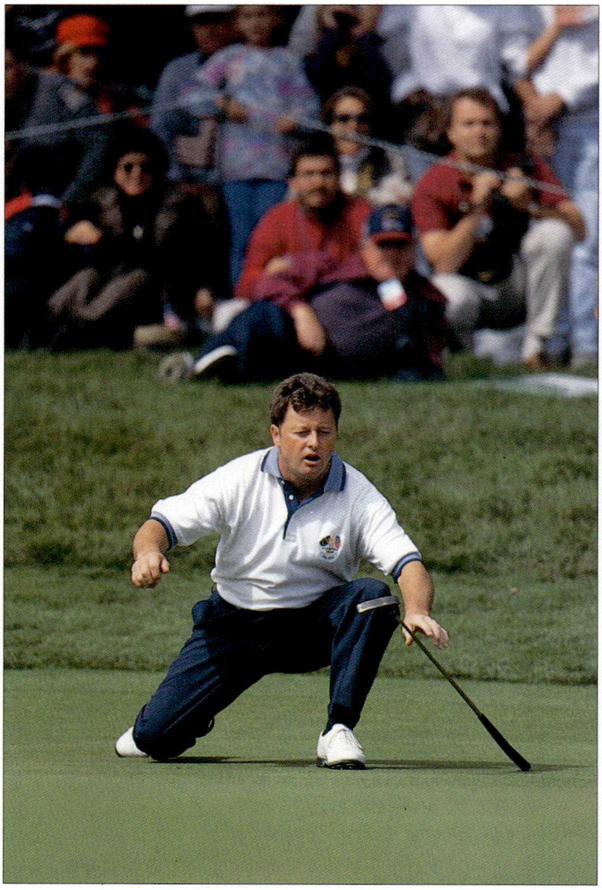

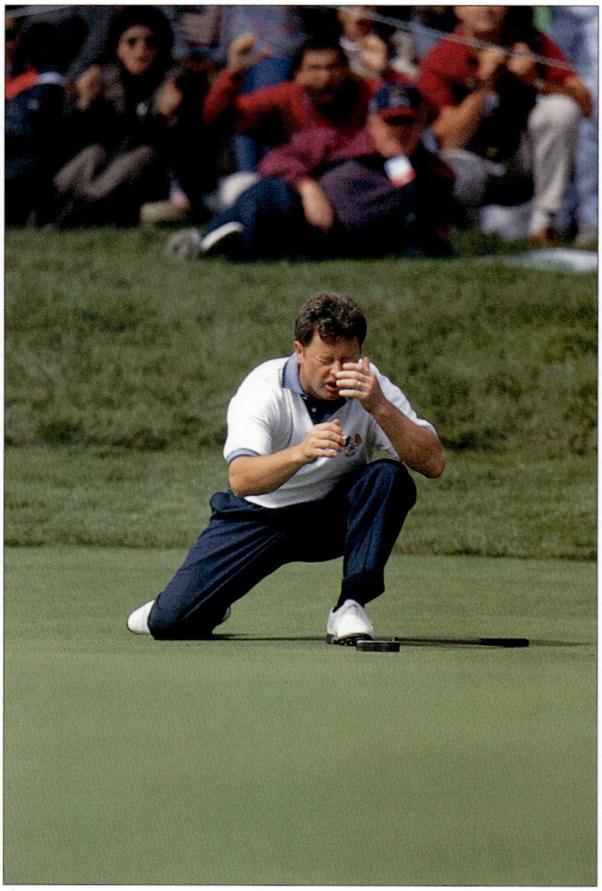

▼▶ Auf diesen Serienbildern sieht man den Golfstar Ian Woosnan, wie er den Schläger wegwirft und verzweifelt die Hände vors Gesicht schlägt, weil sein Ball das Loch verfehlt hat. Ein Motorantrieb bedeutet in einer solchen Situation, daß Sie sich ganz und gar auf den Bildausschnitt, den Aufbau und die Belichtung konzentrieren können, da Sie Ihre Augen nicht vom Sucher abwenden müssen, um den Film zwischen den einzelnen Aufnahmen weiterzutransportieren. Darüber hinaus sind mit einem Motorantrieb weitaus mehr Aufnahmen pro Sekunde möglich als manuell.

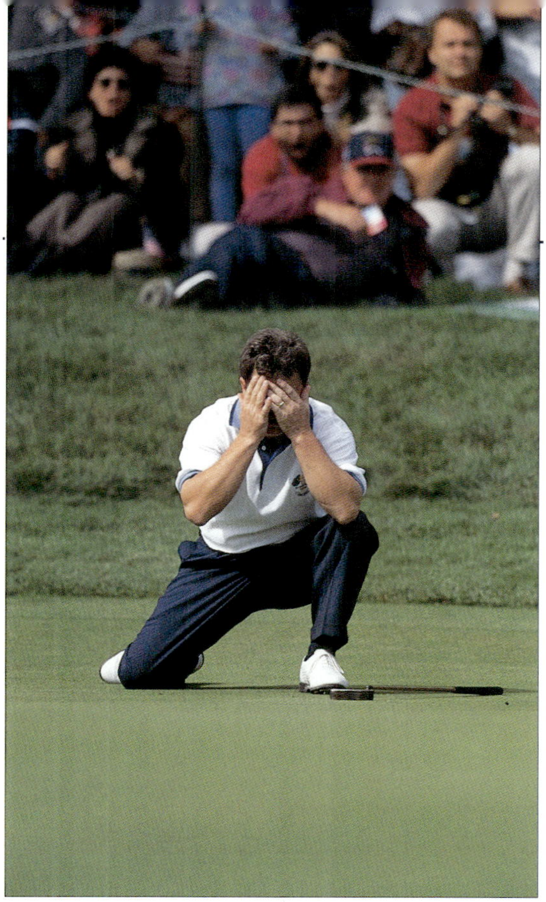

FOTOGRAF:
Bob Martin

KAMERA:
Kleinbildkamera

OBJEKTIV:
400 mm

FILMEMPFINDLICHKEIT:
ISO 100/21°

BELICHTUNG
1/1000 Sekunde bei Blende 4

BELEUCHTUNG:
Reines Tageslicht

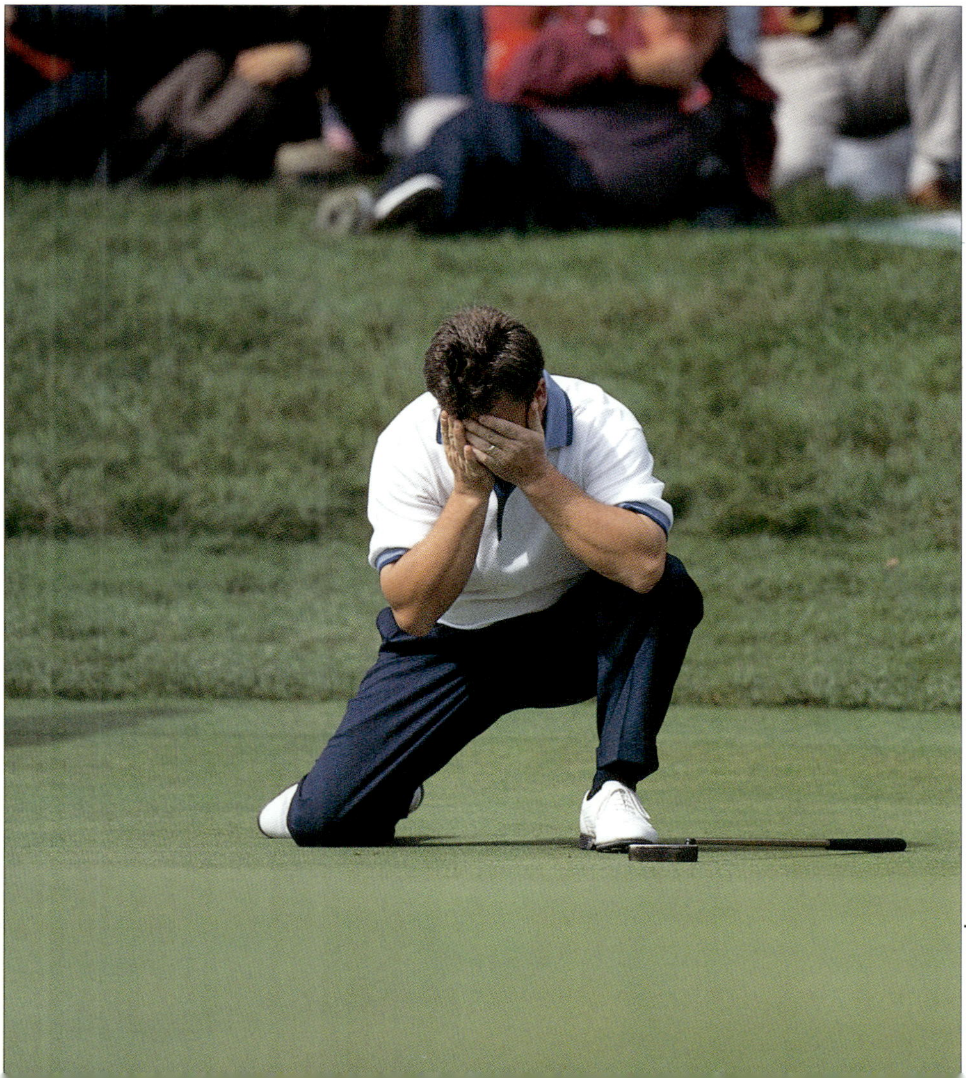

SCHATTEN ALS GESTALTUNGSMITTEL

Um eine dramatische Wirkung zu erzielen und den visuellen Reiz und den Gehalt des Bildes zu erhöhen, können Sie auch Schatten als Gestaltungsmittel einsetzen. Die Schattenwirkung ist am schwächsten, wenn die Sonne direkt über dem Motiv steht, d. h. also etwa um die Mittagszeit. Die zu dieser Zeit entstehenden Schatten sind verkürzt und zeichnen sich weniger deutlich ab. Am frühen Vormittag oder späten Nachmittag steht die Sonne dichter am Horizont und wirft deshalb ein gerichteteres Licht auf das Motiv. Schatten sind daher zu dieser Tageszeit länger und klarer umrissen und erzielen eine größere Bildwirkung.

Hinweise und Tips

- Bei Gegenlichtaufnahmen befinden sich die Schatten vor dem Motiv und in Richtung der Kamera.
- Das Fotografieren bei Rückenlicht führt zum gegenteiligen Effekt.
- Schatten sind bei wolkenlosem Himmel und Sonnenlicht klarer umrissen. Bei bewölktem Himmel wird das Sonnenlicht gestreut und ist weniger gerichtet.

FOTOGRAF:
Bob Martin
KAMERA:
Kleinbildkamera
OBJEKTIV:
300 mm
FILMEMPFINDLICHKEIT:
ISO 100/21°
BELICHTUNG:
1/1000 Sekunde bei Blende 5,6
BELEUCHTUNG:
Reines Tageslicht

▼ *Die niedrig stehende, aber hell strahlende Nachmittagssonne wirft einen optimalen verlängerten Schatten des Radrennfahrers auf den steil abfallenden Boden der Bahn. Der Schatten gibt einige Farben des Motivs wider, so daß er zur Hälfte goldfarben und zur anderen Hälfte blau umrissen ist.*

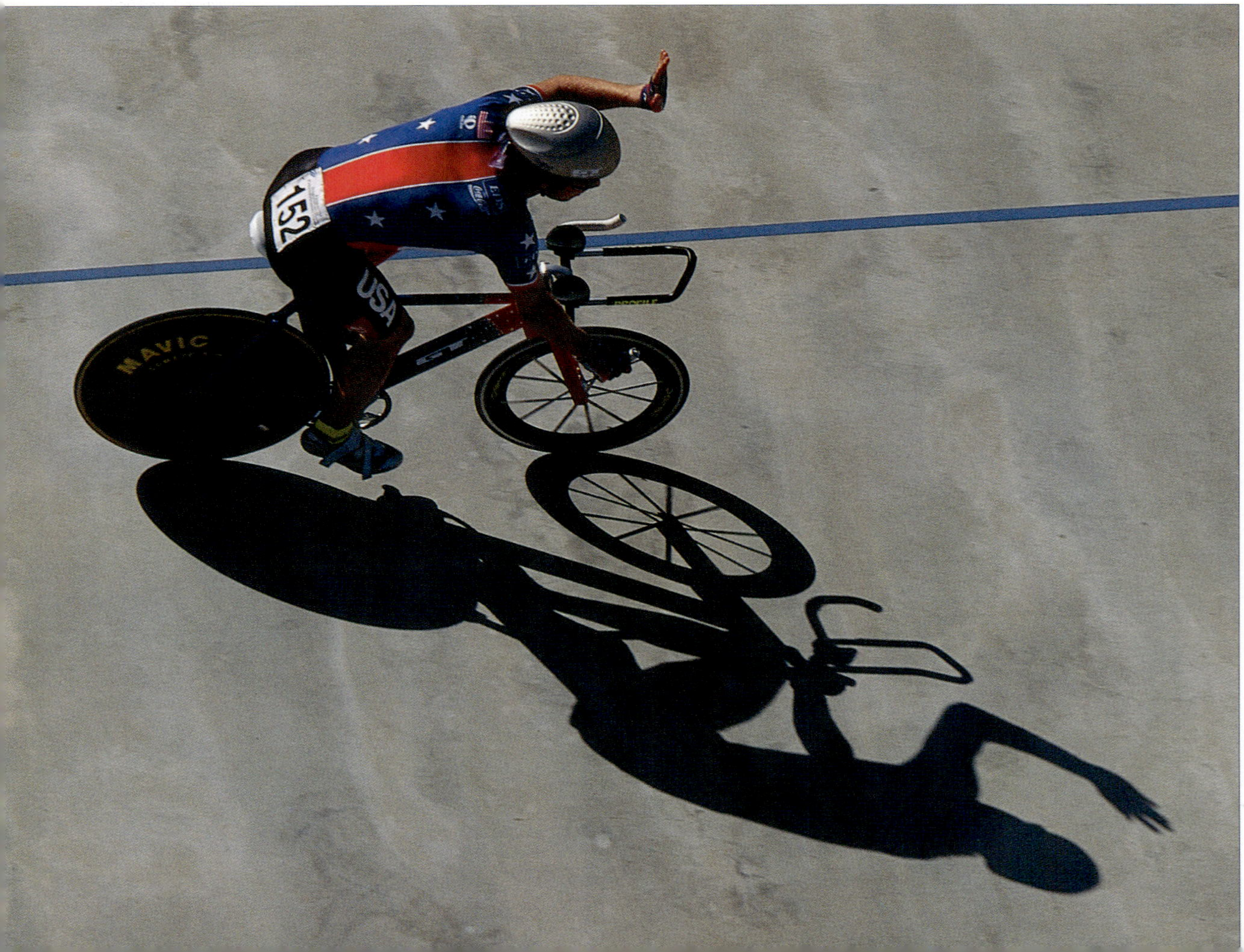

FOTOGRAF:
Bob Martin

KAMERA:
Kleinbildkamera

OBJEKTIV:
400 mm

FILMEMPFINDLICHKEIT:
ISO 50/18°

BELICHTUNG:
1/2000 Sekunde bei Blende 4,5

BELEUCHTUNG:
Reines Tageslicht

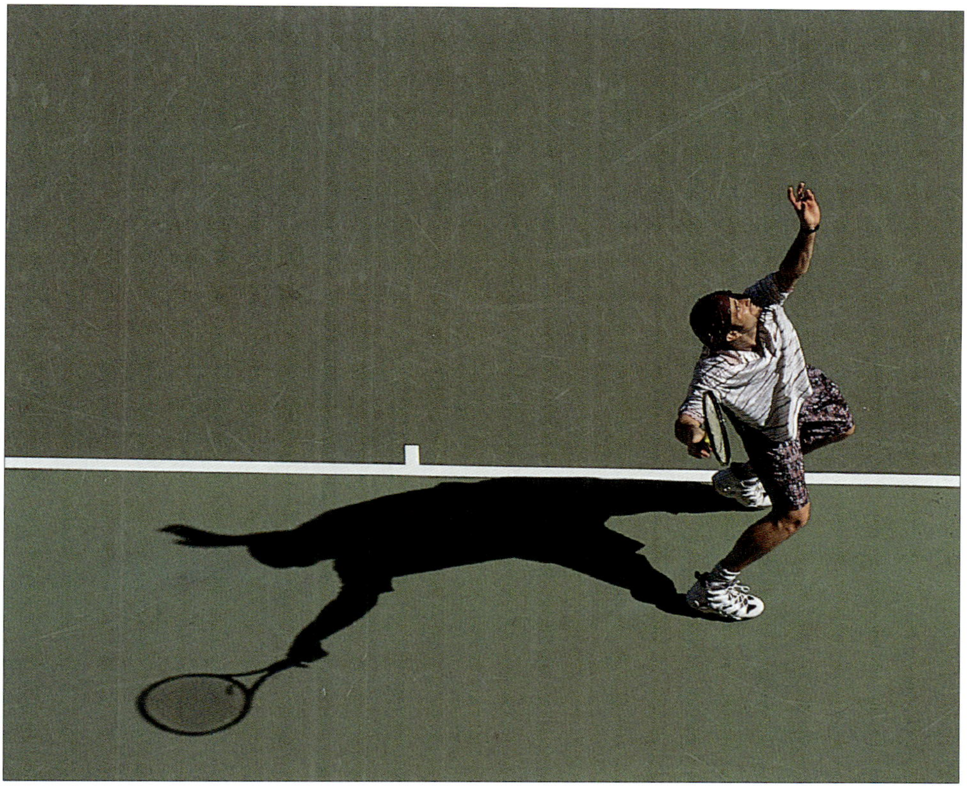

◀ ▼ *Diese beiden Aufnahmen des Tennisstars Andre Agassi bei den Australian Open wurden von weit oben auf der Zuschauertribüne gemacht. Auf beiden Bildern wurde das Motiv perspektivisch verkürzt abgebildet. Ohne die klar umrissenen Schatten hätten die Fotos eine weniger*

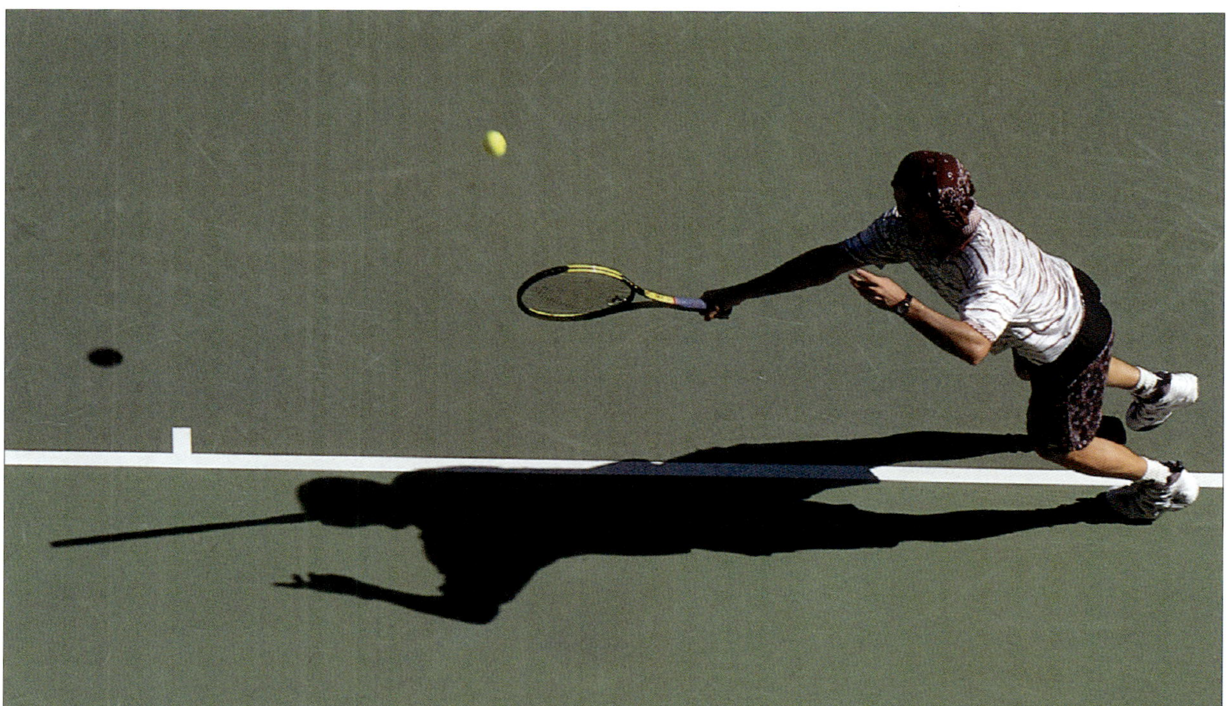

FEUERWERK

Das Hauptproblem beim Fotografieren von Motiven wie Feuerwerk besteht darin, daß man einfach nicht sicher sein kann, wo die nächste Rakete explodiert. Wenn Sie beobachten, wer die Zündschnüre in Brand setzt, wissen Sie zwar ungefähr, wann die Rakete abgefeuert wird, aber noch lange nicht, worauf Sie Ihre Kamera richten sollen. Zeigt das Objektiv nur leicht in eine andere Richtung, ist das Bild verdorben.

Ein absolut unverzichtbares Hilfsmittel beim Fotografieren von Feuerwerk ist das Stativ oder eine andere, äußerst stabile und verstellbare Kameraauflage. Wenn die Kamera sicher auf dem Stativ ruht und das Objektiv auf den Teil des Himmels zeigt, in dem die meisten Feuerwerkskörper explodieren, stellen Sie manuell auf Unendlich ein, und wählen Sie die längste Verschlußzeit, die Ihre Kamera zu bieten hat. Oder noch besser: Halten Sie den Verschluß mit Hilfe der Einstellung »B« für Langzeitbelichtung solange geöffnet, bis Sie eine Explosion aufgenommen haben. Bei dieser Art von Fotomotiven sind Belichtungszeiten von vielen Sekunden üblich, und Sie nehmen eventuell auch mehrere Explosionen auf dem gleichen Filmstück auf.

Vielleicht möchten Sie ein Teleobjektiv verwenden, um das Feuerwerk formatfüllend im Sucher abzubilden. Sie sollten jedoch keine extreme Brennweite einsetzen, denn in diesem Fall ist der Bildwinkel so klein, daß Sie das Spektakel vielleicht ganz verpassen oder nur einen Teil einfangen können.

Die Feuerwerke, die Sie auf diesen und den folgenden Seiten sehen, wurden von Simon Hennessey fotografiert, der eine Kleinbildkamera und ein 90mm-Objektiv verwendete. Die Belichtungszeiten schwankten zwischen 5 und 15 Sekunden, und die Blende lag bei etwa 5,6. Die Filmempfindlichkeit betrug ISO 200/21°.

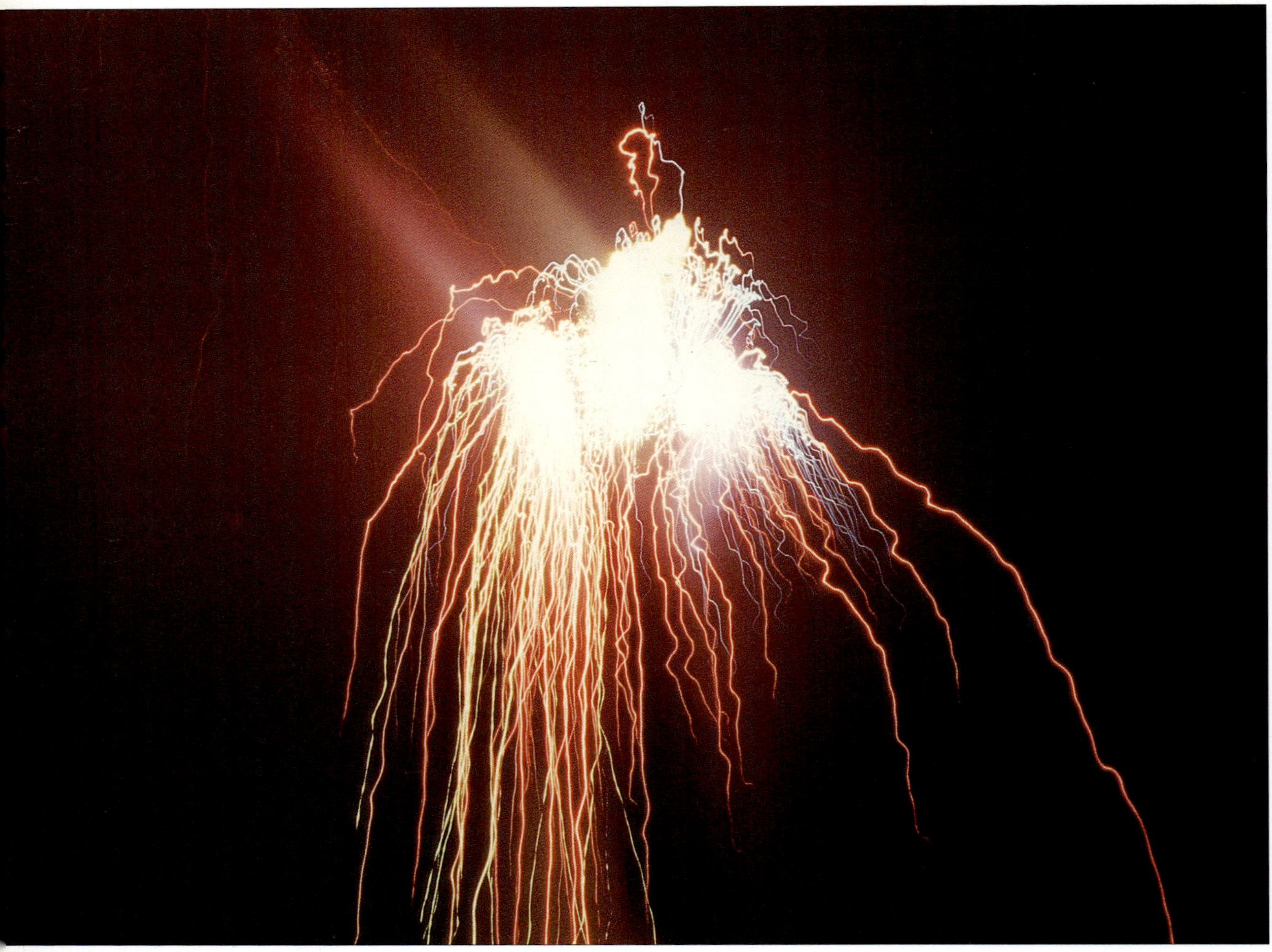

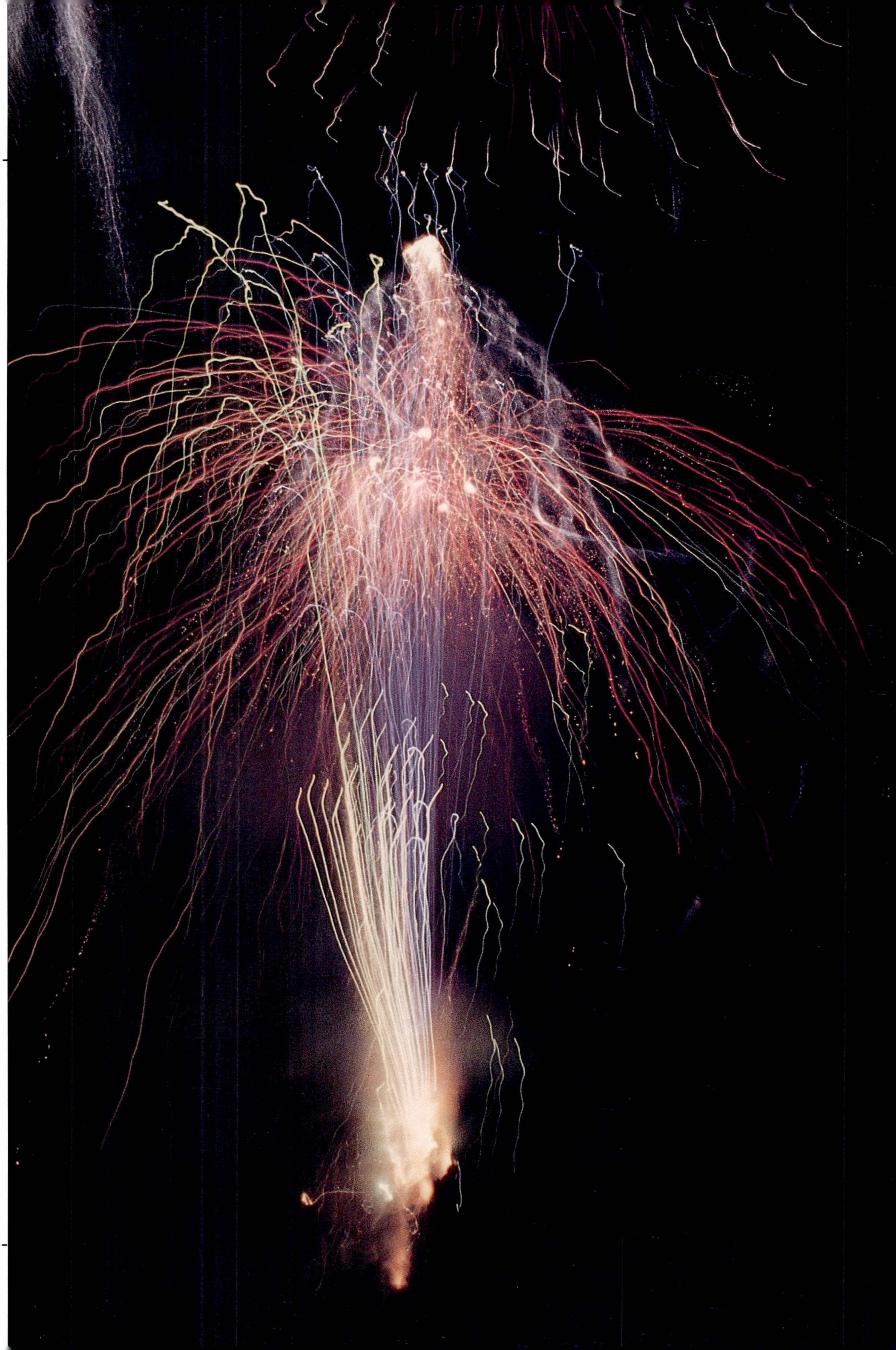

Hinweise und Tips

- Aufgrund der langen Belichtungszeiten, die bei Aufnahmen von Feuerwerken erforderlich sind, müssen Sie sicherstellen, daß sich kein Dauerlicht im Bild befindet, wie zum Beispiel Straßenlaternen, hell erleuchtete Häuser oder ein heller Mond.

- Diese Art von Aufnahmen gelingt am besten, wenn der Himmel vollkommen dunkel ist, d. h. weit nach Sonnenuntergang. In der Dämmerung wird eine Langzeitbelichtung wahrscheinlich zu einer weitaus helleren Abbildung des Himmels führen. Dies würde die Wirkung des Feuerwerks beträchtlich schmälern.

- Wenn Sie Ihre Kamera auf »B« einstellen, verwenden Sie am besten einen Kabelfernauslöser zum Offenhalten des Verschlusses. Wenn Sie den Auslöser viele Sekunden lang mit dem Finger gedrückt halten, führt dies fast unweigerlich zu Verwacklungen und zu unscharfen Ergebnissen.

- Falls Sie kein Stativ zur Hand haben, können Sie die Kamera auch auf der flachen Oberseite einer Wand, auf dem Dach Ihres Autos oder sogar auf einer Astgabel abstützen, um sie während der Aufnahme ruhig zu halten.

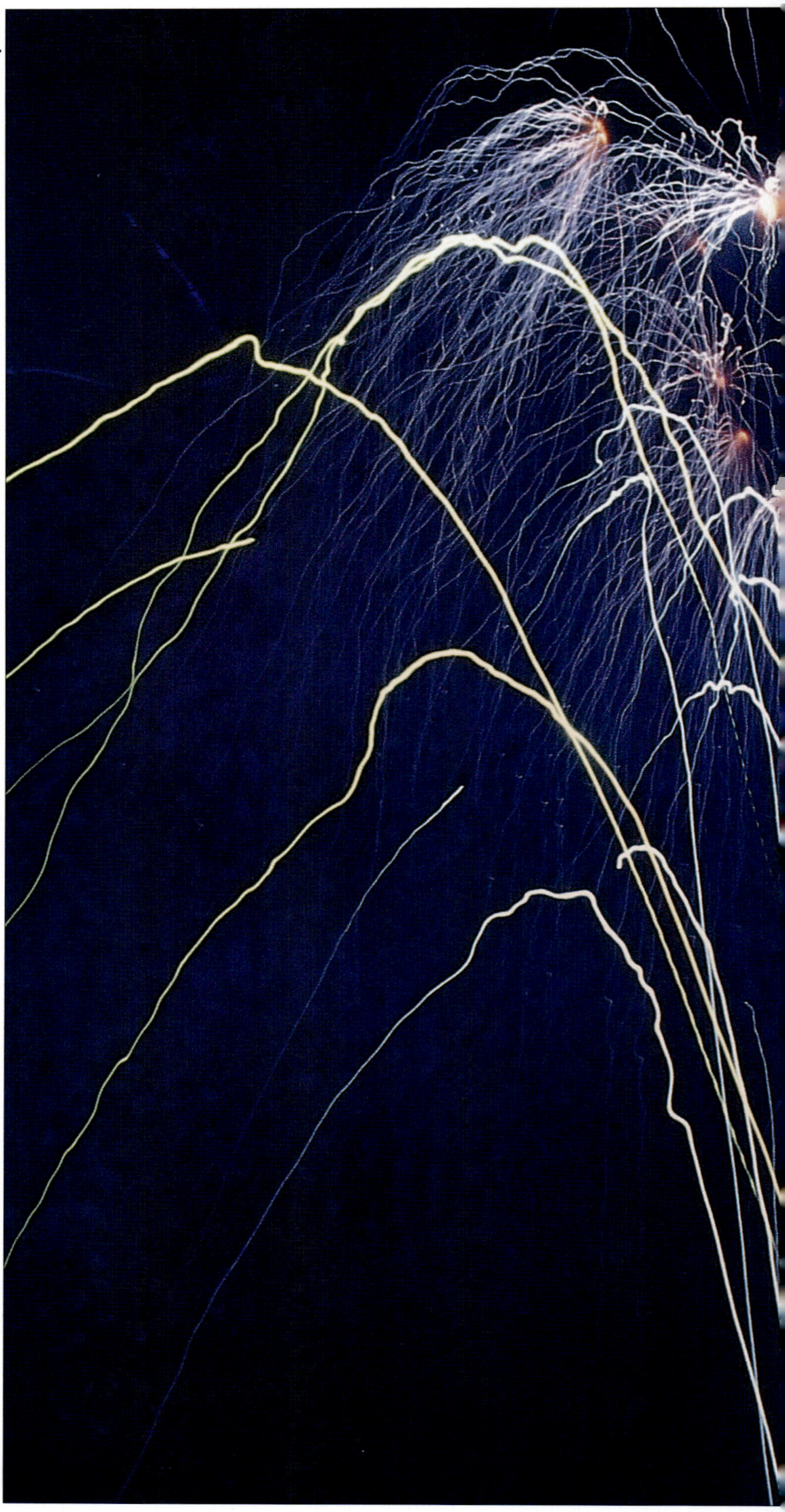

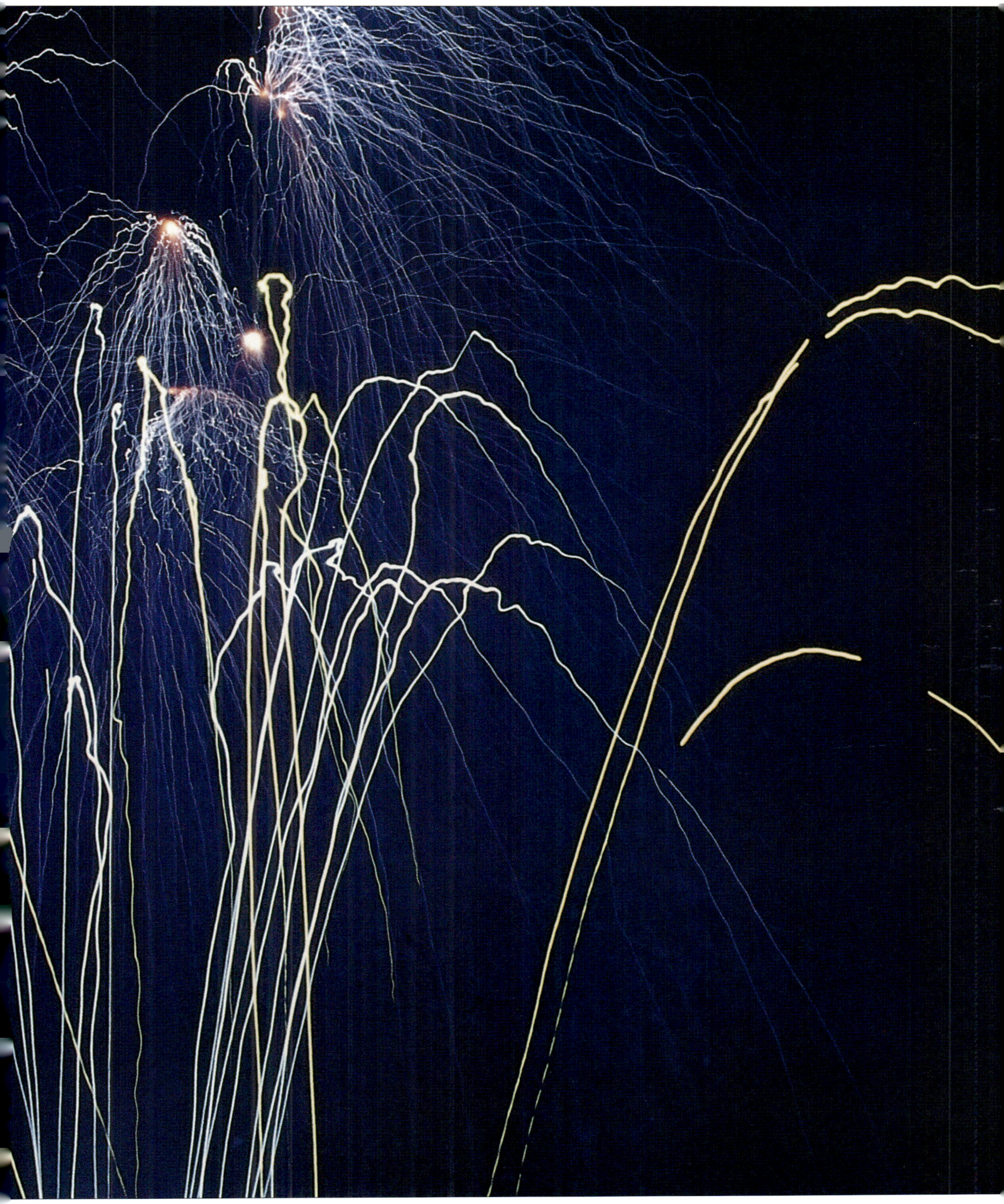

Bildausschnitt bei Actionaufnahmen

Im Motorsport sind gelungene Actionaufnahmen äußerst schwierig. Wenn Sie kein akkreditierter Fotograf sind, werden Sie das eigentliche Rennen von den Zuschauerrängen aus verfolgen müssen, wo Aufnahmewinkel und -distanz eventuell nicht optimal sind. Darüber hinaus rasen die Autofahrer bei Formel 1– oder Tourenwagenrennen mit Geschwindigkeiten von bis zu 300 km/h an Ihrem Kamerastandort vorbei – oder sogar noch schneller, wenn Sie sich in der Nähe einer Geraden befinden. Bei solchen Geschwindigkeiten stehen Ihnen nur Sekundenbruchteile zur Verfügung, um Ihr Motiv auszuwählen, den Bildausschnitt zu bestimmen, die beste Verschlußzeit und Blende zu ermitteln und auf den Auslöser zu drücken. Und Sie können erst nach der Entwicklung des Films mit Sicherheit wissen, ob Sie die erhofften Bilder machen konnten. In dieser Situation kann die Kameraautomatik der alles entscheidende Faktor sein. Sie reagiert beispielsweise sofort und meist auch zuverlässig auf Lichtveränderungen und kann Ihnen die routinemäßigen technischen Entscheidungen abnehmen.

Selbst wenn Ihr Kamerastandpunkt nicht optimal ist, sollten Sie immer noch die größtmögliche Anzahl an guten Aufnahmen anstreben. Wenn Sie nicht das ganze Auto aufnehmen und dramatisch ins Bild rücken können, suchen Sie nach besonderen Details, die etwas über die Veranstaltung aussagen. Formatfüllende Aufnahmen von qualmenden Gummireifen oder von Rädern, die in einer scharfen Kurve vom Boden abheben, werden die Spannung eines Autorennens besser vermitteln als die Abbildung eines Autoprofils im Mittelgrund, das aufgrund der Verwendung einer extrem kurzen Verschlußzeit stillzustehen scheint.

Fotograf:
Autosport
Kamera:
Kleinbildkamera
Objekziv:
70–210 mm Zoom (bei 210 mm)
Filmempfindlichkeit:
ISO 100/21°
Belichtung
1/500 Sekunde bei Blende 4
Beleuchtung:
Reines Tageslicht

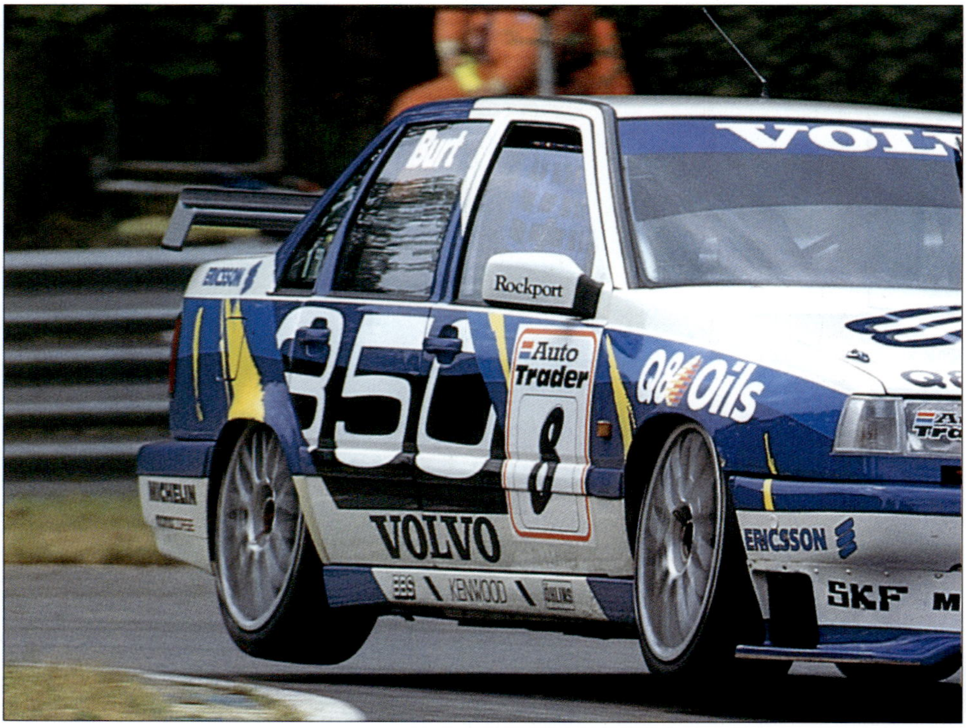

◀ Der Fotograf hat das beste aus seinem Kamerastandpunkt in der Nähe mehrerer Kurven gemacht, indem er die Schärfe so genau wie möglich auf das Hinterrad des auf die Kamera zurasenden Volvo legte. Der Fotograf hatte bereits auf diesen Punkt vorfokussiert, da er für diese Art von Aufnahme am ehesten in Frage kam.

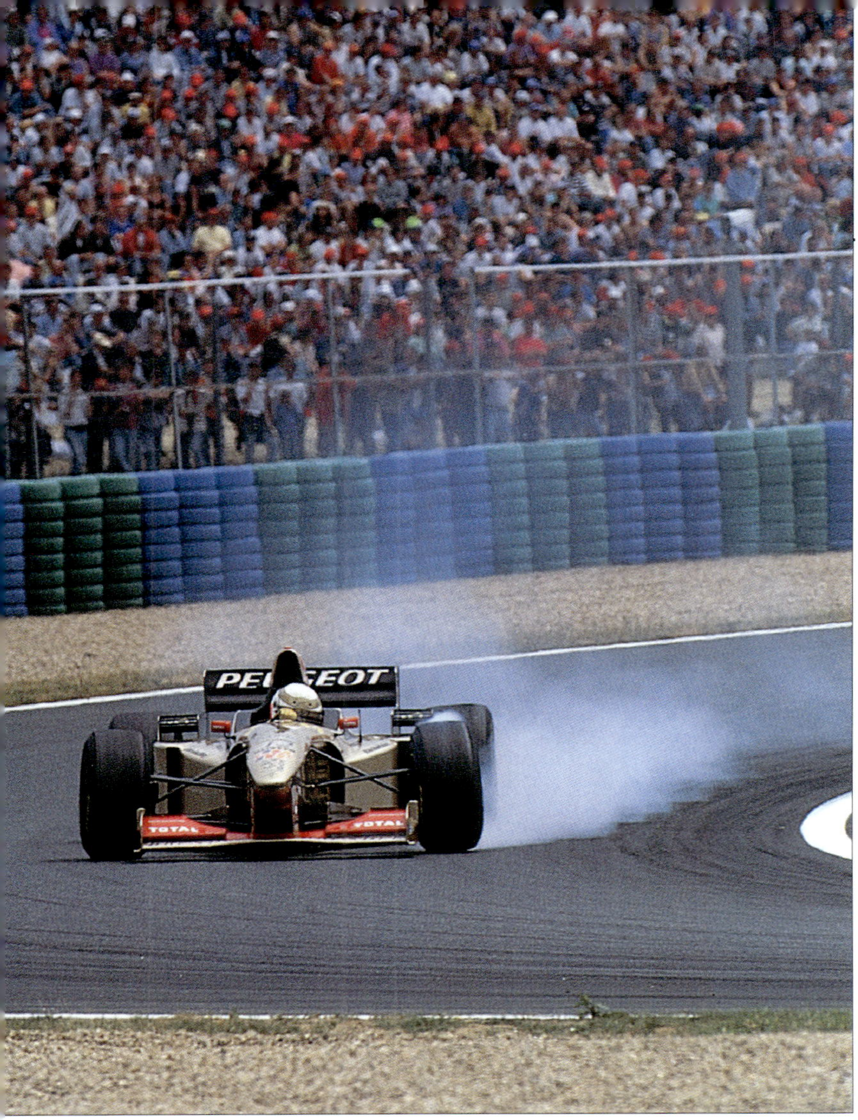

FOTOGRAF:
Autosport
KAMERA:
Kleinbildkamera
OBJEKTIV:
300 mm
FILMEMPFINDLICHKEIT:
ISO 200/24°
BELICHTUNG:
1/500 Sekunde bei Blende 5,6
BELEUCHTUNG:
Reines Tageslicht

◀ *Auch hier hat sich die Wahl des Kamerastandpunkts in Kurvennähe wieder einmal bewährt. Der Fotograf befand sich vor den Zuschauerrängen und verwendete ein Objektiv mit langer Brennweite. Es gelang ihm, alle potentiellen Störelemente, die auf einer Rennstrecke auftreten können, zu unterdrücken und das Motiv auf die einfachsten und wesentlichen Bildelemente zu reduzieren.*

FOTOGRAF:
Autosport
KAMERA:
Kleinbildkamera
OBJEKTIV:
135 mm
FILMEMPFINDLICHKEIT:
ISO 100/21°
EXPOSURE:
1/125 Sekunde bei Blende 11
BELEUCHTUNG:
Reines Tageslicht

▶ *Der Bildausschnitt vermittelt hier ganz hervorragend die Geschwindigkeit und Spannung eines Autorennens. Bei dieser Aufnahme wurde die Kamera mitgezogen und der Bildausschnitt so gewählt, daß der streifige Vorder- und Hintergrund das Gefühl von Geschwindigkeit vermittelt, während die scharfe Abbildung des Autos dadurch noch betont wird. Wenn die Bewegung der Radfelgen nicht so deutlich sichtbar wäre, könnte man den Eindruck gewinnen, das Auto stünde still.*

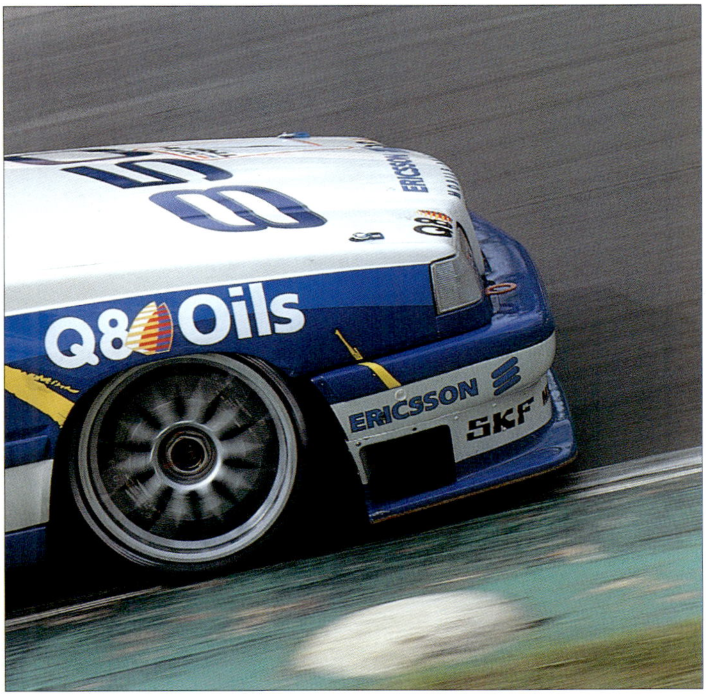

Hinweise und Tips

- Dramatische Entwicklungen finden häufig in den Kurven einer Rennstrecke oder auf den Überholstrecken statt. In der Nähe solch strategischer Punkte befinden sich oft die besten Kamerastandorte.
- Üben Sie die Festlegung des gewünschten Bildausschnitts, noch bevor die Rennwagen in Sicht kommen. Stellen Sie sicher, daß der Hintergrund die Aufmerksamkeit nicht zu sehr auf sich zieht und daß keine Köpfe, Fahnen oder Flaggen im Bild zu sehen sind.
- Die Belichtungsautomatik ist beim Fotografieren von schnellen Bewegungen von großem Vorteil, da das System das Motiv überwacht und die richtige Belichtung einstellt, wenn Sie auslösen. Der Nutzen der Autofokuseinrichtung ist jedoch fraglicher. Selbst die schnellsten Reaktionsgeschwindigkeiten der Autofokuseinrichtung werden dem vorbeirasenden Rennwagen wahrscheinlich nicht gerecht. Wie bei der Wahl des Bildausschnitts ist es auch hier empfehlenswert, im voraus zu planen und auf einen Punkt vorzufokussieren, an dem sich das Actionmotiv voraussichtlich befinden wird.
- Benutzen Sie die kleinstmögliche Blende (berücksichtigen Sie dabei die erforderliche Verschlußzeit). Kleinere Blenden ermöglichen eine größere Schärfentiefe, und dies kann dazu beitragen, kleinere Scharfstellfehler auszugleichen.

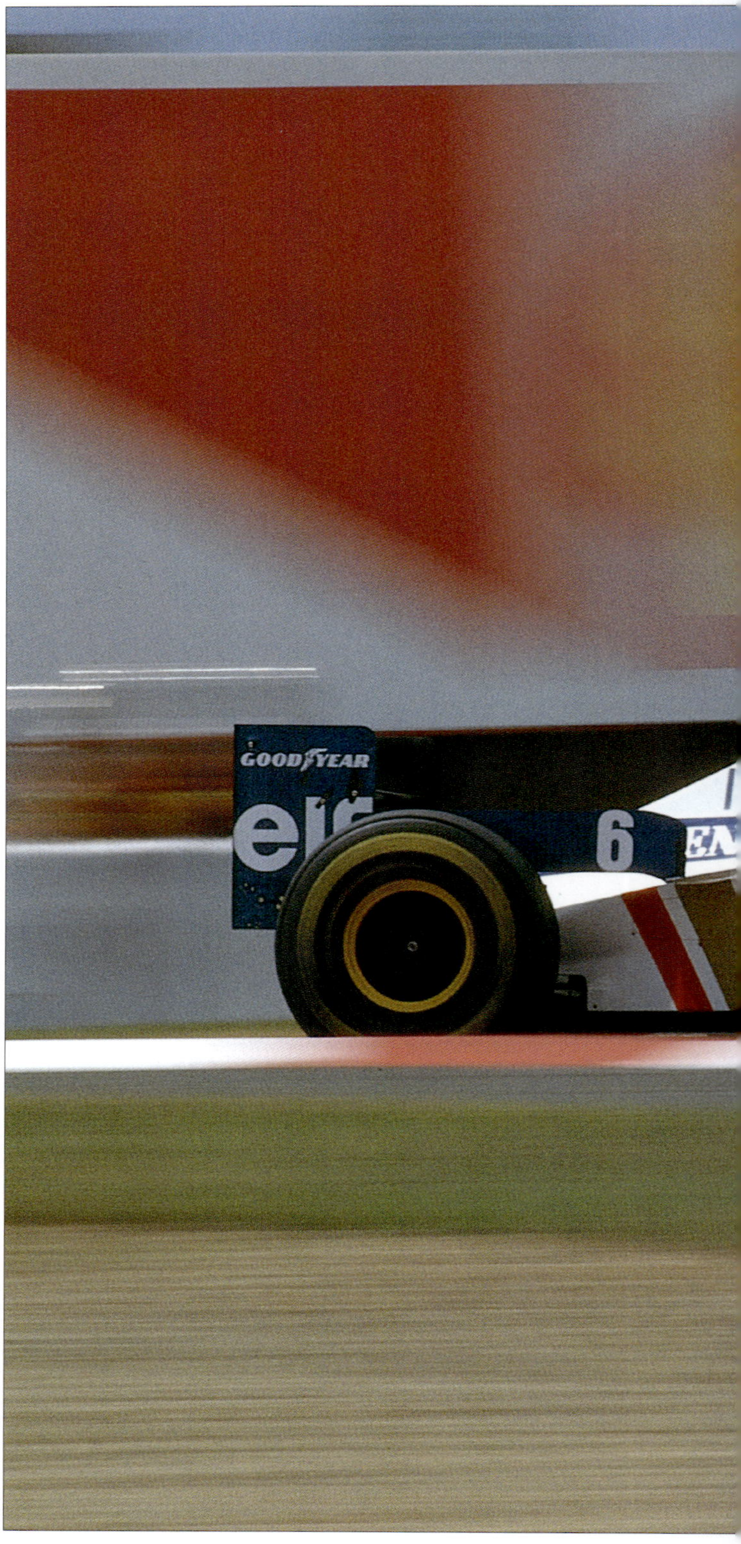

FOTOGRAF:
Autosport

KAMERA:
Kleinbildkamera

OBJEKTIV:
400 mm

FILMEMPFINDLICHKEIT:
ISO 100/21°

BELICHTUNG:
1/500 Sekunde bei Blende 8

BELEUCHTUNG:
Reines Tageslicht

▶ *Für einen Teil der Farbenvielfalt und Atmosphäre einer Rennstrecke sind die Werbetafeln verantwortlich, die die Strecke säumen und die häufig auf Stillvideo-Aufnahmen deutlich zu sehen sind. Bei dieser Aufnahme hat der Fotograf seinen Bildausschnitt so gewählt, daß eines dieser Werbeplakate einen bunten Hintergrund für den Formel 1-Rennwagen bildet. So konnte er ein vormals störendes Detail in ein Gestaltungsmittel umwandeln.*

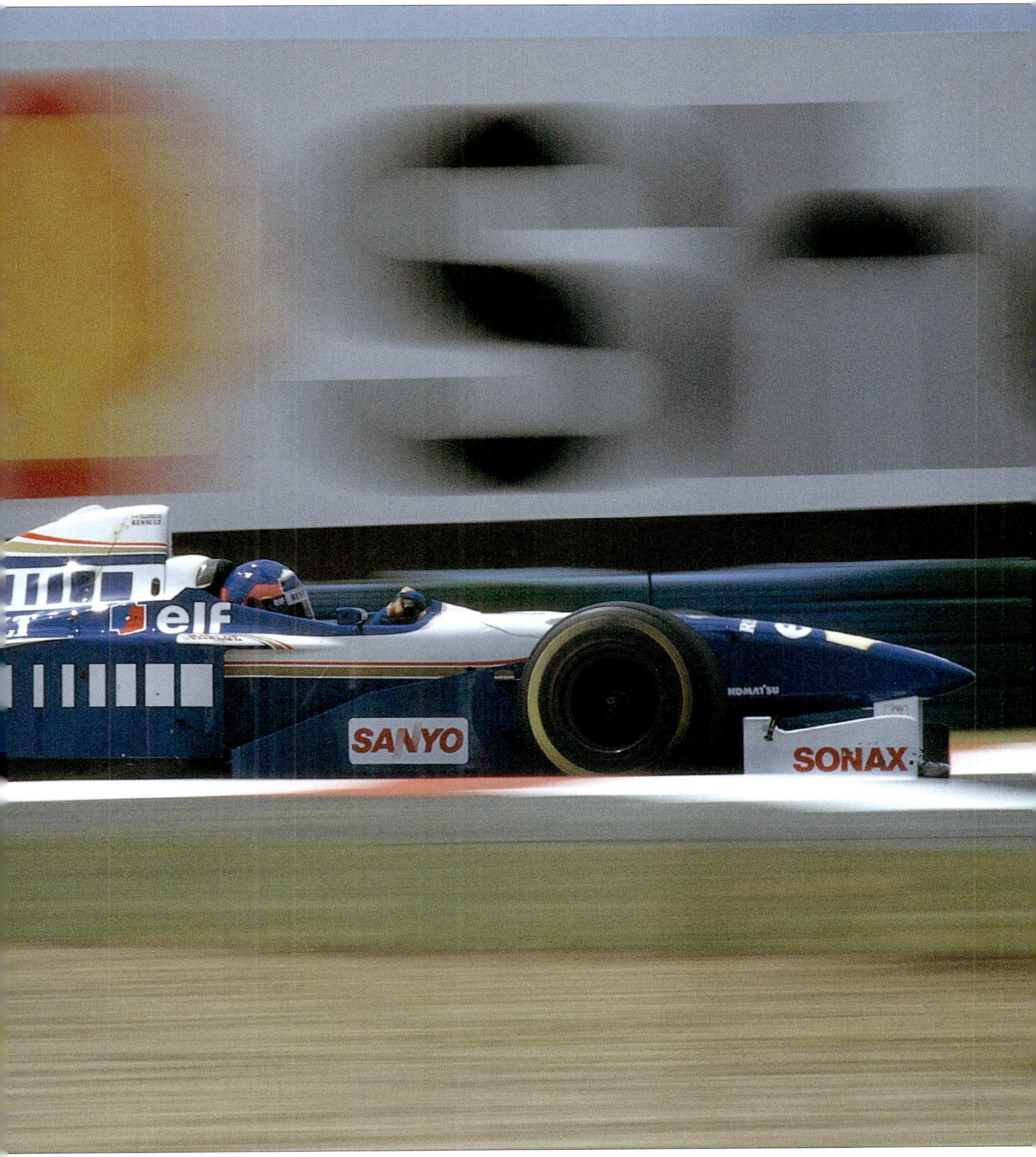
elf
SANYO
SONAX
KOMATSU

Problematische Lichtverhältnisse

Die überwiegende Mehrzahl der heutigen Kameras – Spiegelreflex- und Kompaktkameras – sind mit einer Reihe von automatischen Funktionen ausgestattet, darunter fast in allen Fällen die Belichtungsautomatik. Um die von vielen Menschen gewünschte bequeme Handhabung ohne manuelle Einstellungen zu erreichen, ermöglichen diese Vollautomatiken einen hohen Prozentsatz an Bildern, die unter verschiedenen »normalen« Beleuchtungsbedingunen korrekt belichtet werden. Multimode-Kameras ermöglichen dem Fotografen jedoch unter vielen verschiedenen Beleuchtungsbedingungen ein gutes Maß an Flexibilität bei der Belichtung und verfügen über Blendenautomatik (zur Steuerung der Objektbewegung) und Zeitautomatik (zur Steuerung der Schärfentiefe). Dies darf allerdings nicht mit »Draufhalten und Abdrücken« verwechselt werden.

Die größten Probleme für die Belichtungsautomatik ergeben sich dann, wenn sehr helle Bildpartien und dunkle Schatten aneinandergrenzen. Dieser hohe Kontrast wird dann zum Problem, wenn er das Hauptmotiv betrifft oder in unmittelbarer Nähe auftritt.

Wenn man bei der Belichtung einen Kompromiß schließt (d. h. eine Belichtung auswählt, die zwischen den beiden Extremen liegt), werden eventuell sowohl Glanzlichter als auch Schatten unzufriedenstellend abgebildet. Wenn die Belichtungsmessung jedoch auf den hellsten Motivteilen basiert, werden die Schatten auf dem Foto wahrscheinlich viel zu dunkel abgebildet. Wenn Sie im umgekehrten Fall auf die Schatten anmessen, werden Sie wahrscheinlich ausgebleichte, dünne und farblose Glanzlichter erhalten.

In diesen und anderen Situationen, mit denen jeder Fotograf früher oder später konfrontiert wird, müssen Sie das Selbstbewußtsein besitzen, die Belichtung zu korrigieren. Dann entscheiden Sie selbst, welche Bildteile am wichtigsten sind und nehmen die Einstellungen dementsprechend vor.

Fotograf:
Bob Martin

Kamera:
Kleinbildkamera

Objektiv:
70–200 mm Zoom (bei 135 mm)

Filmempfindlichkeit:
ISO 100/21°

Belichtung:
1/1000 Sekunde bei Blende 4

Beleuchtung:
Reines Tageslicht

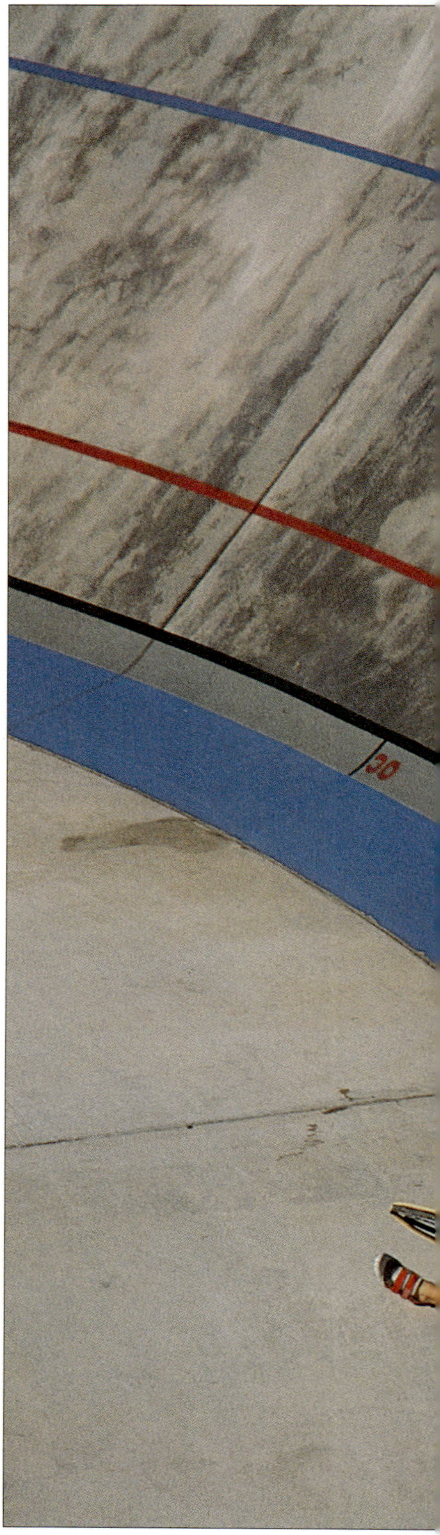

▶ *Dieses Bild zeigt einen gestürzten Radrennfahrer, eine Rennbahn mit hohem Reflexionsvermögen und hohe, steil abfallende Wände. Außerdem trägt der Sportler ein helles, metallisch glänzendes, weißes Hemd, das genau wie ein Reflektor im Studio wirkt. Eine Standardbelichtungsmessung würde in dieser Situation wahrscheinlich dazu führen, daß die Kameraautomatik abblendet oder eine sehr kurze Verschlußzeit wählt. Dann wäre jedoch das Motiv auf dem Ergebnis unterbelichtet. Ohne Spotmessung können Sie nur auf manuelle Belichtung umstellen oder die Belichtungskorrektur einsetzen, um sicherzustellen, daß der Radfahrer und nicht die Rennbahn korrekt belichtet ist.*

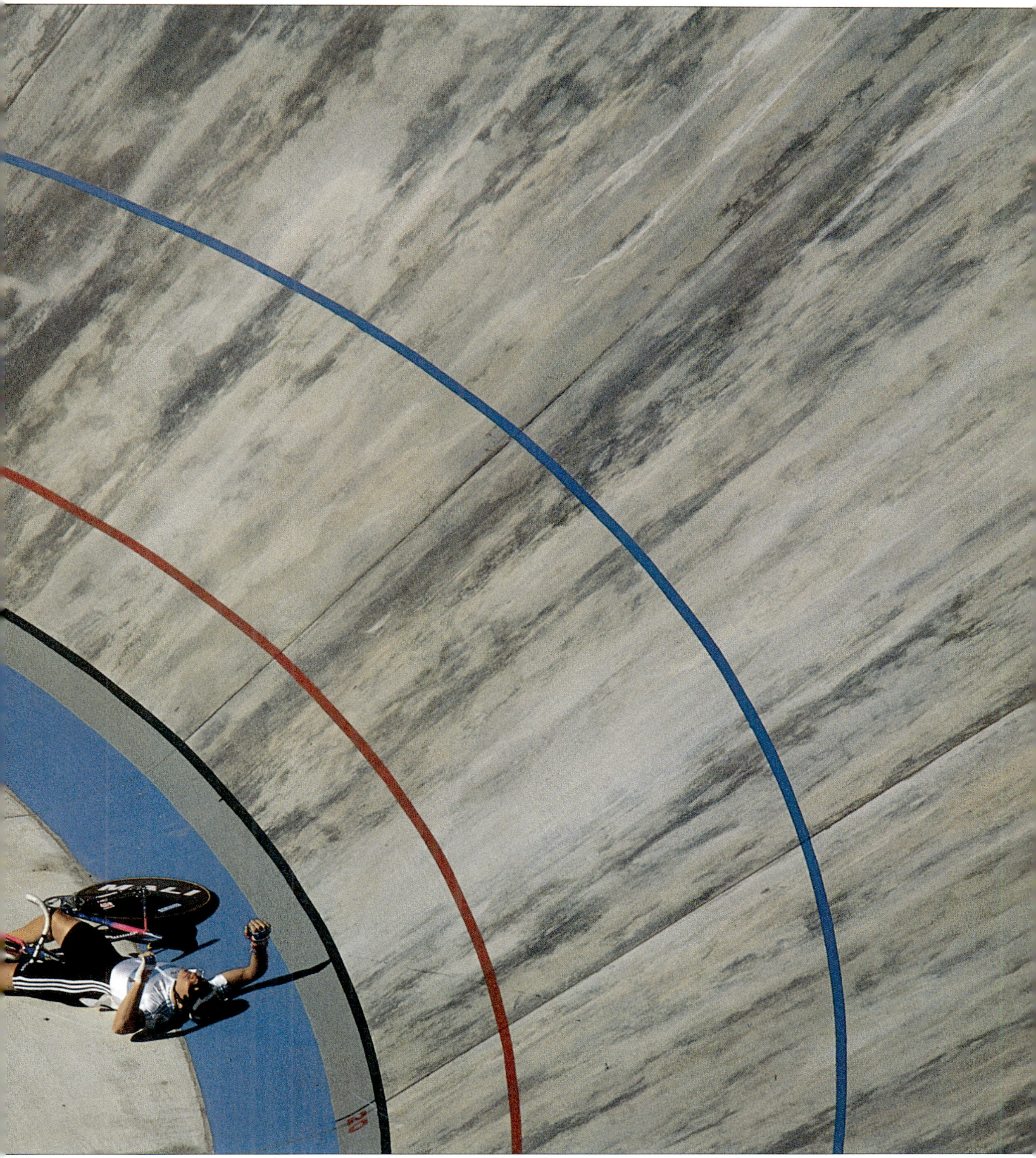

▼ *Die Tennisspielerin Lori McNeal wurde im hellen, gerichteten Licht der Nachmittagssonne fotografiert. Dadurch wurden nur ihr Gesicht und ihr weißes Hemd deutlich abgebildet, das restliche Bild liegt im Schatten. Die Belichtungsautomatik würde in diesem Fall die dunklen Bildpartien »sehen« und mit stärkerer Belichtung reagieren. Das unvermeidbare Ergebnis wäre eine Überbelichtung der Tennisspielerin. Angesichts dieses Dilemmas stellte der Fotograf die Belichtung manuell ein und belichtete auf die hellen Glanzlichter. Die Schatten überließ er sich selbst.*

FOTOGRAF:
Bob Martin

KAMERA:
Kleinbildkamera

OBJEKTIV:
400 mm

FILMEMPFINDLICHKEIT:
ISO 50/18°

BELICHTUNG:
1/1000 Sekunde bei Blende 2,8

BELEUCHTUNG:
Reines Tageslicht

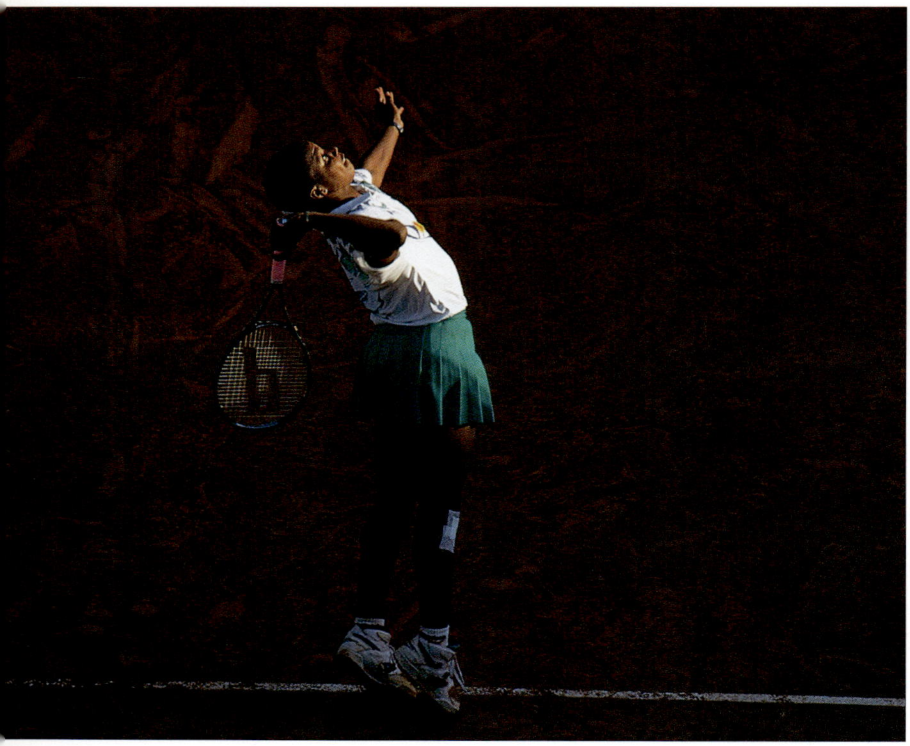

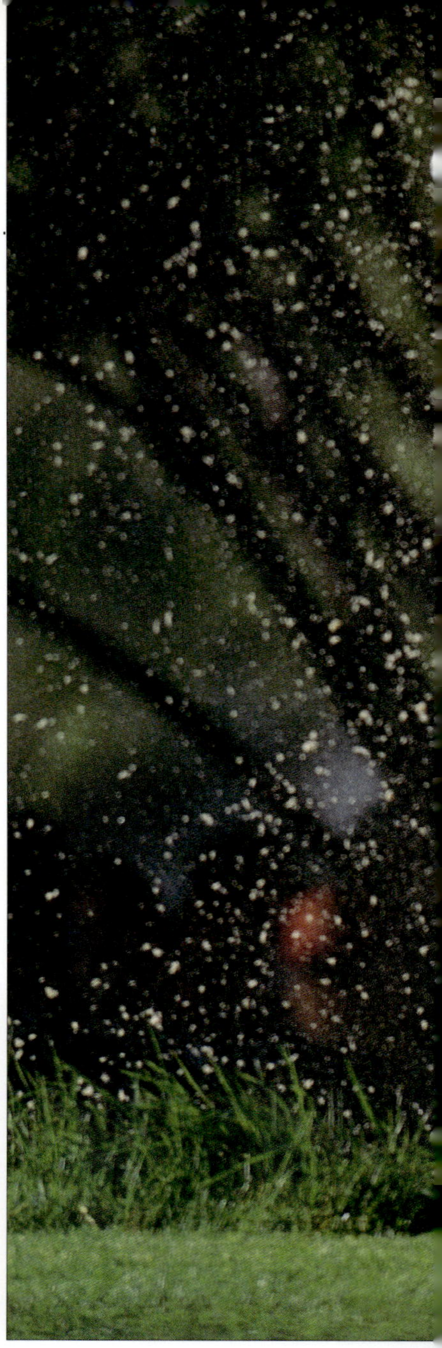

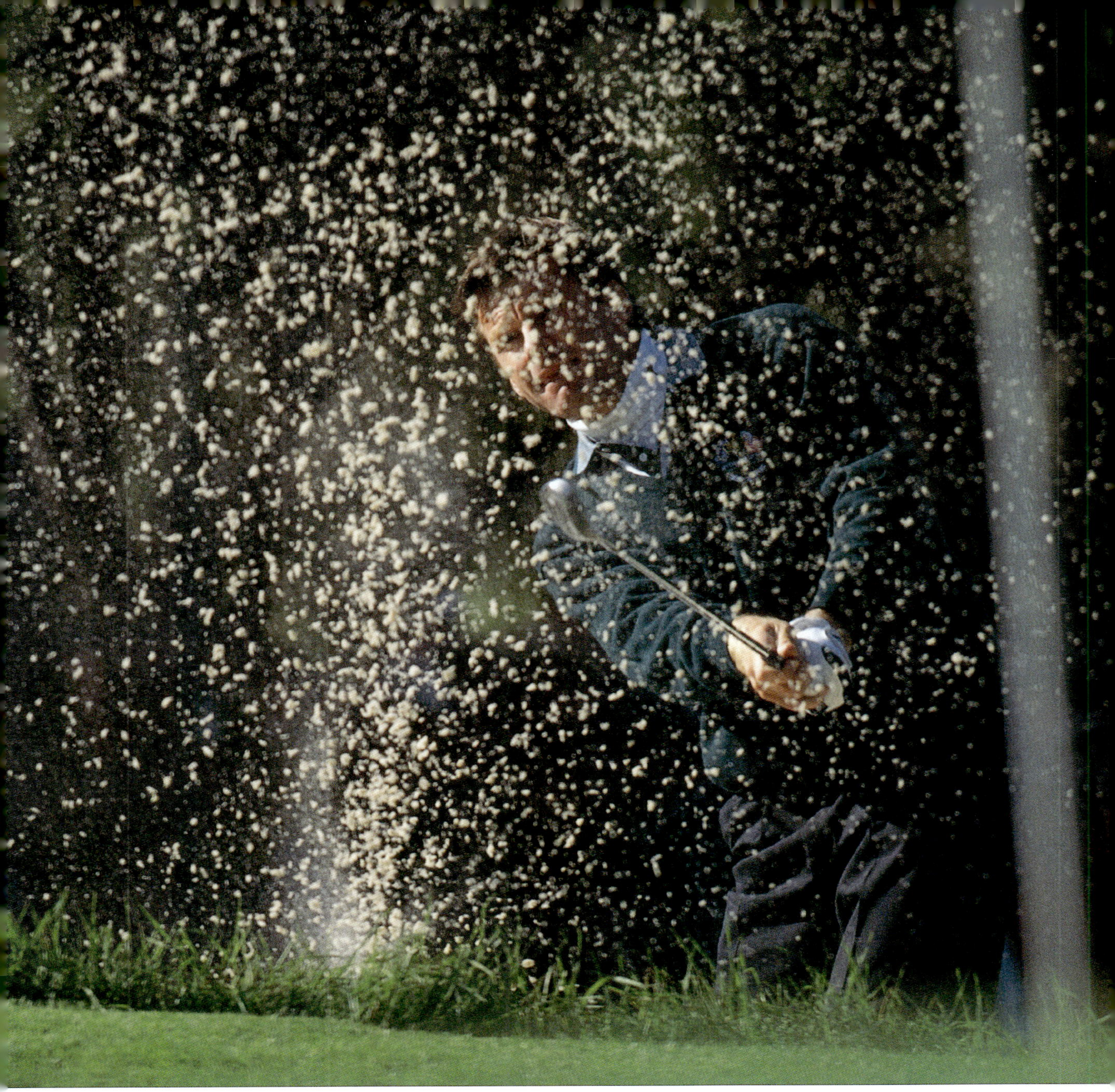

▲ *Die bei dieser Szene auftretenden Belichtungsprobleme traten erst zu Tage, als der Fotograf den Übungsschlag des schemenhaft sichtbaren Golfspielers (Nick Faldo) beobachtete, bei dem eine Menge Sand ins helle Sonnenlicht gewirbelt wurde. Die Meßwerte im Sucher sanken sofort um eine 2/3 Blendenstufe. Diese Belichtung wäre zwar nur unwesentlich schwächer gewesen, hätte aber dazu geführt, daß der Golfspieler weniger gut sichtbar gewesen wäre. Die Lösung des Problems bestand darin, die Belichtungskorrektur der Kamera einzusetzen, um die Belichtung um etwas weniger als eine Stufe zu erhöhen. Sobald die technischen Fragen geklärt waren, konnte der Fotograf all seine Aufmerksamkeit auf das Abpassen des richtigen Zeitpunkts richten.*

FOTOGRAF:
Bob Martin

KAMERA:
Kleinbildkamera

OBJEKTIV:
600 mm

FILMEMPFINDLICHKEIT:
ISO 100/21°

BELICHTUNG:
1/1000 Sekunde bei Blende 4

BELEUCHTUNG:
Reines Tageslicht

Blickwinkel in der Actionfotografie

Wie gut Sie auch den Verlauf einer Situation voraussehen können, welche Kameras und Objektive Sie auch benutzen, oder wie perfekt die Lichtverhältnisse auch sein mögen – wenn Sie nicht zur richtigen Zeit am richtigen Ort sind, wird all Ihr Aufwand umsonst sein.

Der Fotograf, der das hier abgebildete Bild aufnahm, machte sich zunächst mit der Strecke vertraut, die die Teilnehmer eines Snowboard-Rennens abfuhren. Obwohl die Routen in den einzelnen Durchgängen nicht ganz genau übereinstimmten, mußten sich alle Sportler an eine markierte Strecke mit Richtungstoren und Hindernissen halten, an denen sie ihre Fähigkeiten unter Beweis stellen sollten. Da der Fotograf die Route schon vor dem Wettkampf kannte, konnte er den vielversprechendsten Aufnahmewinkel mit einem gewissen Maß an Genauigkeit vorausplanen.

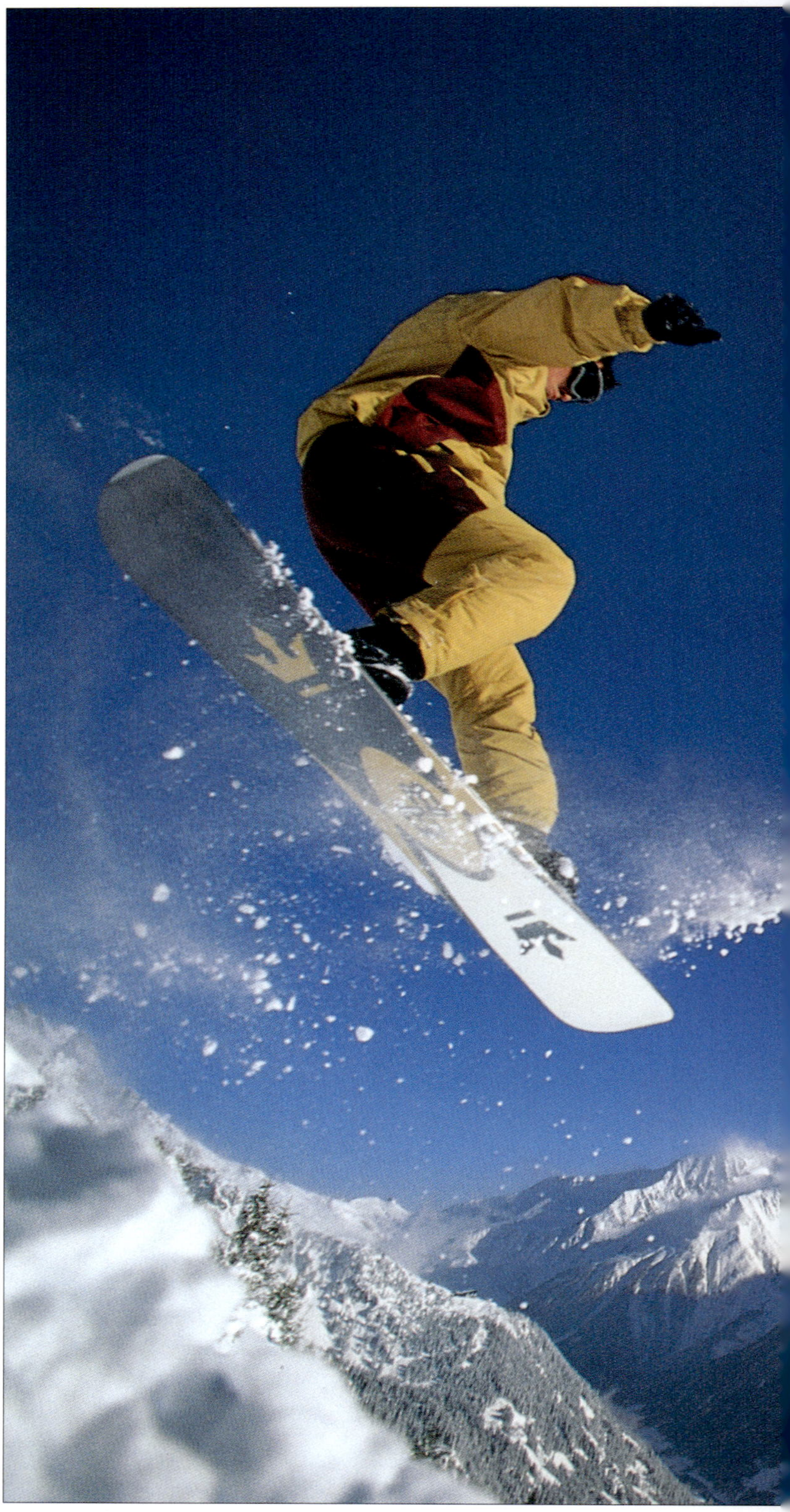

Wettkampfsituationen

Wenn Sie sich außerhalb der mit Seilen abgetrennten Bereiche für Zuschauer und Fotografen bewegen, müssen Sie mit großer Umsicht vorgehen. Snowboard-Wettkämpfe sind sehr hart. Die Teilnehmer gehen oftmals bis an die absoluten Grenzen ihrer Leistungsfähigkeit. Jede Art von Ablenkung kann zum Verlust von kostbaren Sekundenbruchteilen oder zu einer weniger ausgefeilten stilistischen Darbietung führen.

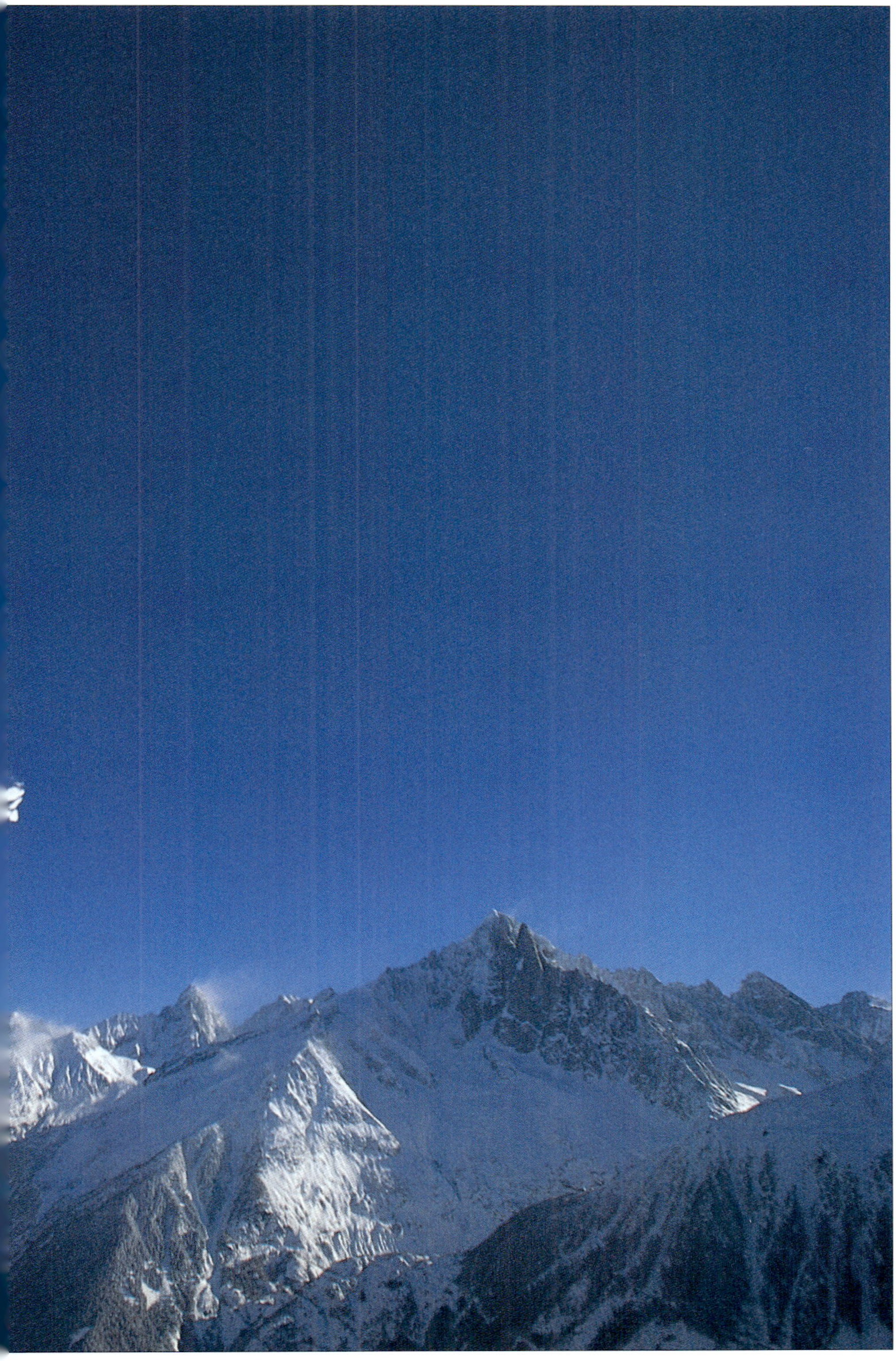

◀ *Aus einem anderen Blickwinkel wäre dieser durch die Luft springende Snowboard-Fahrer entweder vor den entfernten Bergen oder vor der Schneepiste selbst abgebildet worden. Dieser Blickwinkel, bei dem der Fotograf weit unter dem Sportler an einem eisbedeckten Felsen lehnte, zeigt den Wettkampfteilnehmer aus viel dramatischerer Perspektive und vor einem klaren, tiefblauen Himmel. Ein Polarisationsfilter intensivierte die Farbe des Himmels und reduzierte die in Gebirgsregionen typische erhöhte Menge an UV-Strahlen.*

FOTOGRAF:
Bob Martin

KAMERA:
Kleinbildkamera

OBJEKTIV:
70–200 mm Zoom (bei 200 mm)

FILMEMPFINDLICHKEIT:
ISO 50/18°

BELICHTUNG:
1/1000 Sekunde bei Blende 4

BELEUCHTUNG:
Reines Tageslicht

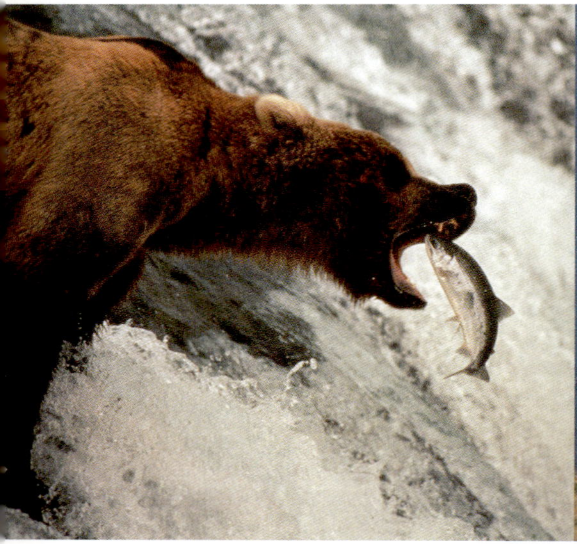
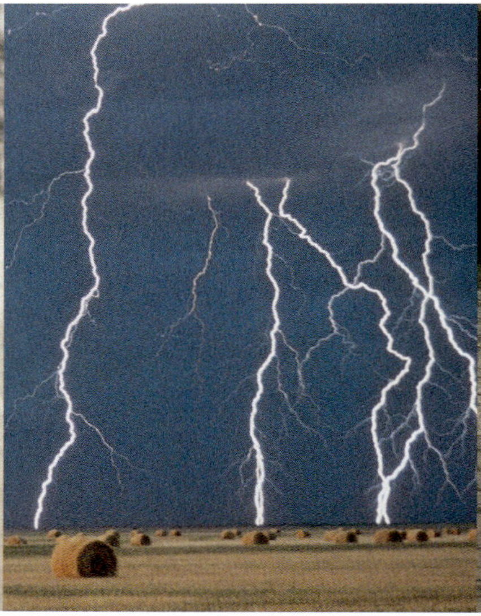
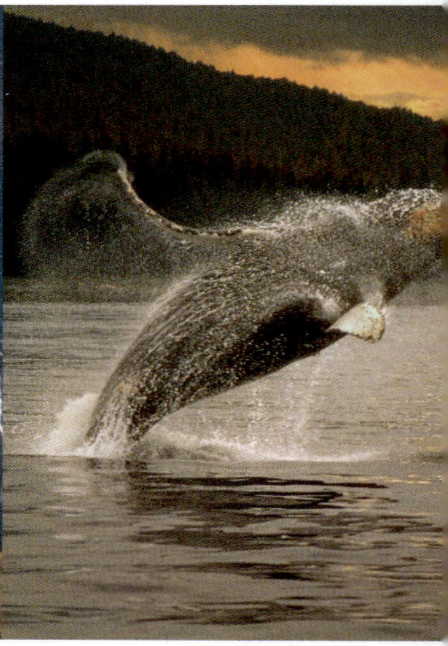

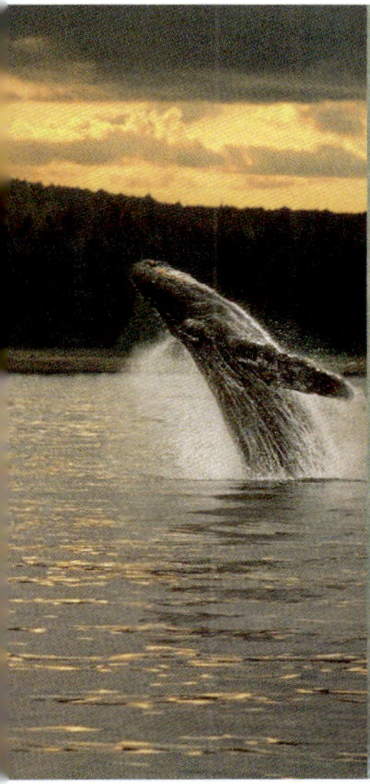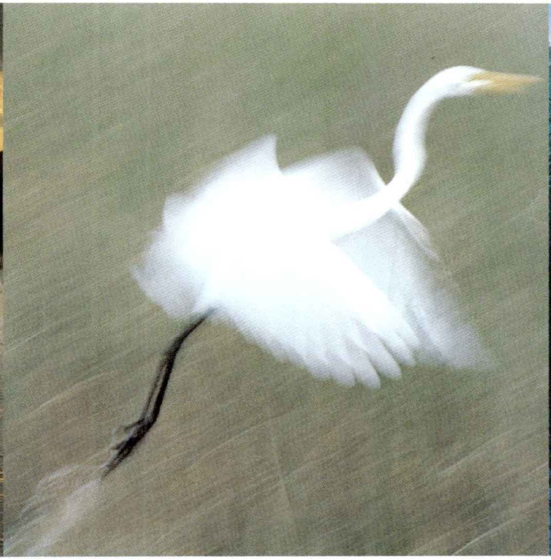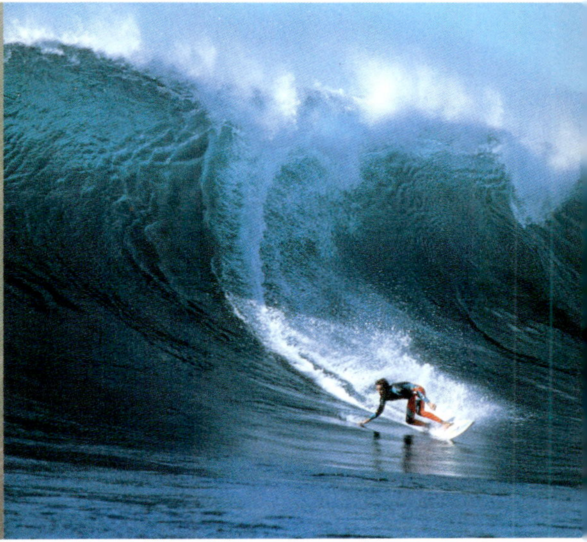

ACTIONAUFNAHMEN IN DER NATUR

Actionaufnahmen von Tieren

Die Natur und insbesondere das Tierreich sind immer wiederkehrende Themen in den Arbeiten einer Reihe von Fotografen. Viele Profifotografen haben sich auf diesen Arbeitsbereich spezialisiert. Sie widmen diesem Spezialgebiet ihr gesamtes berufliches und privates Leben, um die Schönheit, die Anmut und auch die – in unseren Augen – rauhe Seite des Verhaltens der Tiere auf Film zu bannen.

Erfolgreiche Tierfotografen müssen sich nicht nur ein umfassendes Wissen über die Verhaltensweisen der Tiere aneignen, sondern sie sind auch in hohem Maße von der Zweckmäßigkeit ihrer Ausrüstung abhängig. Am wichtigsten sind hochwertige Tele- und Zoomobjektive mit großen maximalen Blenden, die auch bei schlechten Lichtverhältnissen formatfüllende Aufnahmen von Tieren ermöglichen. Man muß jedoch bedenken, daß man manche Tiere nur in den frühen Morgenstunden bei der Nahrungssuche beobachten kann, noch bevor die Sonne ganz aufgegangen ist. Andere Tiere verlassen hingegen erst in der Abenddämmerung ihr Versteck. In beiden Fällen kann die Lichtintensität sehr gering sein. Ein 250 mm-Teleobjektiv mit einer maximalen Blende von 2,8 mag zehnmal so teuer sein wie ein ähnliches Objektiv mit einer maximalen Blende von nur 5,6. Wenn es Ihnen aber die Möglichkeit gibt, eine gelungene Aufnahme zu machen, so könnte Ihr Honorar für die Abzüge den Preis des Objektivs zehnfach aufwiegen.

Manchmal ist ein gelungenes Actionfoto eines Tieres reine Glückssache – der Fotograf befand sich zur richtigen Zeit am richtigen Ort und hat die Aufnahme rein intuitiv gemacht. Häufiger sind die Fotos, die veröffentlicht werden, jedoch das Ergebnis geschickter und intensiver Arbeit. Fotografen verbringen eventuell Wochen in unwirtlichen Gegenden und nehmen manchmal sogar körperliche Gefahren auf sich – jedoch ohne Garantie, daß sich die Gelegenheit für ein gutes Foto ergeben wird. Sobald Sie sich mit dem Verhalten des Tieres, das Sie aufnehmen möchten, vertraut gemacht haben, können strategisch plazierte Nahrungsgaben dazu führen, daß Sie das Tier bald vor Ihre Linse bekommen.

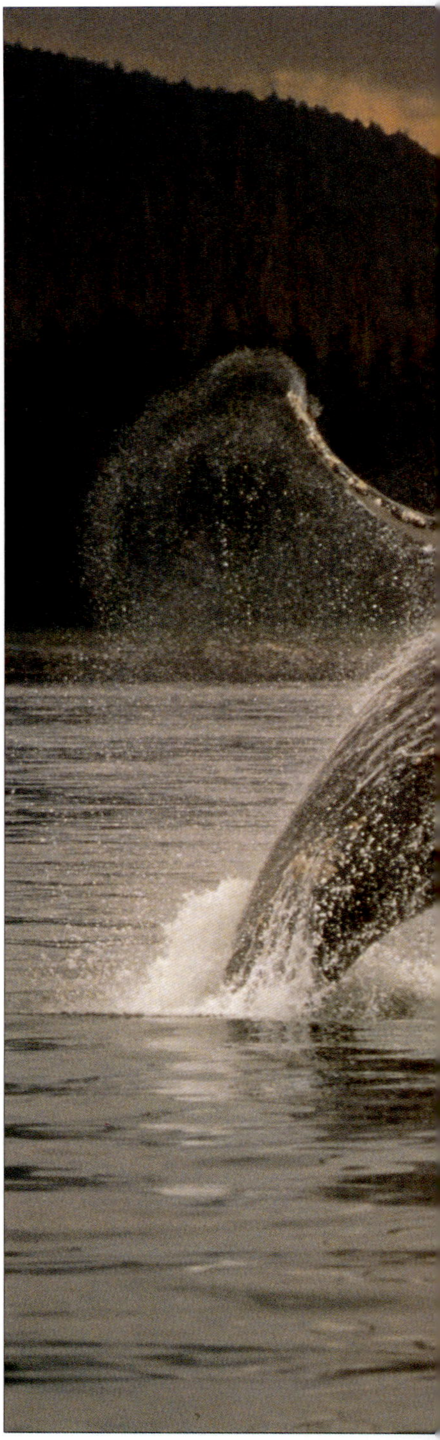

Fotograf:
Sanford/Agliolo/TSM

Kamera:
6x7 cm

Objektiv:
300 mm

Fimempfindlichkeit:
ISO 200/24°

Belichtung:
1/125 Sekunde bei Blende 8

Beleuchtung:
Reines Tageslicht

▶ *Obwohl diese spektakuläre Aufnahme zweier Buckelwale bei Sonnenuntergang gemacht wurde, herrscht am Himmel immer noch das warme Licht des frühen Abends, das sich im Wasser der Bucht spiegelt. Man vermutet, daß dieses Verhalten der Buckelwale zu ihren Jagdmethoden gehört. Mehrere Wale versuchen gemeinsam, einen Fischschwarm auf kleinerem Raum zusammenzudrängen.*

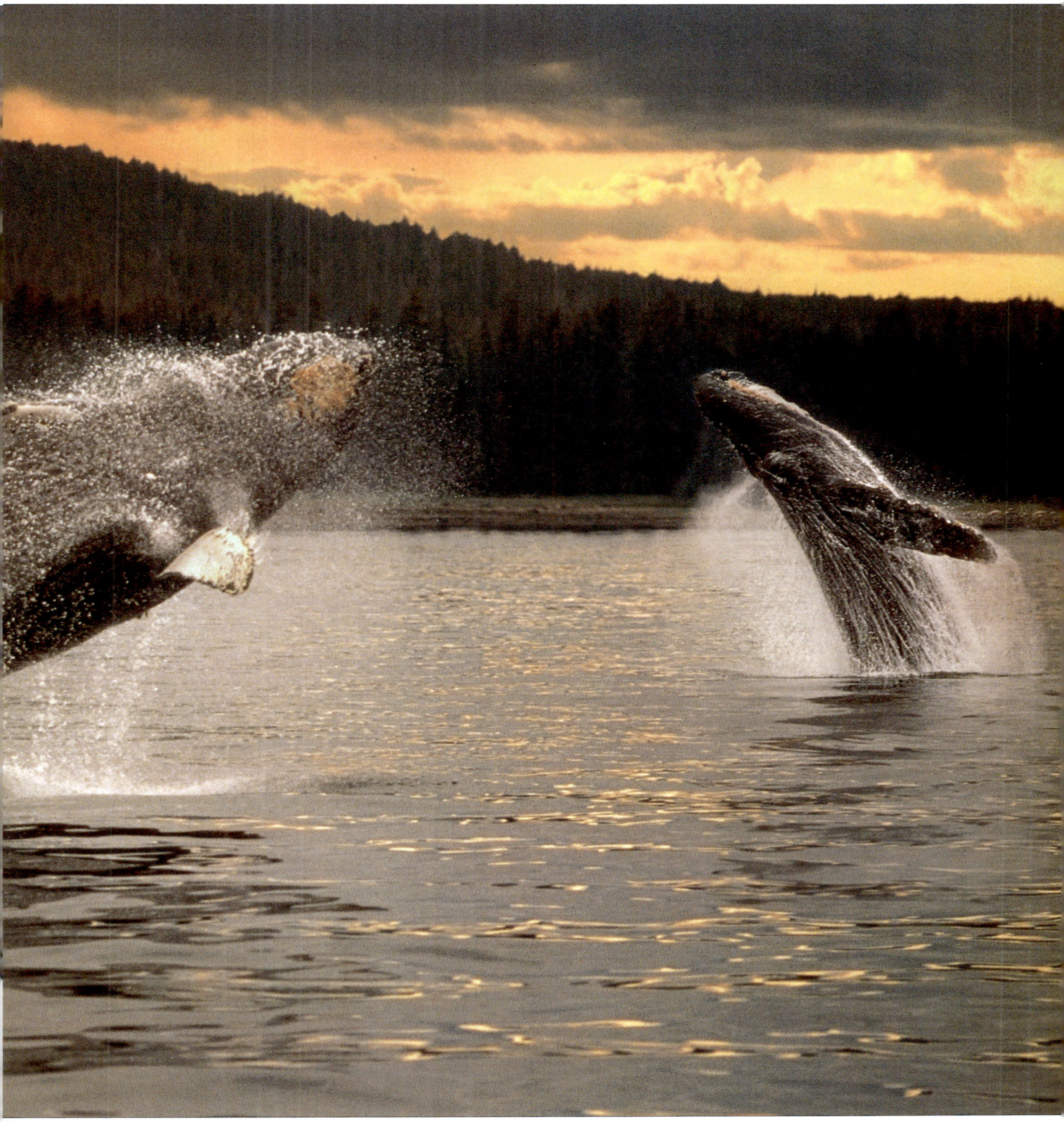

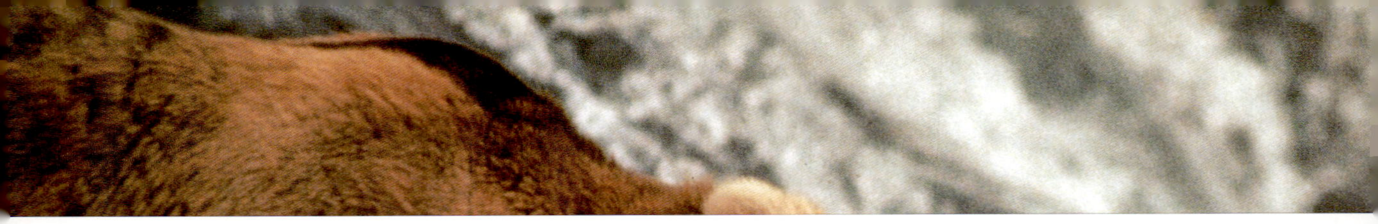

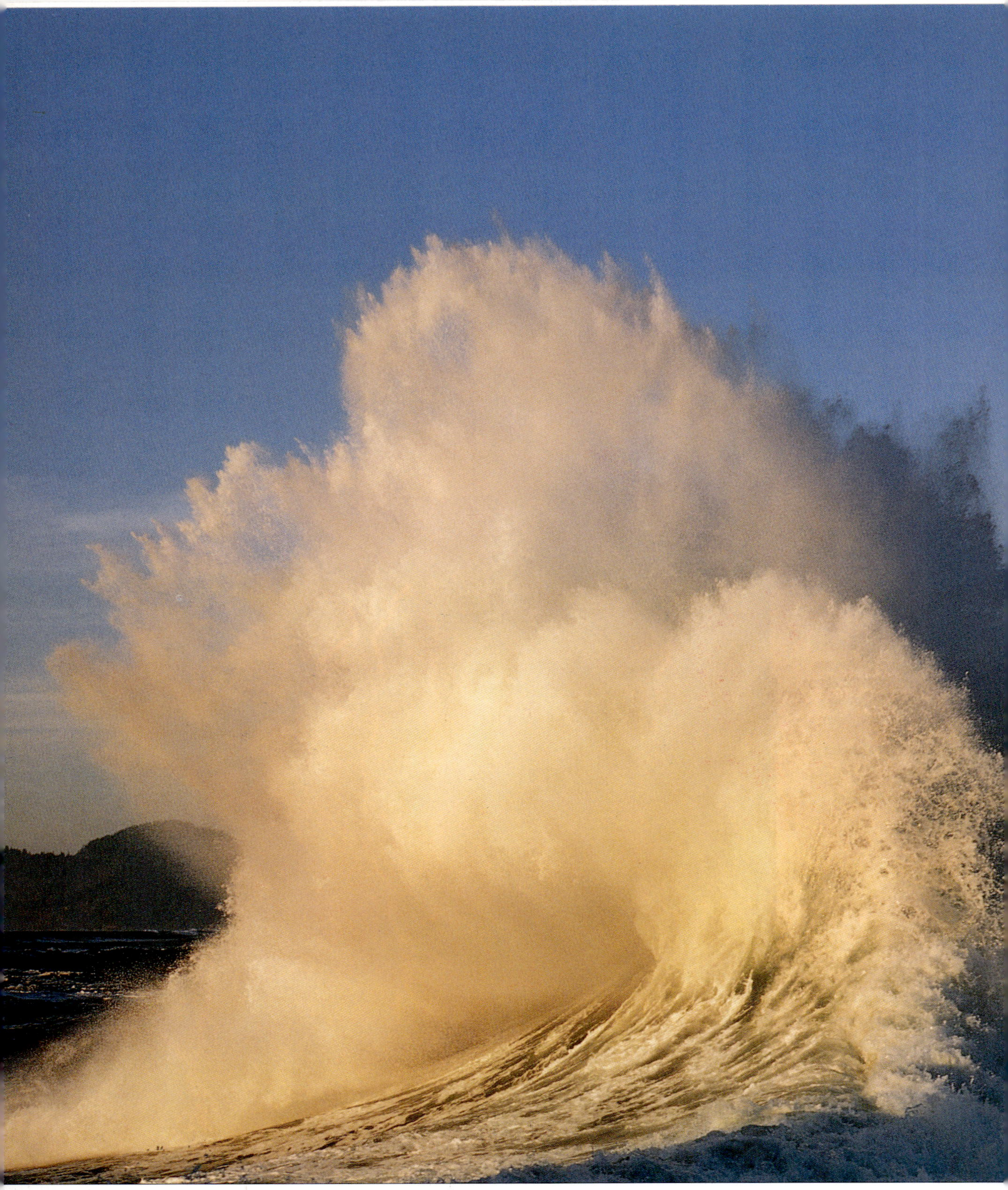

Fotograf:
Graig Tuttle/TSM

Kamera:
6 x 7 cm

Objektiv:
150 mm

Filmempfindlichkeit:
ISO 100/21°

Belichtung:
$\frac{1}{125}$ Sekunde bei Blende 5,6

Beleuchtung:
Reines Tageslicht

Fotograf:
Mark A Johnson/TSM

Kamera:
Kleinbildkamera (in wasserdichtem Gehäuse)

Objektiv:
20 mm

Filmempfindlichkeit:
ISO 100/21°

Belichtung:
$\frac{1}{1000}$ Sekunde bei Blende 11

Beleuchtung:
Reines Tageslicht

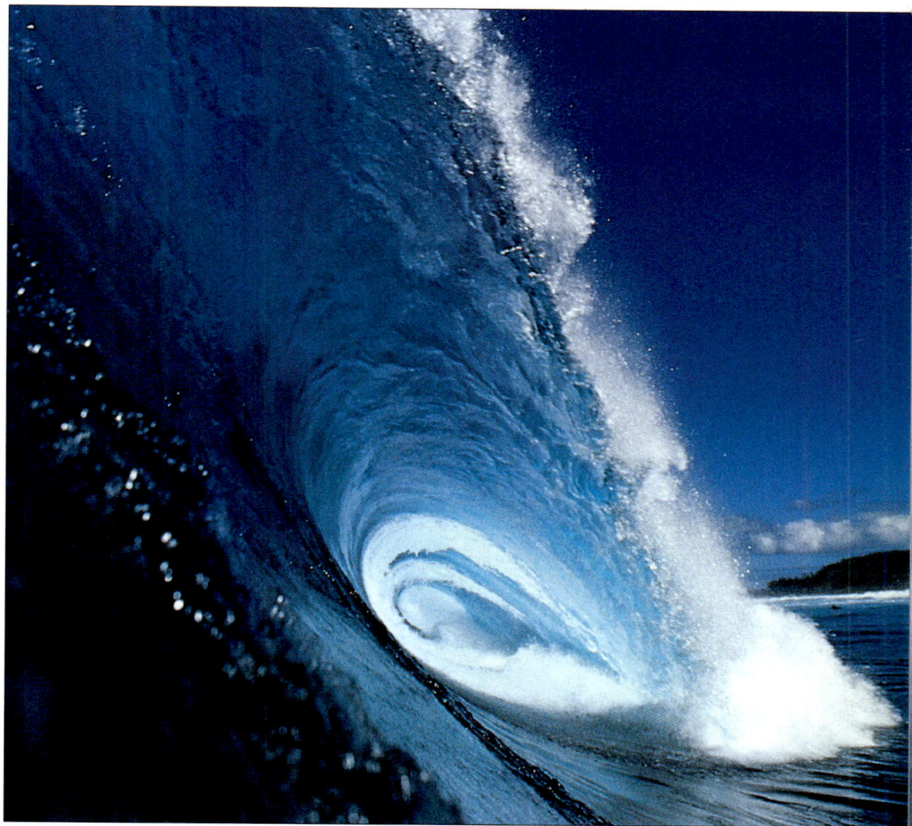

▲ Diese Fotos zeigen zwei ganz verschiedene Meere. Der stürmische Atlantik mit seiner Brandung an der britischen Küste ist ein perfektes Beispiel für die ungezähmte Kraft und Wildheit dieses Ozeans; die zweite Aufnahme zeigt den Pazifik vor der Küste von Hawaii. Hier haben die Strömung und die Beschaffenheit des Meeresbodens das Wasser zu einem perfekten glasähnlichen Tunnel geformt.

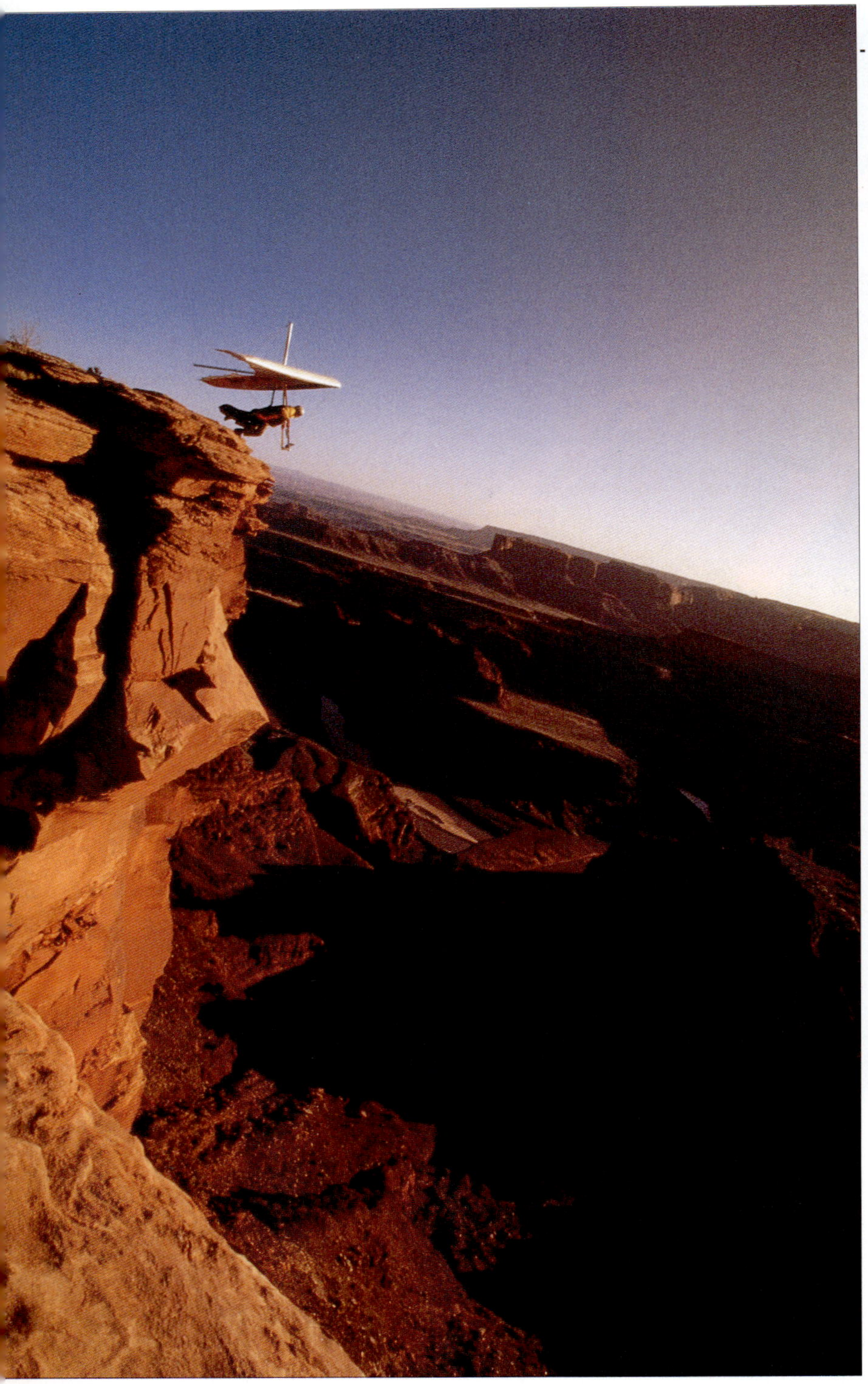

▲ *Dieses verwitterte Flußbett wird am späten Nachmittag von der Sonne in rosiges Licht getaucht. Ein Drachenflieger bereitet sich auf einer Felsspitze auf den Absprung vor, um der Schwerkraft die Stirn zu bieten.*

FOTOGRAF:
Jim Erickson/TSM
KAMERA:
Kleinbildkamera
OBJEKTIV:
105 mm
FILMEMPFINDLICHKEIT:
ISO 100/21°
BELICHTUNG:
1/125 Sekunde bei Blende 11
BELEUCHTUNG:
Reines Tageslicht

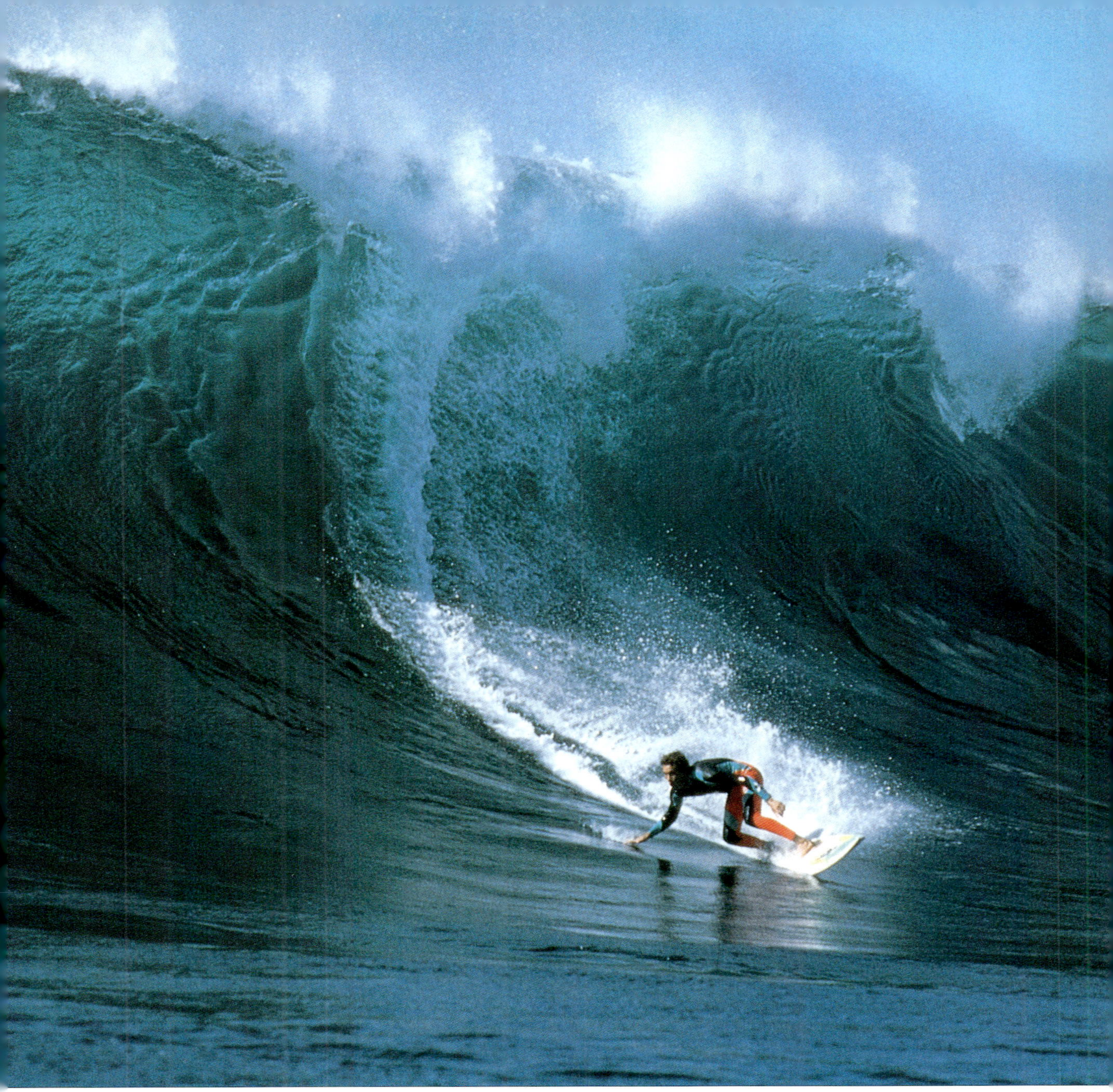

▲ *Dieser Wellenreiter hat den Fuß der Welle erreicht und versucht nun eine Drehung, um parallel zur Welle zu surfen und so der Gefahr zu entgehen, von Hunderten von Tonnen Wasser in den sandigen Meeresboden gedrückt zu werden.*

FOTOGRAF:
Aaron Chang/TSM
KAMERA:
Kleinbildkamera
OBJEKTIV:
600 mm
FILMEMPFINDLICHKEIT:
ISO 100/21°
BELICHTUNG:
1/1000 Sekunde bei Blende 11
BELEUCHTUNG:
Reines Tageslicht

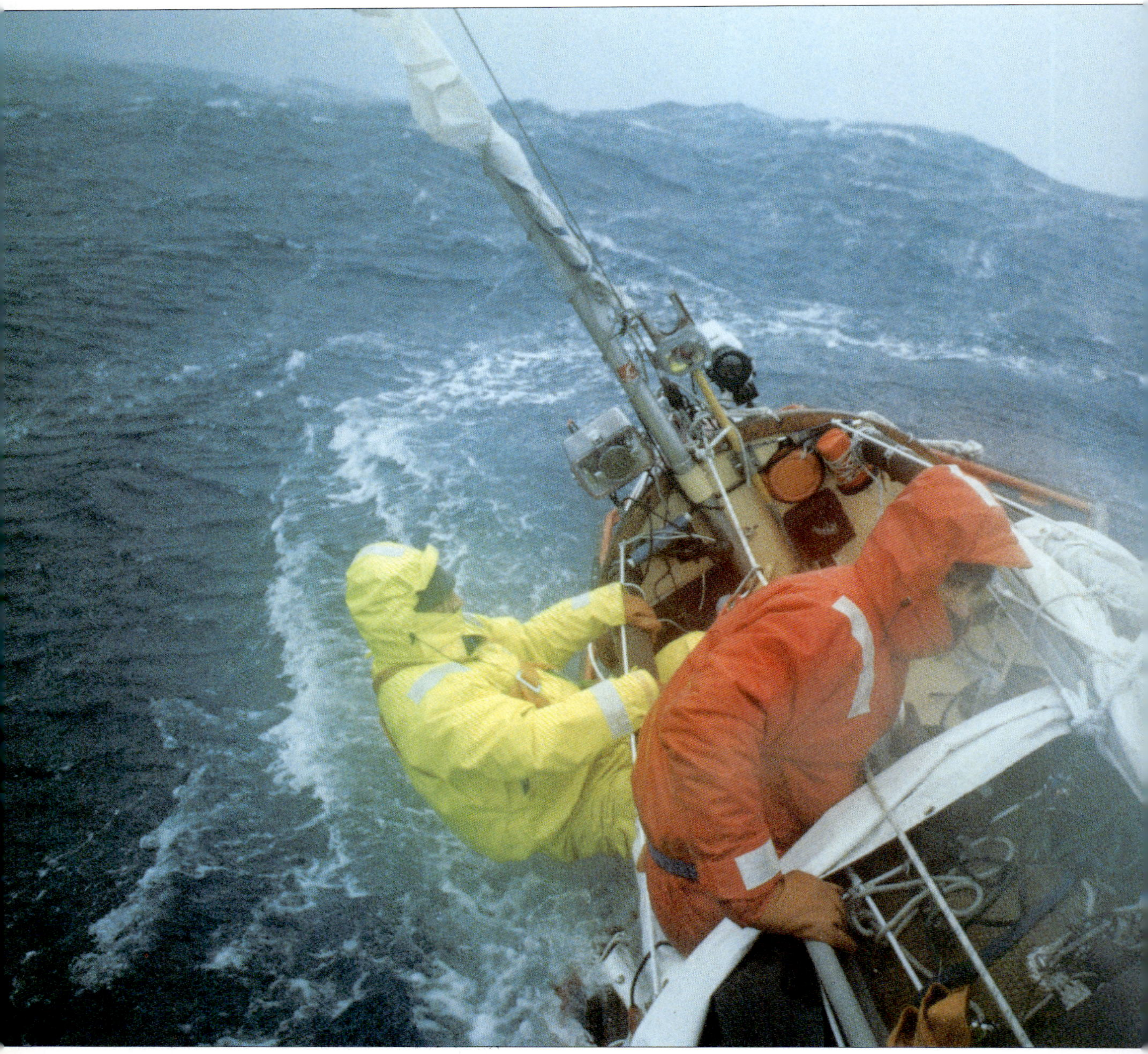

▲ *Als dieses Foto aufgenommen wurde, hatten die beiden Segler zwei Tage lang in der Nähe von Kap Horn mit der schweren See gekämpft und waren am Ende ihrer Kräfte angelangt. Während der Aufnahme mußte sich der Fotograf die ganze Zeit mit einem Arm an einem Mast festklammern. Beim Fotografieren in solchen Situationen, wenn das Boot schlingert und schaukelt, ist die Wahl einer kurzen Verschlußzeit oberste Priorität. Auch die Verwendung eines Weitwinkelobjektivs ist hilfreich, da Sie selbst bei großen Blenden noch genug Schärfentiefe haben, um Schärfenfehler zu verbergen.*

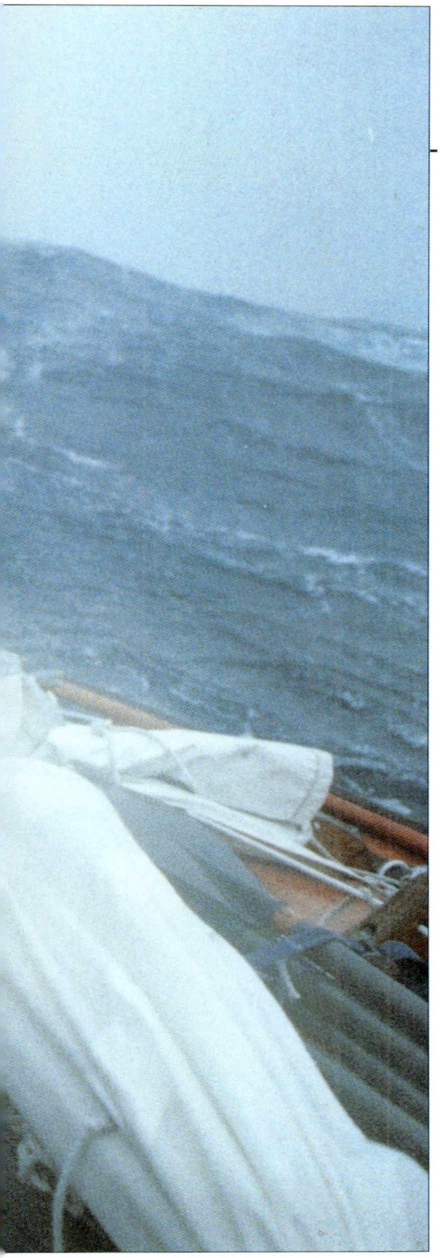

Fotograf:
Ned Gillette/TSM

Kamera:
Kleinbildkamera

Objektiv:
28 mm

Filmempfindlichkeit:
ISO 200/24°

Belichtung:
1/250 Sekunde bei Blende 4

Beleuchtung:
Reines Tageslicht

Fotograf:
Jose Azel/TSM

Kamera:
Kleinbildkamera

Objektiv:
400 mm

Filmempfindlichkeit:
ISO 100/21°

Belichtung:
1/60 Sekunde bei Blende 22

Beleuchtung:
Reines Tageslicht

▼ Die Dramatik und Spannung in diesem Bild eines Bergsteigers, der ohne Kletterhilfen eine Steilwand besteigt, zeigt sich noch deutlicher darin, daß er recht klein in der ehrfurcheinflößenden Landschaft abgebildet wurde. So wird gleichzeitig vermittelt, welche Aufgabe er noch zu bewältigen hat.

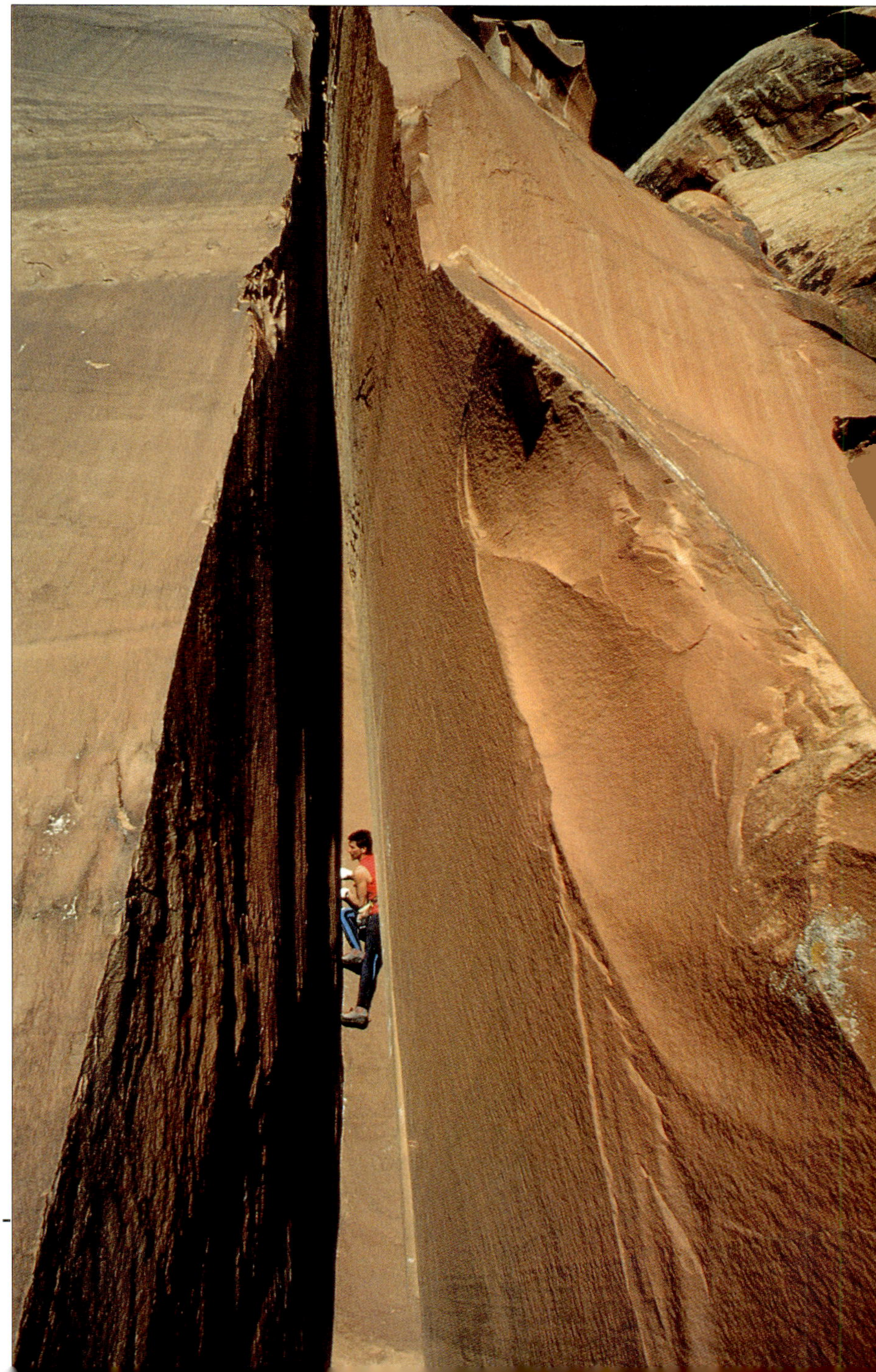

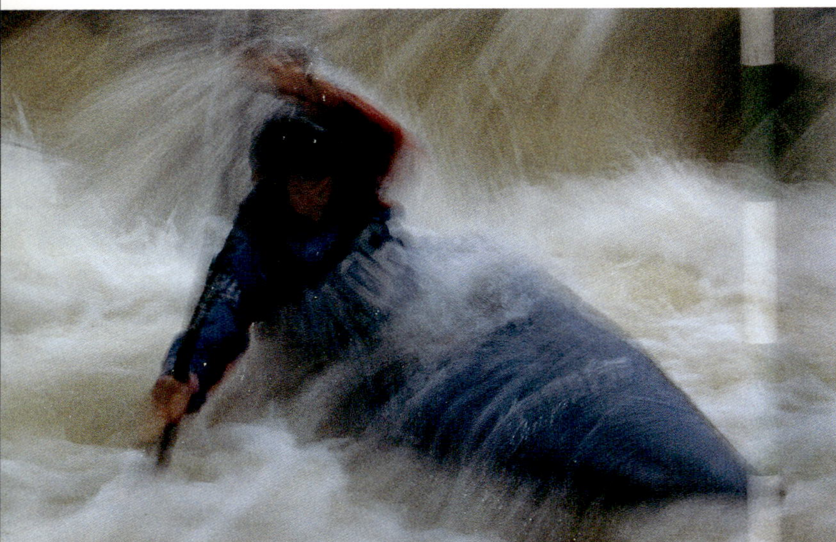

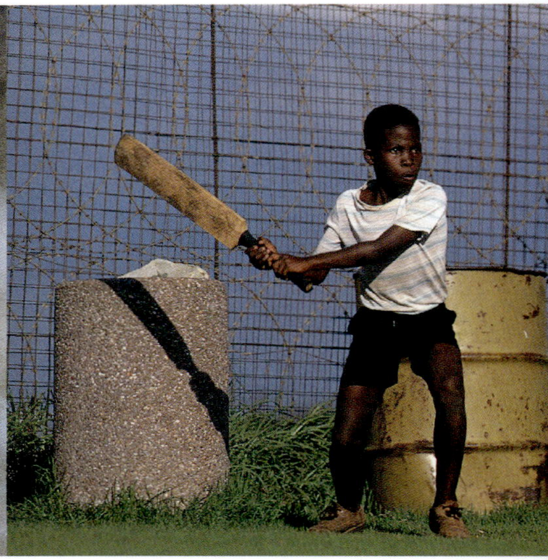

4

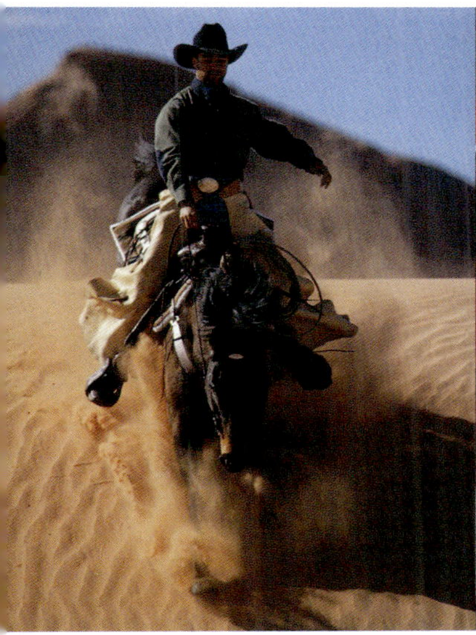
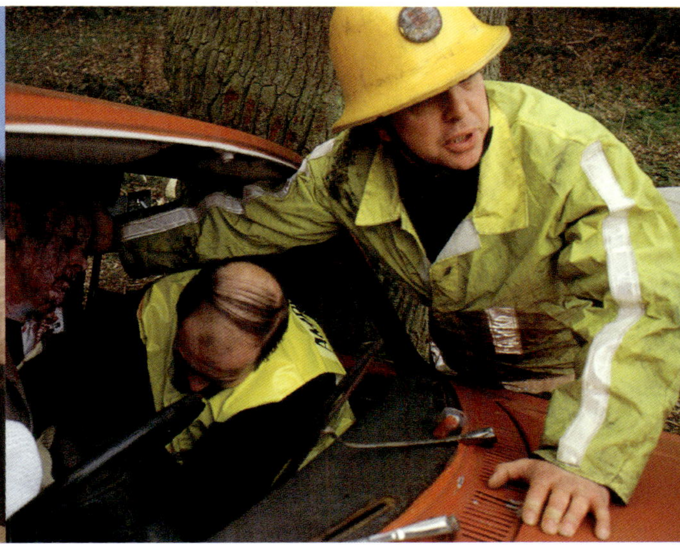
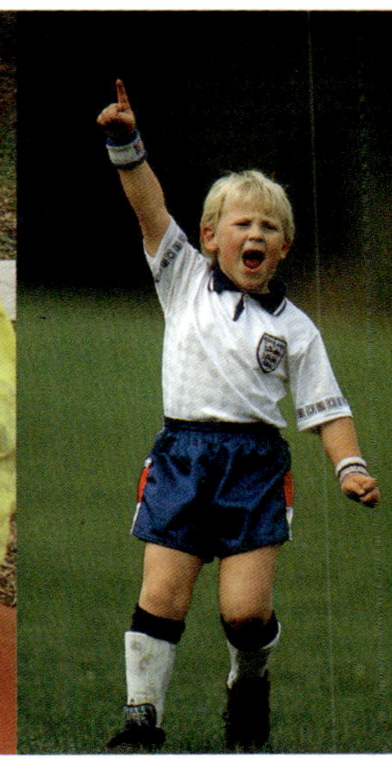

Ereignisse und Veranstaltungen

Einsatz der Feuerwehr

Für Menschen mit bestimmten Berufen gehören dramatische Szenen zum Alltag. Feuerwehrleute (die meisten der auf diesen Seiten abgebildeten Motive wurden in einer Ausbildungsstätte der Feuerwehr aufgenommen) müssen jedes Mal, wenn Alarm ausgelöst wird, mit einer lebensbedrohenden Feuerwand voller giftiger Gase, mit Waldbränden oder Überschwemmungen rechnen – oder mit falschem Alarm.

Bei solchen dramatischen Situationen des täglichen Lebens können Sie einfach nicht im voraus wissen, wann sie passieren. Daher ist es unmöglich, sie zu planen. Je mehr Sie Ihr fotografisches Können jedoch weiterentwickeln – indem Sie zum Beispiel in so vielen verschiedenen Situationen wie möglich fotografieren – um so mehr Erfahrung werden Sie darüber sammeln, wie Ihre Kamera, Objektive, verschiedene Arten von Filmen, Effektfilter, Blitzgeräte etc. unter bestimmten Bedingungen zu handhaben sind. Ebenso wichtig ist, daß sich Ihr Bewußtsein für das fotografische Potential bestimmter Situationen schärft. So können Sie schneller und spontaner auf diese Gelegenheiten reagieren.

Die Fluktuation der Mitarbeiter in gefährlichen und stressigen Berufszweigen wie der Feuerwehr ist so hoch, daß ständig neue Bewerber und Auszubildende rekrutiert werden müssen. Wenn Sie die zuständigen Behörden davon überzeugen können, daß Ihre Fotos die Arbeit der Feuerwehr in einem positiven Licht zeigen werden und daher eine gute Werbung darstellen, sollten Sie sich ohne Probleme die nötigen Genehmigungen beschaffen können, um beispielsweise zu einer vereinbarten Zeit eine Übungsstunde zu fotografieren. Wenn Sie jedoch gar nicht erst nachfragen, werden Sie diese Chance nie bekommen.

Im wirklichen Leben liegen die Prioritäten der Feuerwehr jedoch auf ganz anderen Dingen, und Ihr Wunsch, die besten Actionaufnahmen aus der Situation zu ziehen, rangiert recht weit unten auf der Liste.

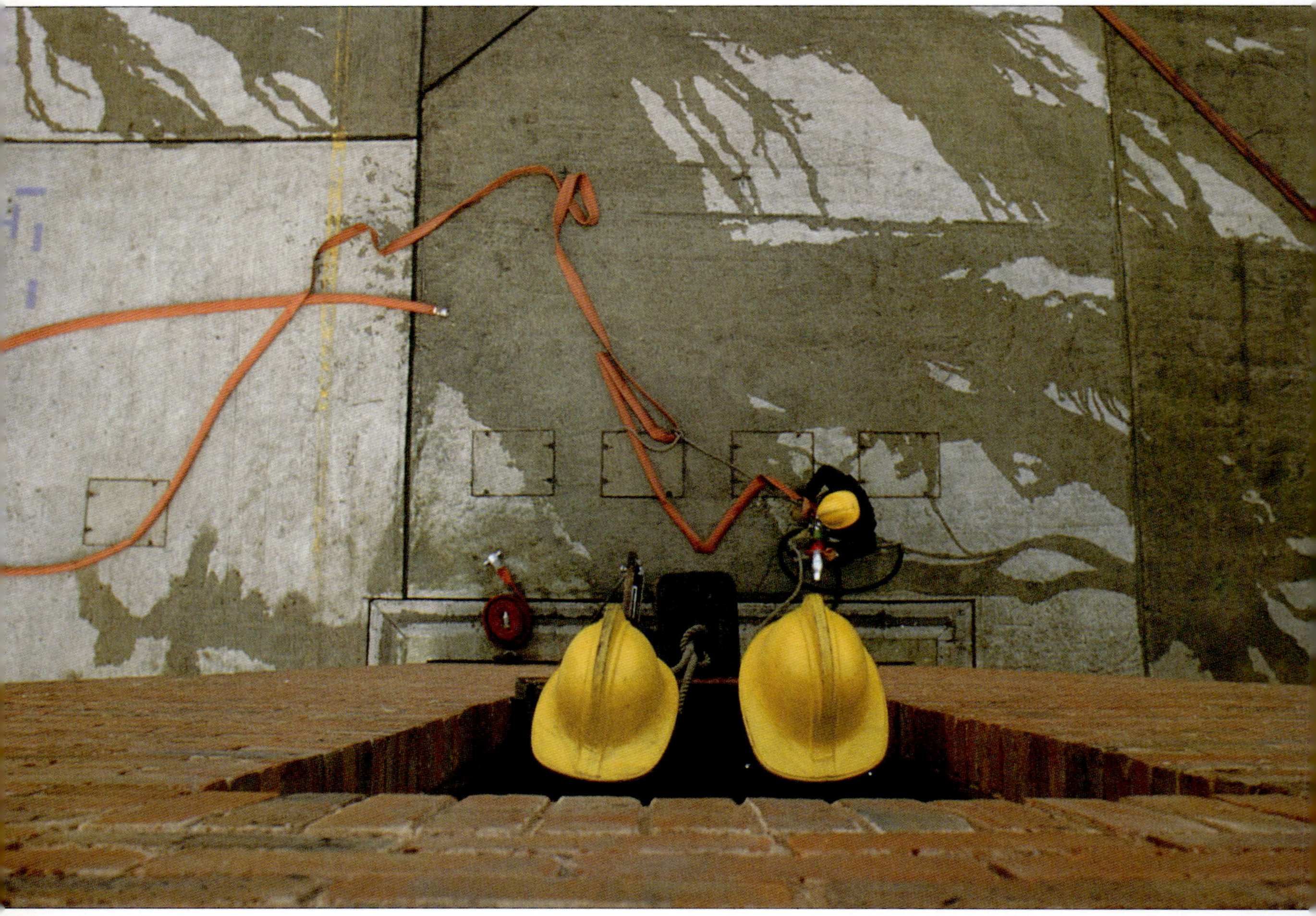

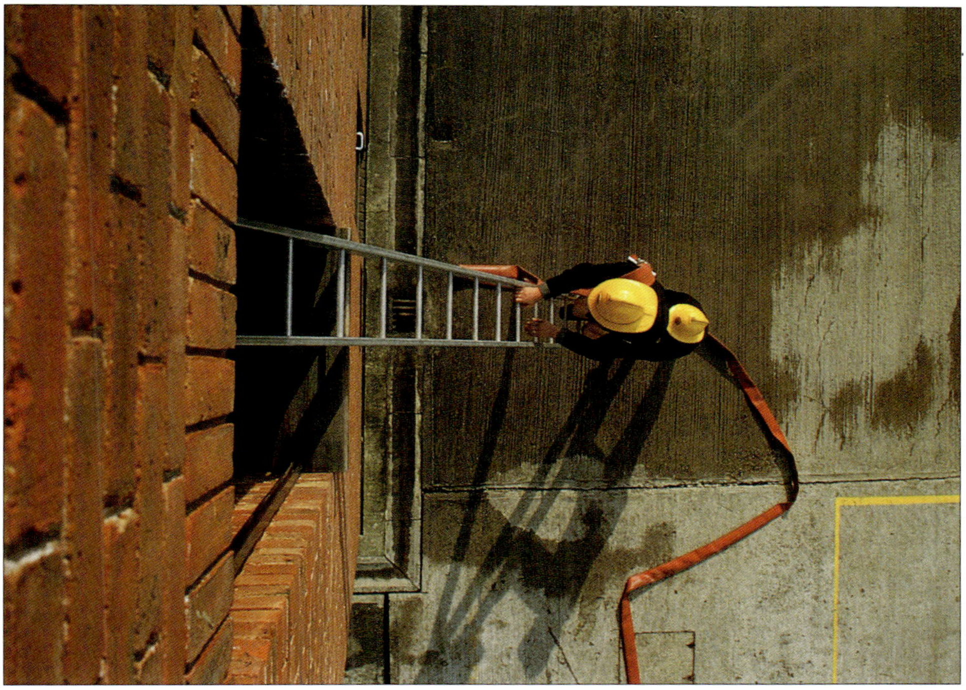

Fotograf:
Simon Hennessey
Kamera:
Kleinbildkamera
Objektiv:
28 mm
Filmempfindlichkeit:
ISO 200/24°
Belichtung:
1/250 Sekunde bei Blende 8
Beleuchtung:
Reines Tageslicht

◀ ▲ *Dieses Foto von den Schülern und Lehrern, das aus großer Höhe durch ein Fenster des Schulungsturms aufgenommen wurde, gibt einen hervorragenden Einblick in die Gefahrensituationen, die die Arbeit bei der Feuerwehr mit sich bringen kann. Im ersten Bild (links) hat der Fotograf ein starkes Bildelement im Vordergrund direkt unter dem Kamerastandpunkt benutzt – die Oberseite der grell gelben Feuerwehrhelme in einem Fenster. Dadurch schien die Perspektive noch steiler und gefährlicher, als sie sowieso schon war. Vergleichen Sie dieses Bild mit der Aufnahme oben, die zwar unter ähnlichen Bedingungen entstand, bei der das Vordergrundelement jedoch fehlt. Die für Spannung und Dramatik sorgenden Bildelemente sind weniger schlagkräftig.*

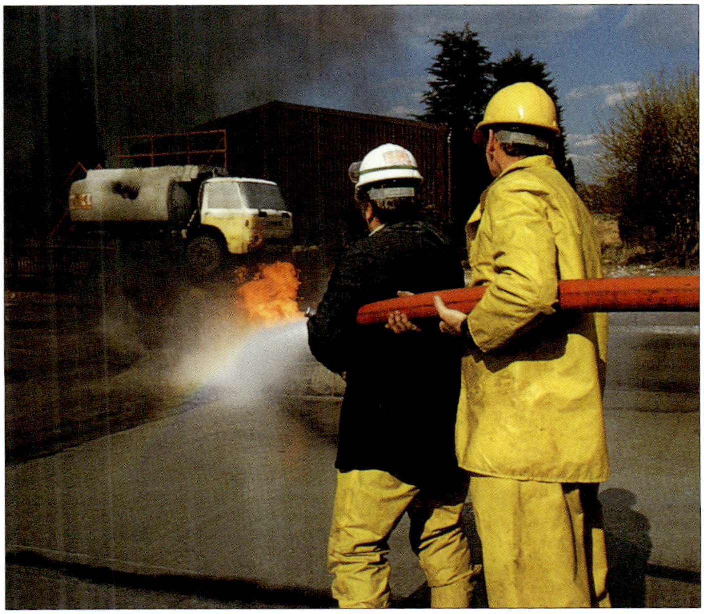

▲ *Bei diesem Foto wurden Motivteile genutzt, um die Aufmerksamkeit des Betrachters in das Bild hineinzuziehen. Der Fotograf postierte sich in der Nähe der Feuerwehrleute, um so die Aufmerksamkeit über den Schlauch auf den Mittelgrund zu lenken. Er stellte sicher, daß trotz des Rauchs auch der kleine Tankwagen auf der anderen Seite des Feuers deutlich sichtbar war, so daß noch auf die zusätzliche Gefahr hingewiesen werden konnte.*

Fotograf:
Simon Hennessey
Kamera:
Kleinbildkamera
Objektiv:
35 mm
Filmempfindlichkeit:
ISO 200/24°
Belichtung:
1/500 Sekunde bei Blende 11
Beleuchtung:
Reines Tageslicht

▼▶ *Beim Fotografieren einer Ausbildungsstätte der Feuerwehr sind dramatische Aufnahmen eines Feuers ein offensichtliches Motiv. Bei beiden hier gezeigten Bildern war das Feuer zwar sorgfältig gelegt worden, um die Gefahren für alle Beteiligten zu verringern, jeder war sich aber nur allzu gut der unberechenbaren Natur eines Brandes und der Verletzungsgefahr bewußt, die aus einem Irrtum oder Fehleinschätzungen resultiert hätte.*

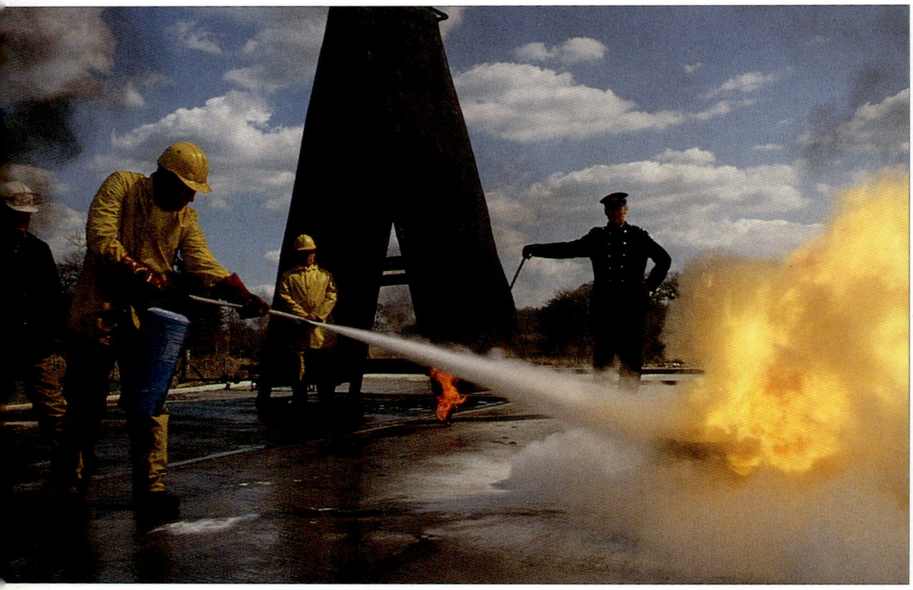

Hinweise und Tips

- Bei der Belichtungsermittlung einer Szene, die ein helles Feuer oder eine andere größere Lichtquelle beinhaltet, sollten Sie sicherstellen, daß Ihre Belichtungsmessung nicht von dieser Lichtquelle beeinflußt wird. Wenn Sie die anderen Bildelemente nicht unterbelichten wollen, darf die Lichtquelle bei der Messung nicht im Bild sein. Sie können den Meßwert auch korrigieren, indem Sie auf manuelle Belichtung umschalten.
- Eine helle Lichtquelle wie zum Beispiel Feuer eignet sich optimal dazu, die anderen Bildelemente als Silhouetten abzubilden. In diesem Fall dürfen Sie die Belichtung nicht korrigieren.
- Viele Kameras haben eine Einrichtung zur Belichtungskorrektur, mit der man den vom Belichtungsmesser vorgeschlagenen Wert um 2 oder 3 Blendenstufen nach oben oder unten korrigieren kann.

FOTOGRAF:
Simon Hennessey

KAMERA:
Kleinbildkamera

OBJEKTIV:
28 mm

FILMEMPFINDLICHKEIT:
ISO 200/24°

BELICHTUNG:
1/125 Sekunde bei Blende 11

BELEUCHTUNG:
Reines Tageslicht

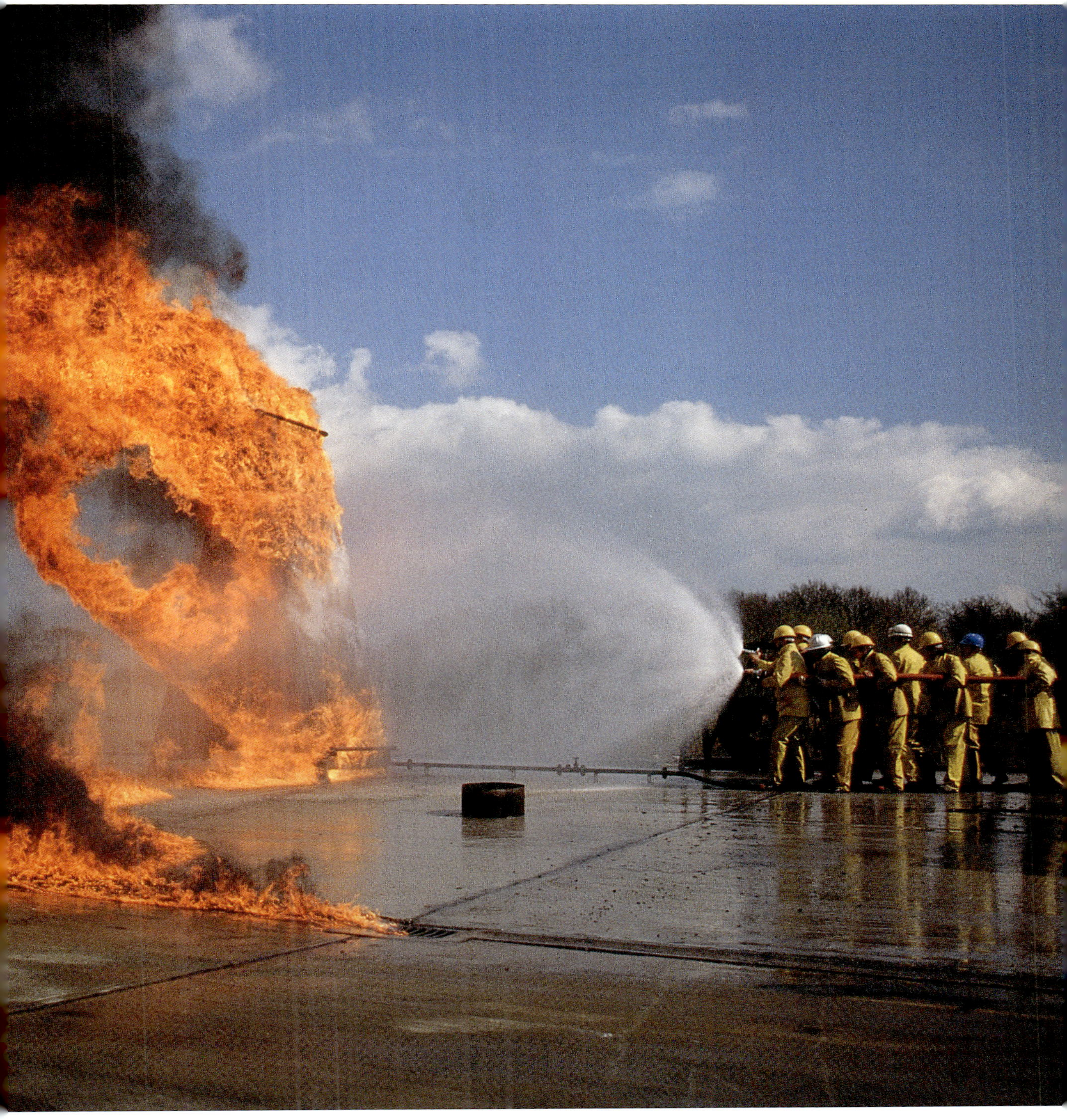

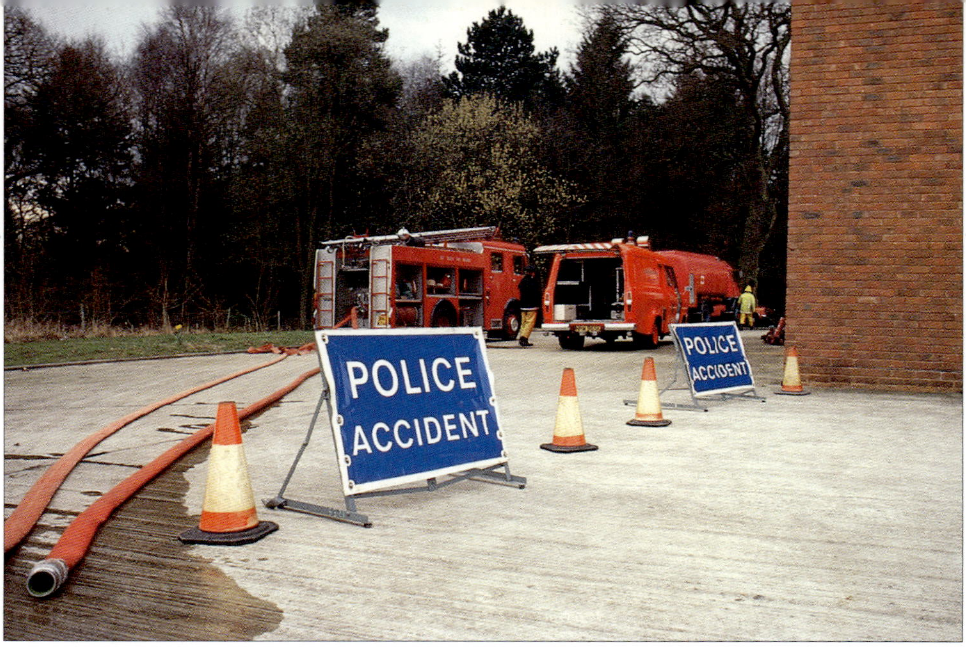

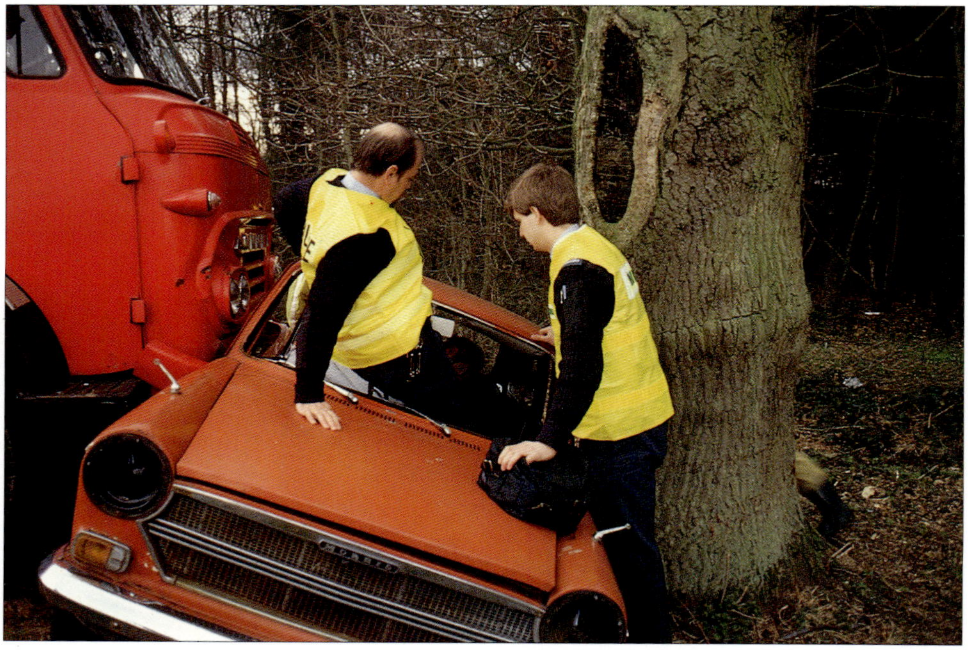

◀ ▶ *Rettungsdienste werden tagtäglich bei Verkehrsunfällen mit der rauhen Wirklichkeit konfrontiert. Manche dieser Unfälle sind nur Sachbeschädigungen; bei anderen jedoch gilt es, verletzte oder eingeklemmte Unfallopfer zu befreien und mit der Explosions- oder Brandgefahr umzugehen. Während ihrer Ausbildung üben die Feuerwehrleute, wie sie sich bei solchen Unfällen verhalten und die speziellen Schneidewerkzeuge bedienen müssen. Diese Serienbilder beginnen mit einer Aufnahme, die das erste Bild einer Fotostory sein könnte: ein Schild der Polizei, das vor dem gerade geschehenen Unfall warnt. Auf den anderen Aufnahmen ist der Unfall selbst zu sehen: Die Feuerwehrleute und die Sanitäter befreien einen Schauspieler, der das Unfallopfer spielte, aus einem Autowrack. Da es sich hierbei um eine Übung handelte, konnte der Fotograf dicht ans Geschehen herangehen und ein Weitwinkelobjektiv einsetzen. Bei echten Unfällen wäre der Unfallort für Schaulustige abgesperrt, so daß ein Teleobjektiv geeigneter ist.*

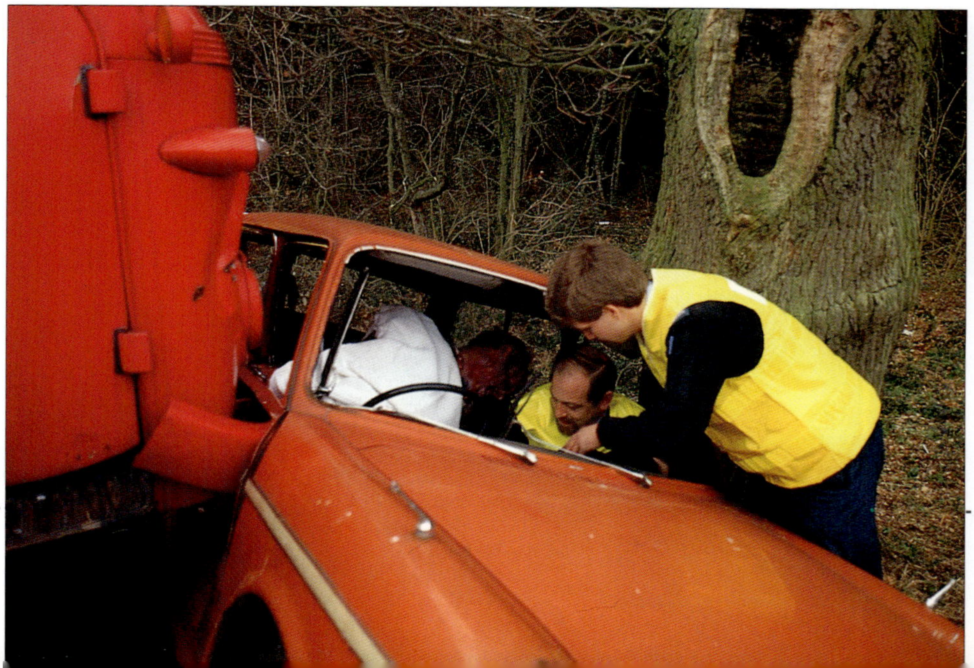

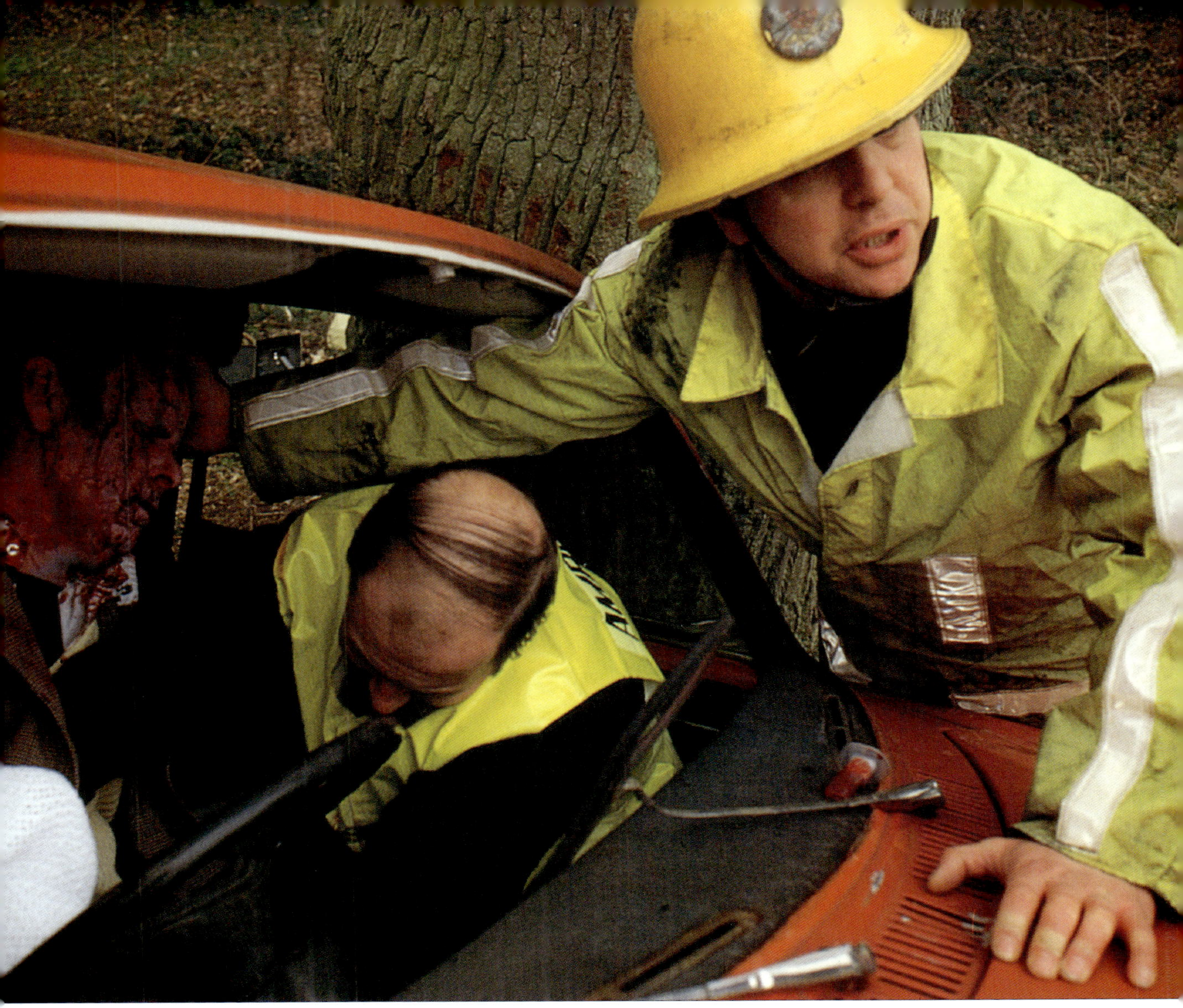

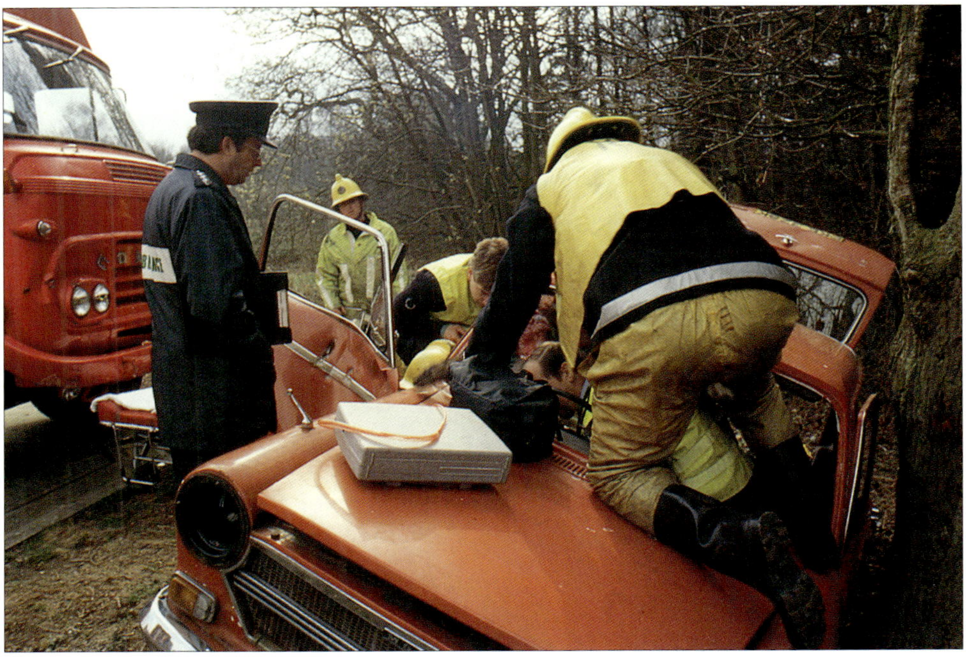

FOTOGRAF:
Simon Hennessey

KAMERA:
Kleinbildkamera

OBJEKTIVE:
28 mm und 35 mm

FILMEMPFINDLICHKEIT:
ISO 200/24°

BELICHTUNG:
1/250 Sekunde zwischen Blende 5,6 und 16

BELEUCHTUNG:
Reines Tageslicht

Actionaufnahmen von Kindern

Die meisten Fotografen, die sich für Actionaufnahmen interessieren, haben nicht unbedingt Zugang zu den großen internationalen Sportveranstaltungen, die auf vielen Seiten dieses Buchs fotografisch dokumentiert werden. Dies ist jedoch kein Hinderungsgrund, gute, spannungsgeladene Actionfotos zu machen!

Ebenso dramatisch und manchmal sogar interessanter sind Bilder von Kindern, die an ihren eigenen sportlichen Wettkämpfen teilnehmen oder einfach nur intensiv spielen. Ein Fußballspiel im heimischen Stadtpark, ein zwangloses Baseball-Spiel auf dem Lande während eines Familienpicknicks oder eine organisierte Sportveranstaltung, wie zum Beispiel das Sportfest an Ihrer Schule vor Ort – all dies sind hervorragende Gelegenheiten, Actionaufnahmen zu machen.

Der größte Vorteil solcher Anlässe besteht darin, daß der Bewegungsfreiheit der Zuschauer wenige oder gar keine Grenzen gesetzt sind, so daß Sie Ihren Kamerastandort flexibel verändern können. Darüber hinaus können Sie oft so nah am Geschehen fotografieren, wie Sie möchten (natürlich ohne die Teilnehmer zu behindern), so daß Sie noch nicht einmal ein starkes Teleobjektiv benötigen. Ein Zoomobjektiv mit zumindest mittlerem Telebereich kann jedoch zur Festlegung verschiedener Bildausschnitte von großem Nutzen sein.

Eine Art und Weise, wie Sie einen vergnüglichen Tag mit Fotografieren verbringen und zusätzlich noch Geld verdienen können, besteht darin, in Verbindung mit dem Veranstalter von Schulsportfesten zu treten und Ihre Dienste als »offizieller« Fotograf anzubieten. Die besten Bilder können beispielsweise auf 20x25cm vergrößert werden und einige Tage später in der Schule ausgestellt werden. Weisen Sie jedem Bild eine Nummer zu und ermöglichen Sie Schülern, Lehrern und Eltern, Abzüge von den gewünschten Bildern zu bestellen. Um die Kosten für Ausstellungsbilder, die niemand bestellen möchte, zu reduzieren, sollten Sie nur die allerbesten Fotos vergrößern und die anderen als Kontaktbögen zeigen. Als Anreiz können Sie der Schule die Ausstellungsstücke spenden, um sie von Ihrem Angebot zu überzeugen.

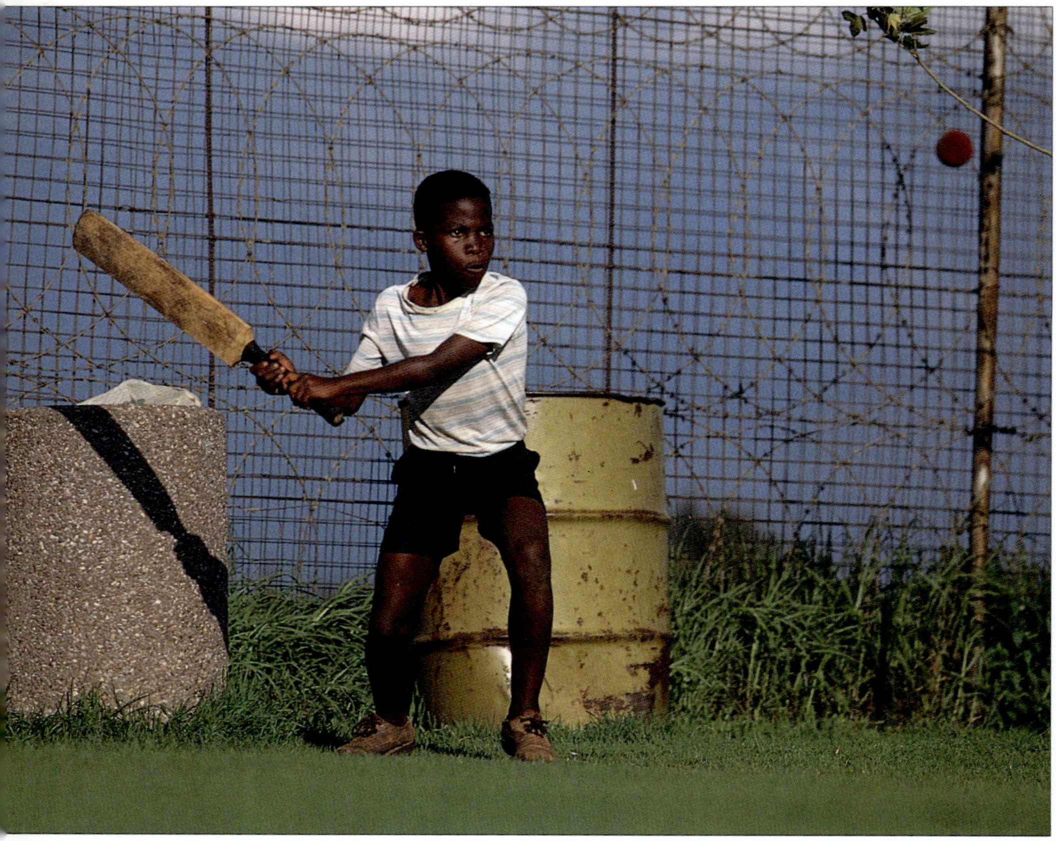

Fotograf:
Bob Martin
Kamera:
Kleinbildkamera
Objektiv:
300 mm
Filmempfindlichkeit:
ISO 100/21°
Belichtung:
1/1000 Sekunde bei Blende 4
Beleuchtung:
Reines Tageslicht

◀ *Dieses Bild eines spontanen Cricketspiels wirkt durch großflächig verteilte, intensive Farben – Grün, Blau, Gelb – viel lebendiger. Der Fotograf nahm sein Motiv auf, als das Schlagholz in der Luft stillstand. Der Junge konzentrierte sich auf den Ball, der mit Hilfe einer kurzen Verschlußzeit eingefroren wurde*

▶ *Dies ist ein typisches Beispiel für die spontanen Spiele, die auf Schulsportfesten rein zum Vergnügen zusätzlich zu den ernsteren Wettkämpfen stattfinden. Das Rennen basiert zwar auf dem bekannten Eierlaufen, aber die Eier wurden durch Kartoffeln ersetzt, die nicht so leicht zerbrechen. Obwohl es bei dem Wettlauf um nichts geht, ist die Konzentration des Jungen, der die Ziellinie schon vor sich sieht, deutlich sichtbar. Diese Aufnahme eignet sich perfekt zur Vergrößerung, die in der Schule ausgestellt und von den Eltern nachbestellt werden kann.*

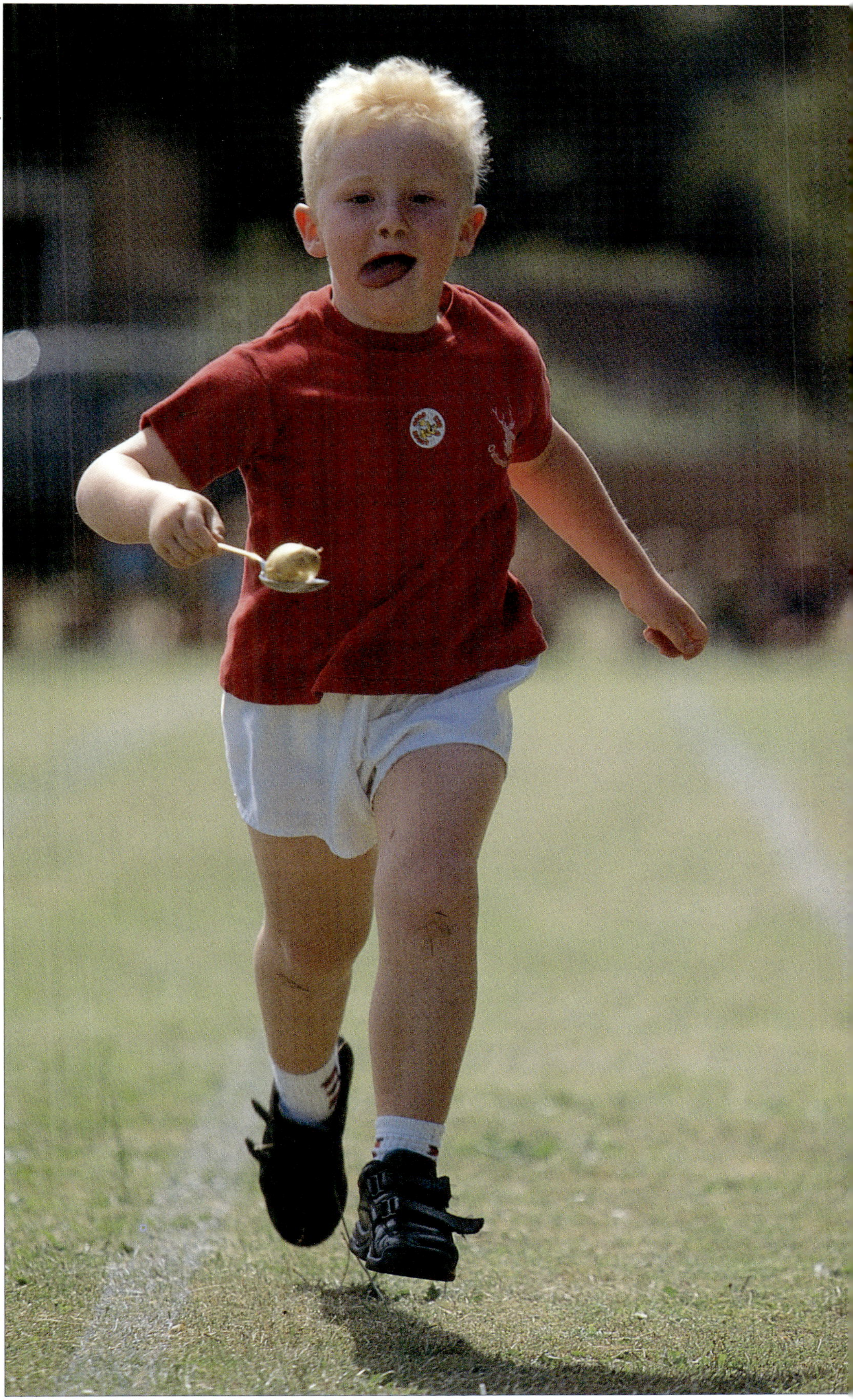

FOTOGRAF:
Bob Martin

KAMERA:
Kleinbildkamera

OBJEKTIV:
28–70 mm Zoom (bei 65 mm)

FILMEMPFINDLICHKEIT:
ISO 100/21°

BELICHTUNG:
1/250 Sekunde bei Blende 4

BELEUCHTUNG:
Reines Tageslicht

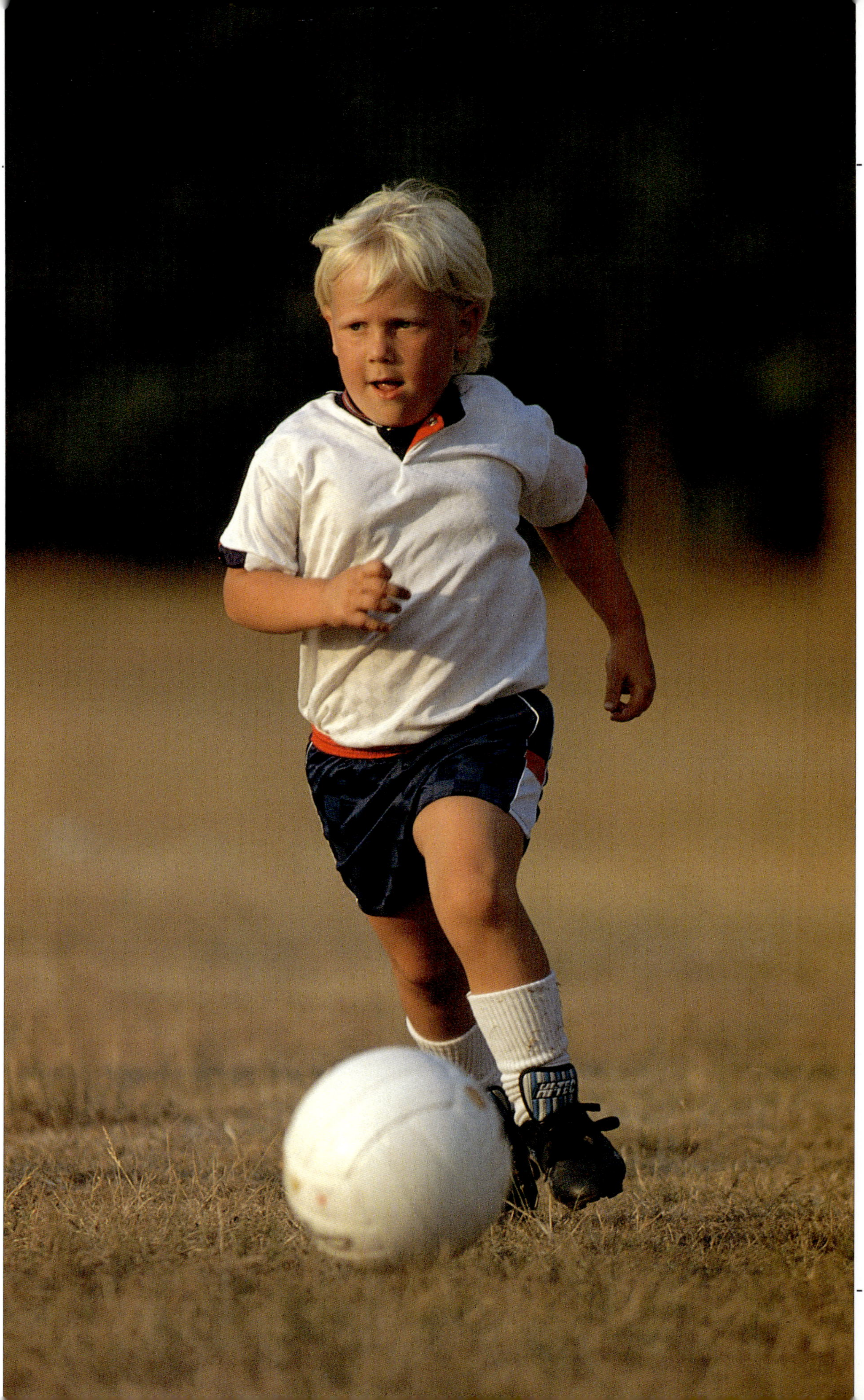

FOTOGRAFIE:
Bob Martin
KAMERA:
Kleinbildkamera
OBJEKTIV:
28–70 mm Zoom (bei 70 mm)
FILMEMPFINDLICHKEIT:
ISO 100/21°
BELICHTUNG:
1/500 Sekunde bei Blende 4
BELEUCHTUNG:
Reines Tageslicht

◀ *Dieser junge Stürmer ist fast formatfüllend abgebildet, wurde aber nur mit einem mittleren Teleobjektiv fotografiert. Die Aufnahme entstand während eines Fußballturniers der Schule, so daß der Fotograf am Spielfeldrand entlanggehen konnte. Dadurch war die Verwendung eines langbrennweitigeren Objektivs nicht erforderlich.*

Zoomobjektive

Viele Hersteller von vollautomatischen Kompaktkameras bieten auch Modelle mit Zoomobjektiven an, oftmals im Bereich von 35-70 mm. Teurere Kameratypen sind jedoch manchmal auch mit Zoomobjektiven mit bis zu 120 mm oder sogar 130 mm Brennweite ausgestattet. Selbst eine Kompaktkamera mit einem mittleren Zoomobjektiv verleiht Ihnen einen hohes Maß an Flexibilität bei der Wahl des Kamerastandorts und des Bildausschnitts. Den Besitzern einer Spiegelreflexkamera steht jedoch eine viel größere Palette von Zoomobjektiven zur Verfügung. Die beiden beliebtesten Brennweitenbereiche sind 28-70 mm und 70-210 mm. Die Weitwinkelposition von 28 mm ist für Nahaufnahmen ideal geeignet (obwohl bei preisgünstigeren Modellen Verzeichnungen an den Bildrändern auftreten können). Mit Hilfe der Teleeinstellung von 210 mm können Sie formatfüllende Aufnahmen von nur einem oder zwei der kleinen Sportler machen, wenn Sie sich nah genug am Geschehen befinden. Extremere Brennweiten stehen ebenfalls zur Verfügung, wie zum Beispiel 300-500 mm Zoomobjektive, obwohl diese manchmal schwer sind und Sie in Ihrer Bewegungsfreiheit einschränken, insbesondere wenn Sie schnell arbeiten müssen und jede sich bietende Gelegenheit für eine Actionaufnahme nutzen wollen.

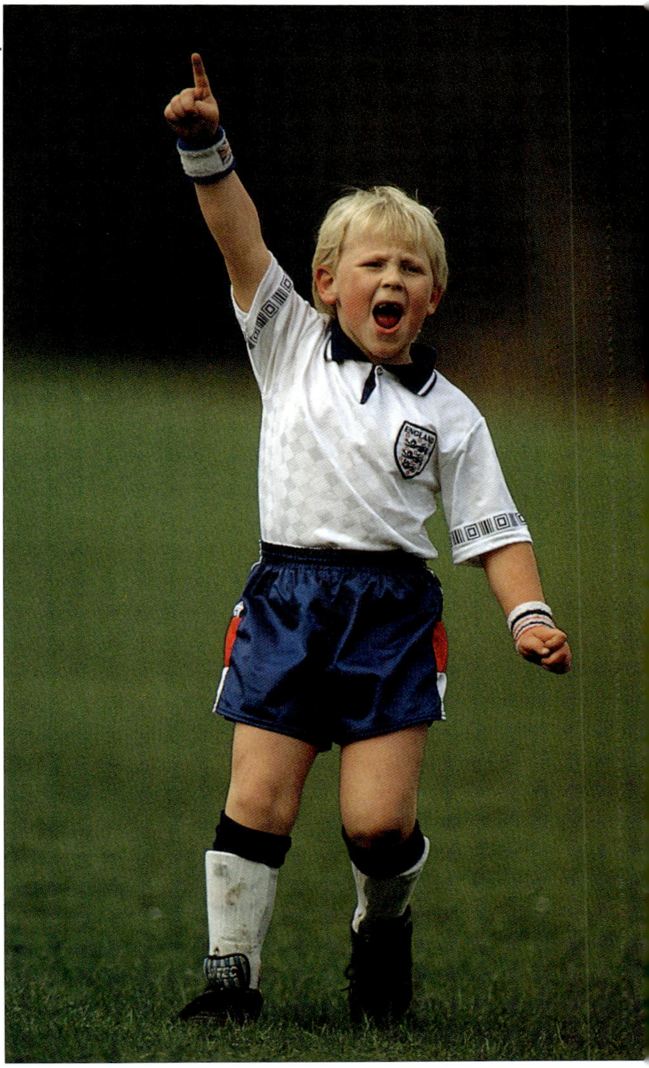

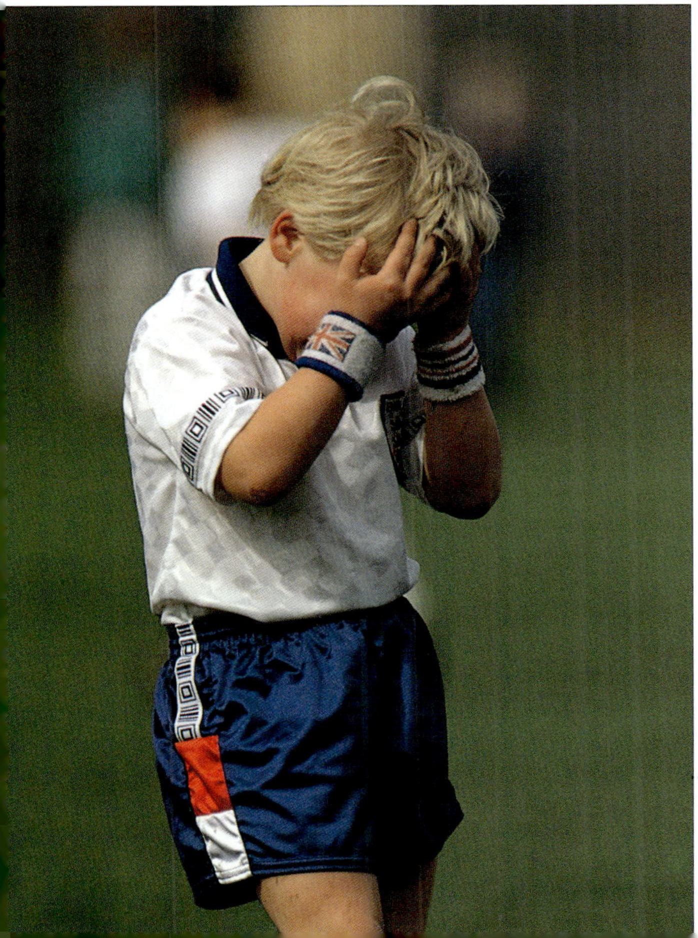

◀▲ *Enttäuschung und Freude eines anderen angehenden Fußballstars in diesem Fußballturnier der Schule kommen bei diesen Aufnahmen hervorragend zur Geltung. Auf dem einen Bild reckt er in Siegerpose seinen Arm in die Luft, weil einer seiner Teamkameraden seinen Paß verwandeln konnte. Auf der anderen Aufnahme spiegelt seine ganze Haltung die Enttäuschung über eine verpaßte Torchance wider.*

FOTOGRAF:
Bob Martin
KAMERA:
Kleinbildkamera
OBJEKTIV:
300 mm
FILMEMPFINDLICHKEIT:
ISO 100/21°
BELICHTUNG:
1/500 Sekunde bei Blende 5,6
BELEUCHTUNG:
Reines Tageslicht

IM ZIRKUS

Farben, Kostüme und Darbietungen wirken zusammen und machen einen Abend im Zirkus zu einem aufregenden fotografischen Erlebnis. Hier kann man nicht nur Bilder für das persönliche Fotoalbum schießen, sondern eventuell auch Geld verdienen – es gibt einen kleinen, aber stetigen Bedarf an guten Zirkusaufnahmen, und Bildagenturen sind eventuell daran interessiert, Ihre Arbeiten in ihren Bildbestand aufzunehmen. Ebenso ist möglicherweise der Zirkus selbst daran interessiert, einige Ihrer Fotos zu Werbezwecken zu verwenden.

Vergewissern Sie sich im Vorfeld, daß das Fotografieren während der Darbietungen erlaubt ist. Die meisten Zirkusbesitzer haben keine Einwände. Die Verwendung von Blitzlicht ist jedoch manchmal verboten, insbesondere während der gefährlichen Zirkusnummern, wie zum Beispiel den Darbietungen der Trapez- oder Drahtseilkünstler, bei denen die Akrobaten nicht vom Blitzlicht abgelenkt werden dürfen.

Selbst wenn Sie tagsüber in den Zirkus gehen, ist das natürliche Licht im Inneren des Zelts sehr schwach. Wenn der Gebrauch von Blitzgeräten erlaubt ist, stellt das schwache Licht bei Actionaufnahmen von Motiven in der Nähe der Zuschauerränge kein Problem dar. Ein durchschnittlicher Aufsteckblitz oder ein eingebautes Blitzgerät reicht aber nicht für Szenen aus, die sich in größerer Entfernung von der Kamera abspielen. Dann bleibt Ihnen nur die Theater- bzw. Bühnenbeleuchtung des Zirkus. In vielen Fällen wird farbiges Licht eingesetzt, dessen Farbzusammensetzung keinesfalls dem Tageslicht entspricht. Versuchen Sie nicht, die Farben mit Kunstlichtfilmen oder Farbkorrekturfiltern und Tageslichtfilm zu korrigieren, sondern lassen Sie die Farbabweichungen zu, da sie sehr häufig den Eindruck von Spannung und Action verstärken.

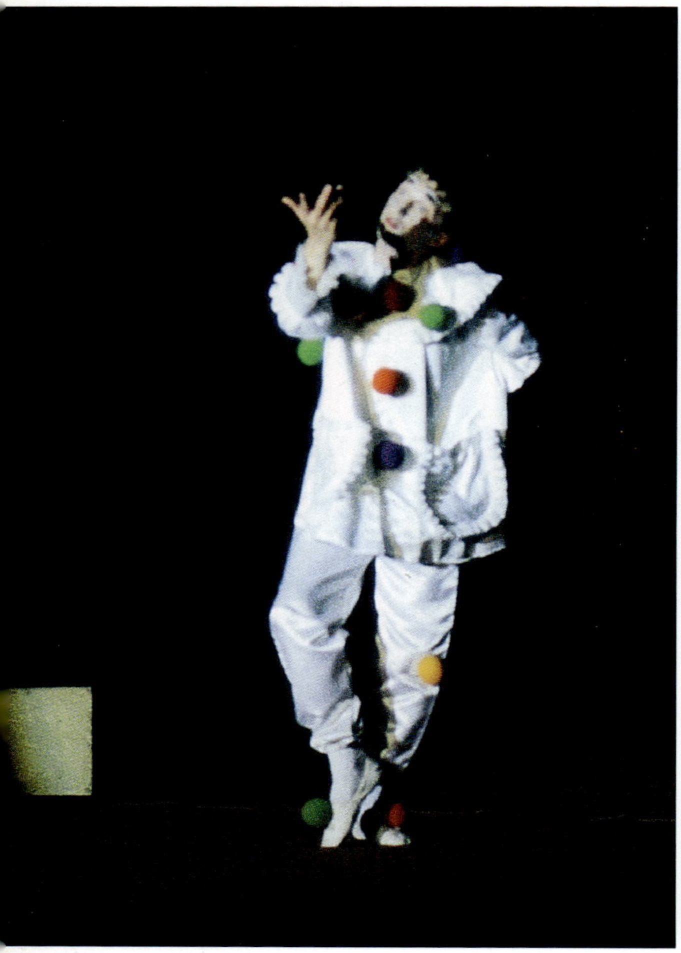

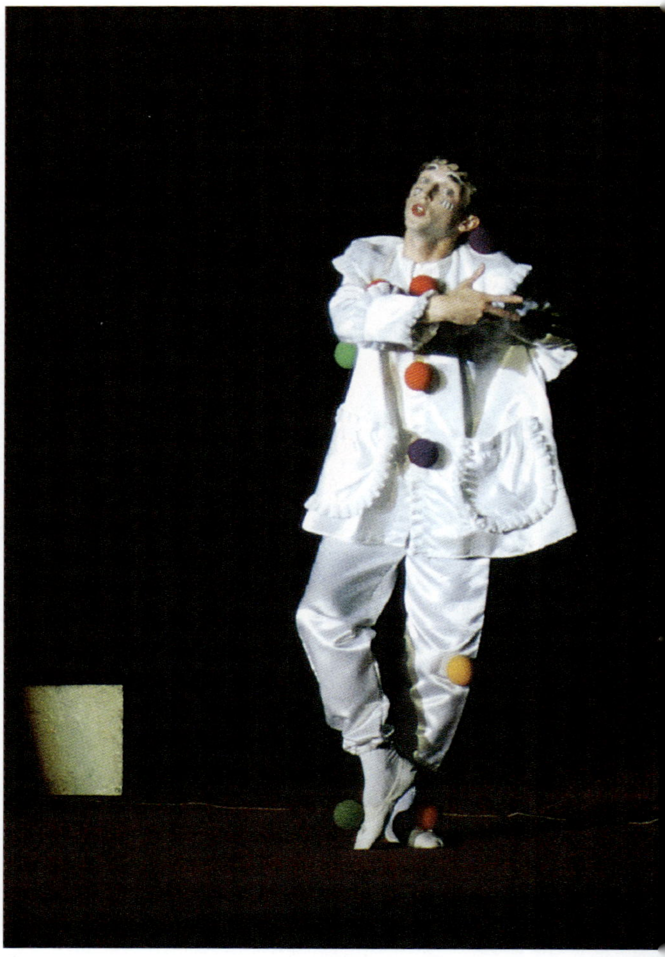

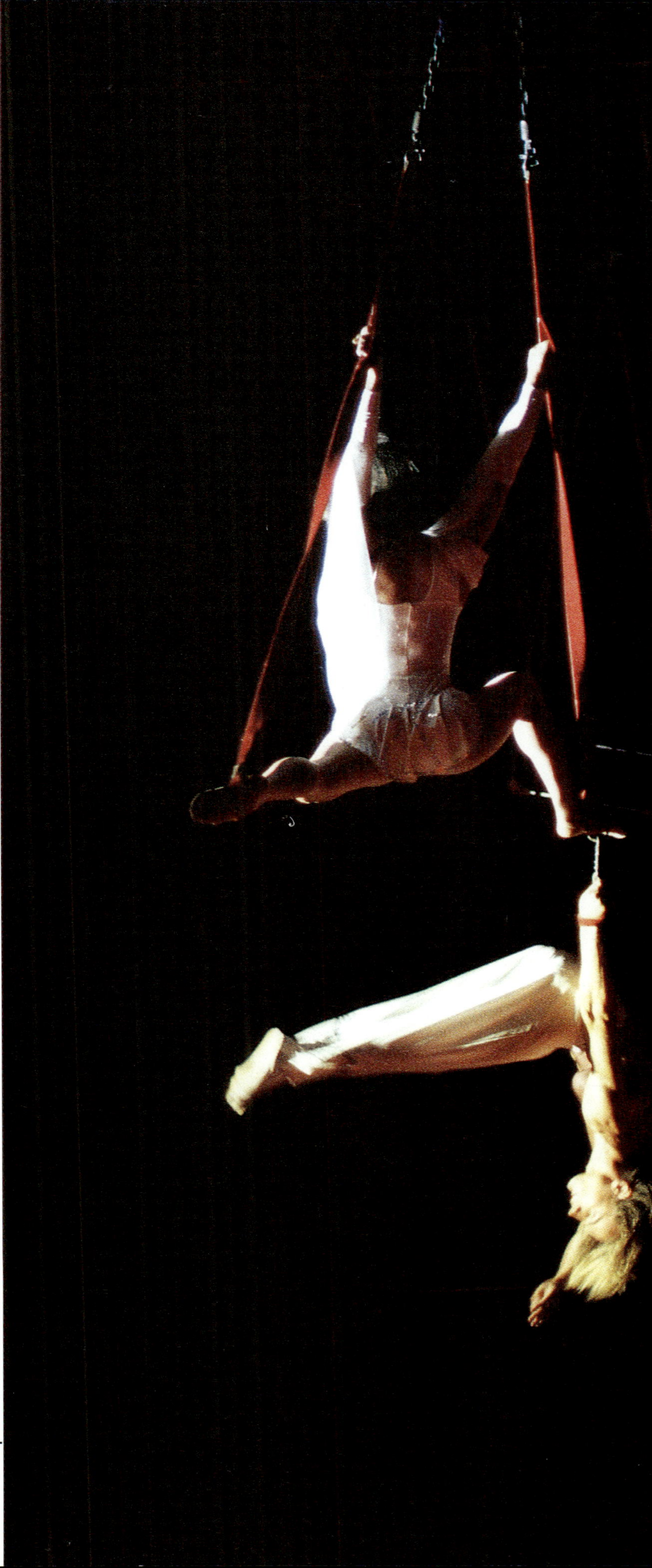

◀▶ *Die Zirkusbeleuchtung kann zu höchst dramatischen Effekten führen – beispielsweise können Scheinwerfer strahlend helle Glanzlichter setzen, die die Akrobaten isoliert in einem ansonsten völlig schwarzen Umfeld zeigen. Die Dunkelheit dient oft dazu, daß die Zirkusmitarbeiter die Arena für die nächste Darbietung vorbereiten können, ohne das Publikum abzulenken. Die Aufnahmen stammen von Simon Hennessey. Er verwendete eine Kleinbildkamera, ein 90 mm-Objektiv und einen Film mit ISO 1600/33°. Die Belichtungszeiten schwankten zwischen 1/60 und 1/250 Sekunde, und die Blenden lagen zwischen 4 und 8.*

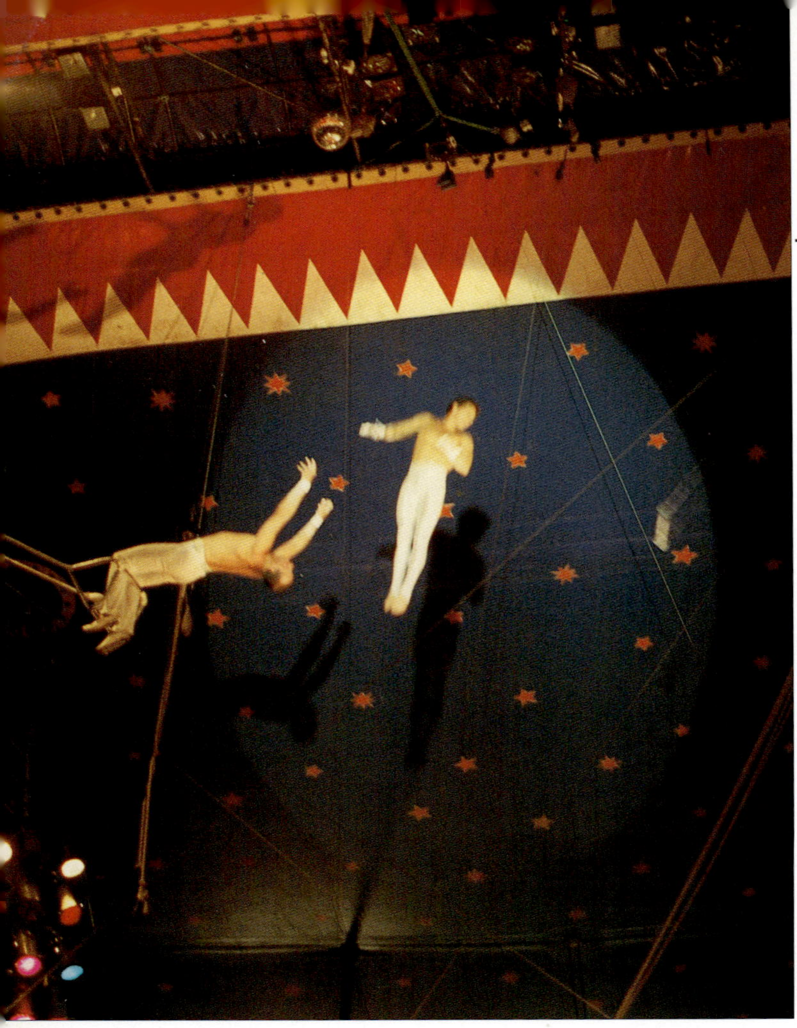

◀ ▼ ▶ Hoch oben unter dem Dach des Zirkuszelts ist die Darbietung der Trapezkünstler die wohl spannendste und gefährlichste Zirkusnummer. Um das Motiv in einer geeigneten Größe abzubilden, sollten Sie ein Objektiv mit einer Brennweite von mindestens 250 mm (an einer Kleinbildkamera) verwenden. Ein Objektiv mit einer solchen Brennweite ist jedoch schwer und sollte deshalb bei längeren Verschlußzeiten als 1/125 oder 1/250 Sekunde auf ein Stativ montiert werden, um Verwacklungen zu vermeiden. Der leistungsstarke Scheinwerfer, der die Akrobaten beleuchtete, warf nicht nur dramatische Schatten auf das Dach des Zirkuszelts, sondern ermöglichte auch recht kurze Verschlußzeiten. Alle Bilder stammen von Simon Hennessey, der eine Kleinbildkamera, ein 300 mm-Objektiv und einen Film mit ISO 1600/33° verwendete. Die Verschlußzeiten schwankten zwischen 1/60 und 1/125 Sekunde, wobei die Blende voll geöffnet war (Blende 5,6).

Hinweise und Tips

- Selbst mit einem lichtstarken Objektiv und einem hochempfindlichen Film müssen Sie eventuell so lange Verschlußzeiten verwenden, daß eine verwacklungsfreie Aufnahme aus der Hand unmöglich ist. In diesen Situationen können Sie ein Einbeinstativ verwenden. Es ist zwar nicht ganz so stabil wie ein dreibeiniges Stativ, wird Ihnen aber dabei helfen, die Kamera ruhig zu halten und die schlimmsten Verwacklungen auszuschließen.

- Nach Möglichkeit sollten Sie das Foto so gestalten, daß keine hellen Lichtquellen im Bild enthalten sind. Eine helle Lichtquelle lenkt oft die Aufmerksamkeit vom Hauptmotiv ab, verfälscht vielleicht auch das Ergebnis der Belichtungsmessung und führt zu Unterbelichtung. Manchmal muß man jedoch mit Lichtquellen im Bild leben, besonders dann, wenn man sich nicht frei bewegen kann und von einem einzigen Aufnahmestandort aus fotografieren muß.

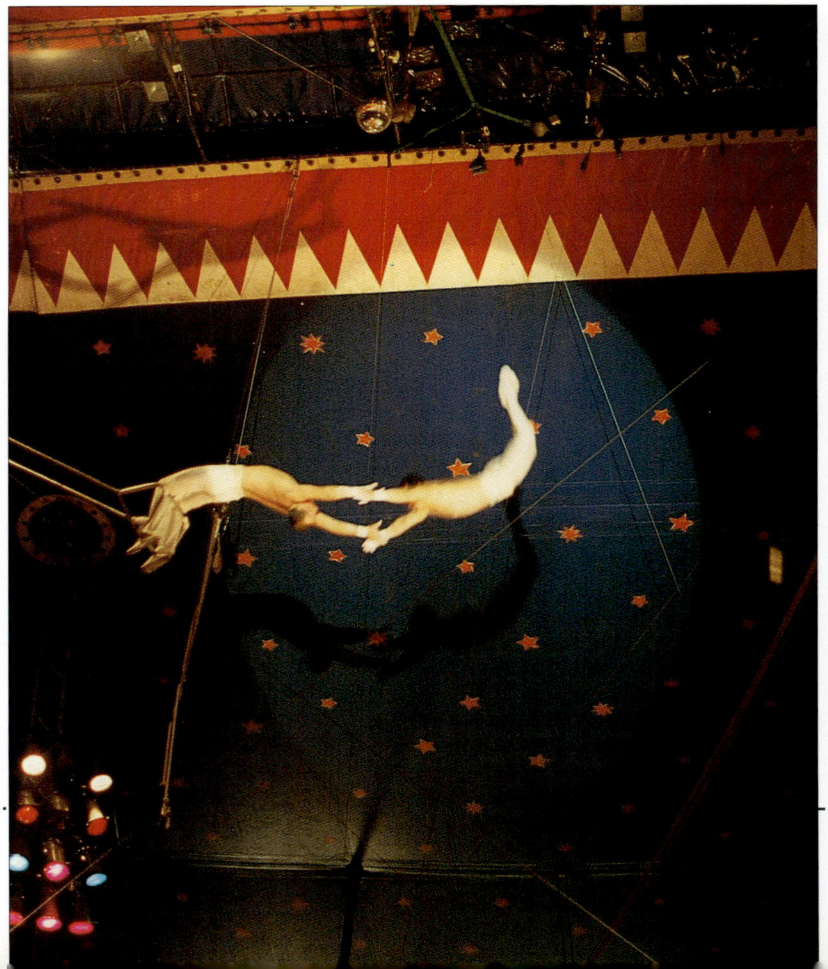

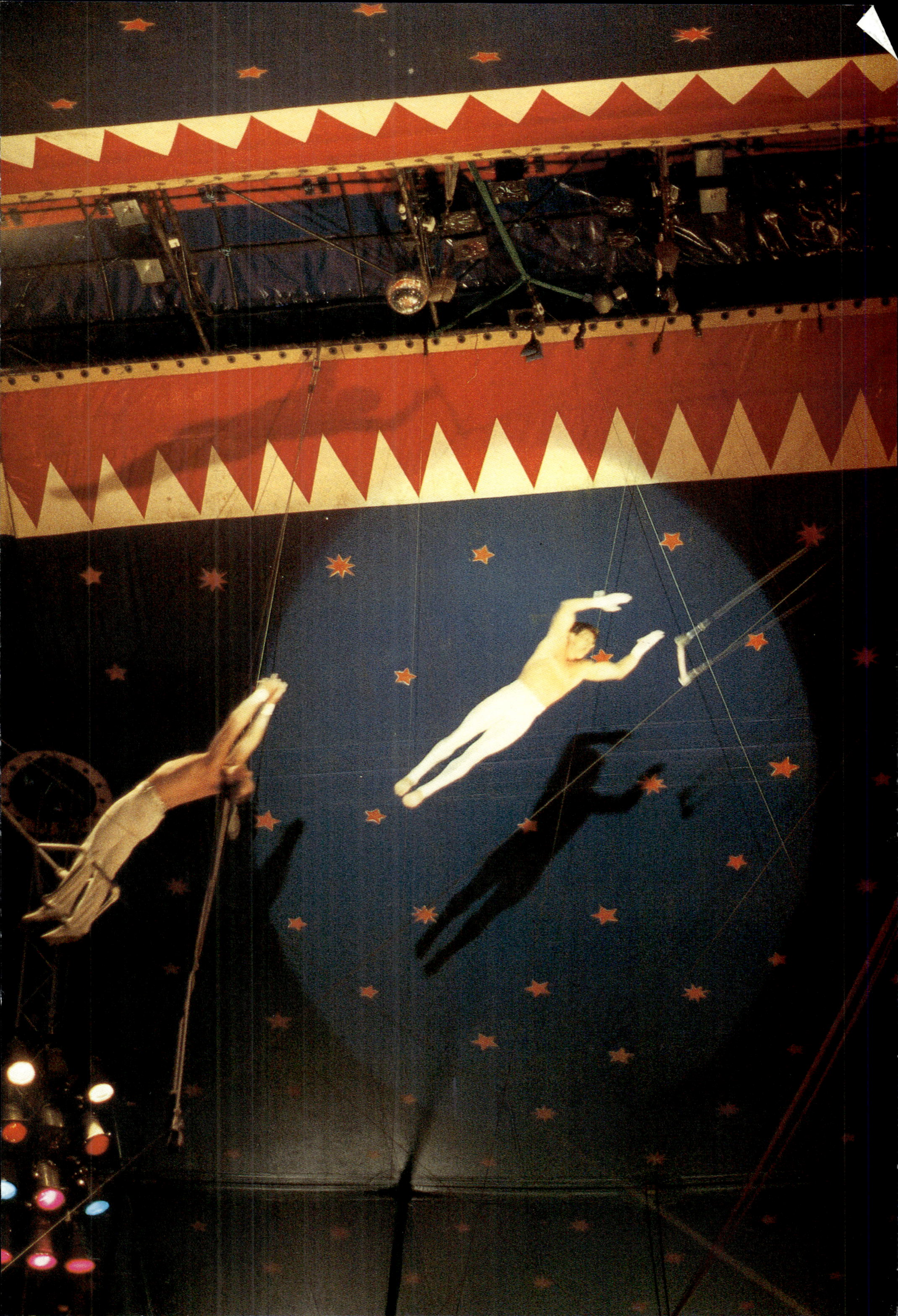

Objektive und Filme

Bei allen Aufnahmesituationen bei schwachem Licht ist die Wahl des Objektivs und des Films entscheidend. Objektive mit einer großen maximalen Blende – die sogenannten lichtstarken Objektive – führen nicht nur zu einem helleren Sucherbild (wenn Sie eine Spiegelreflexkamera verwenden) und erleichtern dadurch die präzise Scharfeinstellung, sondern ermöglichen im Vergleich zu weniger lichtstarken Objektiven auch eine korrekte Belichtung bei kürzeren Verschlußzeiten.

Bei Filmen steht Ihnen eine große Bandbreite an Typen und Empfindlichkeiten zur Verfügung. Wenn Sie es dem Labor rechtzeitig mitteilen, kann der Negativfilm forciert entwickelt werden, um eine Unterbelichtung von ein oder zwei Stufen auszugleichen, was beim Diapositivfilm nicht in diesem Maße möglich ist. Normalerweise ist es jedoch immer besser, einen empfindlicheren Film zu benutzen. Im Idealfall sollten Sie zwei Kameragehäuse bei sich haben. In eines legen Sie einen relativ geringempfindlichen Film ein, wie z. B. ISO 200/24°, den Sie bei Nahaufnahmen mit Blitz einsetzen. In das andere Gehäuse legen Sie einen Film mit ISO 1600/33° ein, den Sie verwenden, wenn Sie sich nur auf das vorhandene Bühnenlicht verlassen müssen.

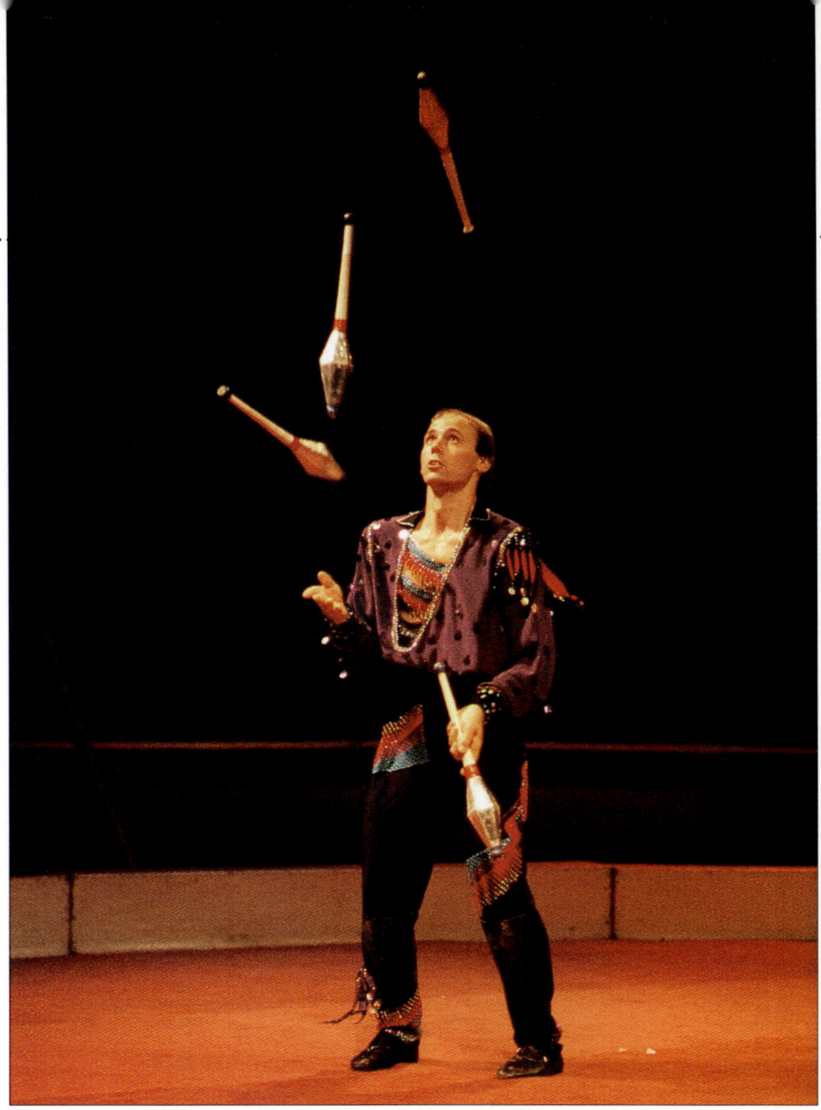

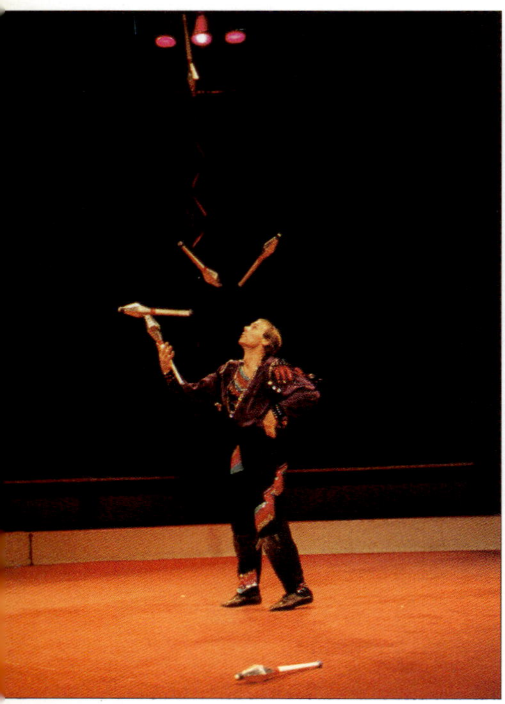

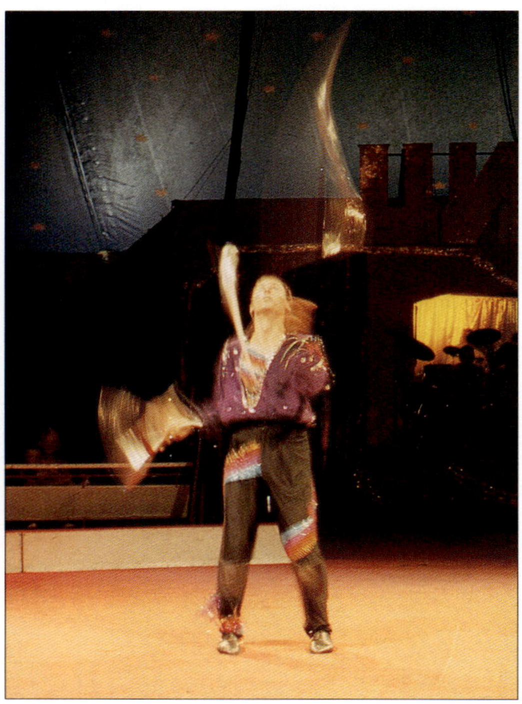

◀ ▲ ▶ *Es ist nicht immer notwendig, die Bewegungen mit Hilfe der Verschlußzeit einzufrieren. Manchmal trägt ein unscharfes Bild dazu bei, Stimmung und Atmosphäre wiederzugeben. Diese Aufnahmen eines Jongleurs im Zirkus machen dies deutlich. Obwohl die Geschicklichkeit des Akrobaten bei einer kurzen Verschlußzeit und gestochen scharfer Abbildung am besten zur Geltung kommt, haben die Aufnahmen bei längeren Verschlußzeiten eine größere ästhetische Wirkung. Alle Bilder wurden von Simon Hennessey aufgenommen. Er verwendete eine Kleinbildkamera, ein 50 mm-Objektiv und einen Film mit ISO 200/24°. Die Verschlußzeiten schwankten zwischen $1/15$ und $1/125$ Sekunden und die Blenden zwischen 1,4 und 4.*

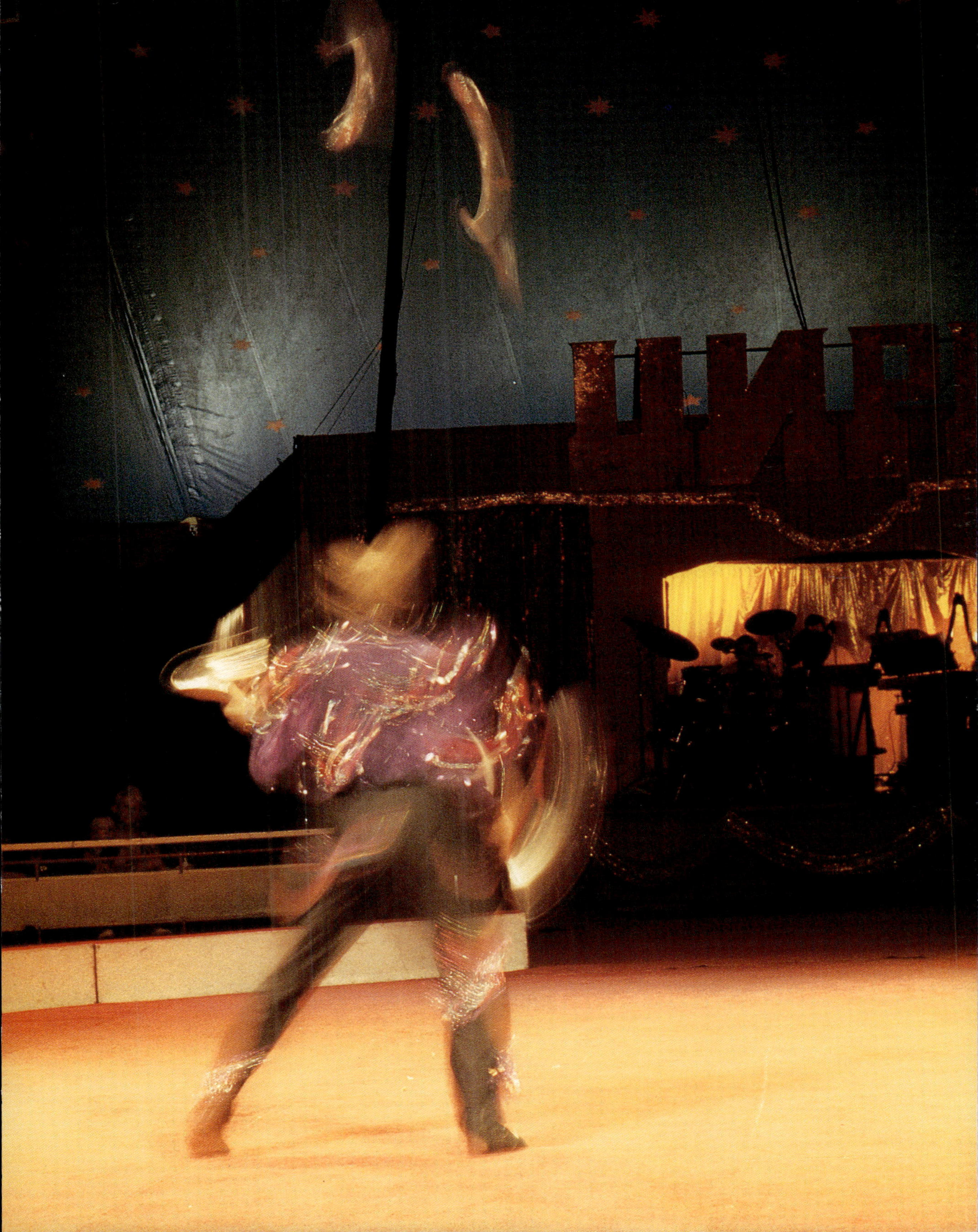

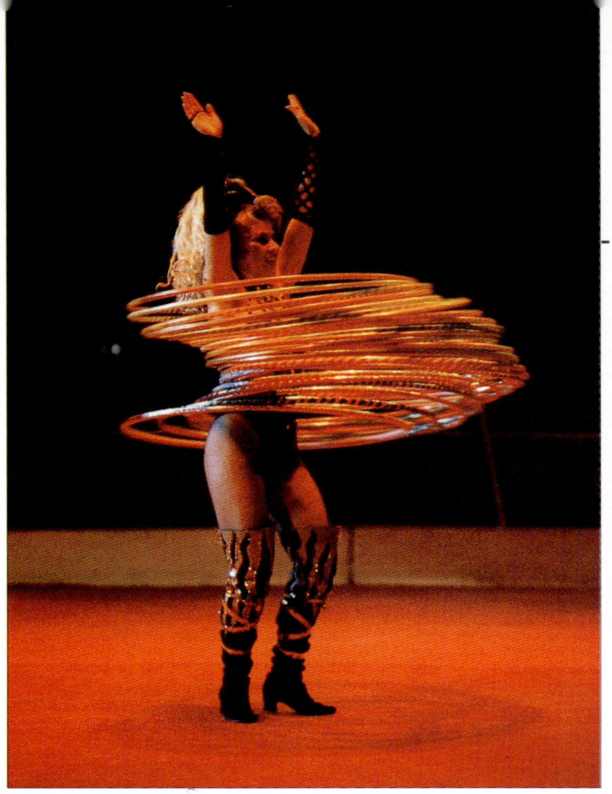

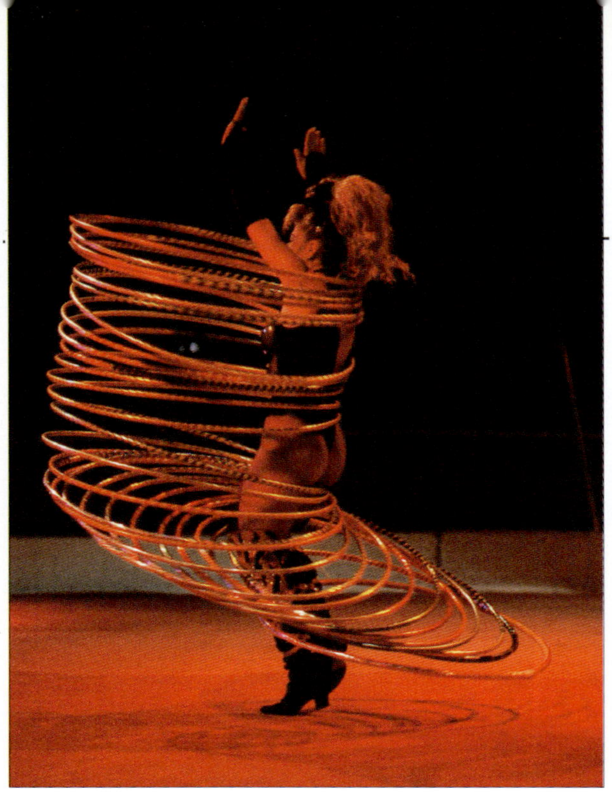

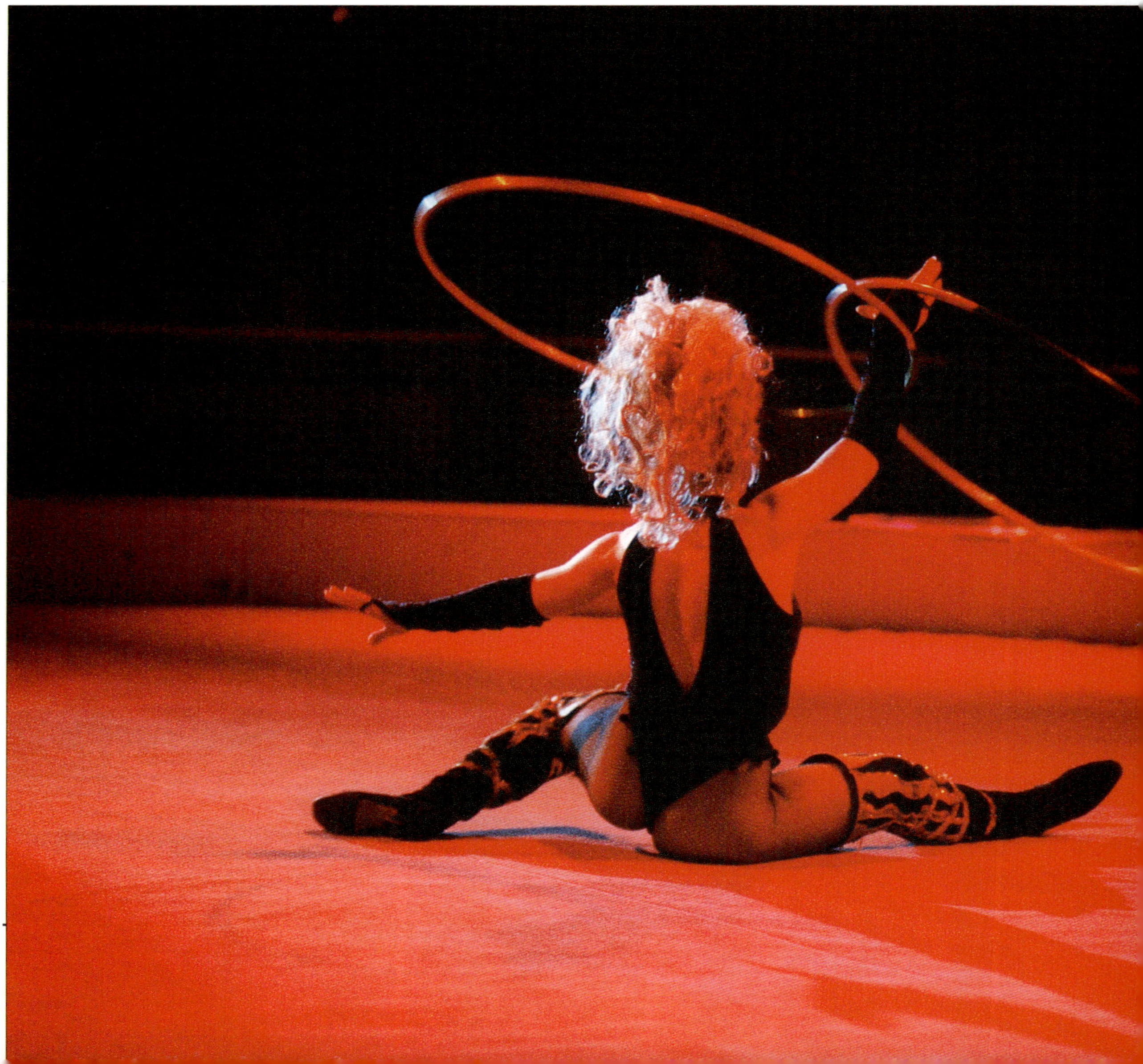

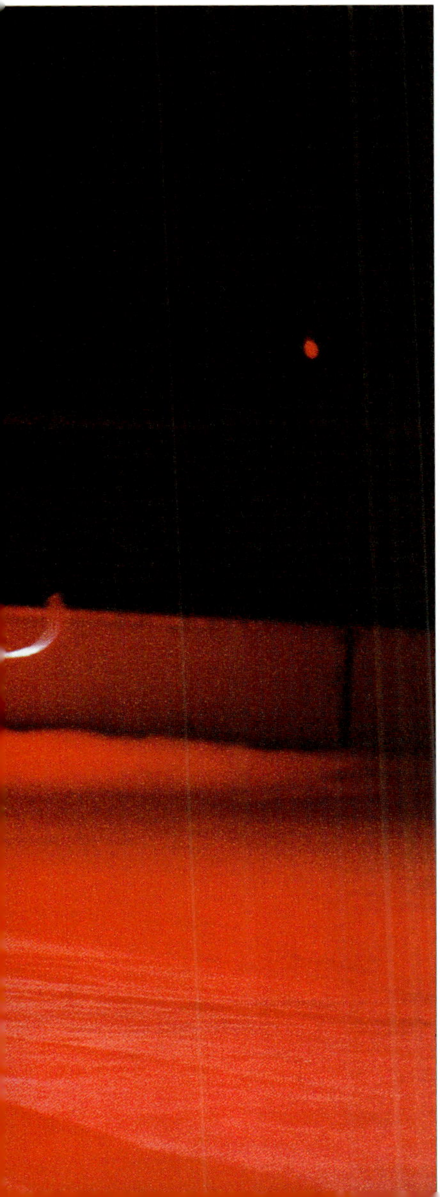

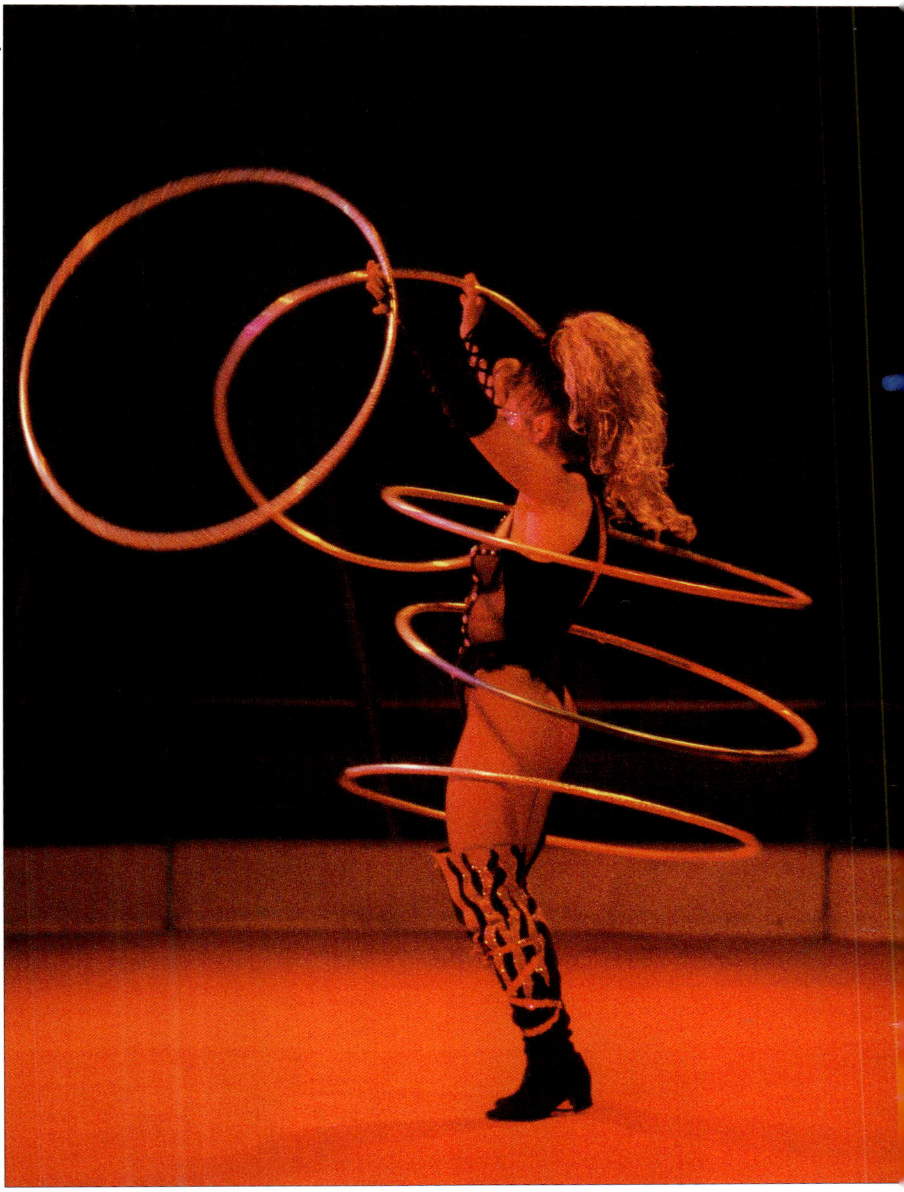

◀ ▲ *Wenn sich das Actionmotiv am Boden befindet, ist ein starkes Teleobjektiv eventuell nicht erforderlich. Trotzdem sollten Sie ein Objektiv mittlerer Brennweite verwenden (im Bereich zwischen 90 und 135 mm), da das Motiv ansonsten zu klein abgebildet wird. Das Motiv dieser Aufnahmen befand sich nah genug an der Kamera, um die Verwendung eines Blitzgeräts zu ermöglichen, aber der Fotograf verzichtete auf die zusätzliche Beleuchtung, um die vom farbigen Bühnenlicht hervorgerufene Stimmung aufrechtzuerhalten. Alle Bilder wurden von Simon Hennessey aufgenommen. Er verwendete eine Kleinbildkamera, ein 90 mm-Objektiv und einen Film mit ISO 200/24°. Die Verschlußzeit lag bei 1/125 Sekunde, die Blende bei 2,8.*

WILDWEST-ROMANTIK

Landschaften, soweit das Auge reicht, die romantische Vorstellung von den Pionieren des Wilden Westens, die Rolle des Pferds bei der Erschließung der weiten amerikanischen Prärielandschaften – all dies hat zur Aufrechterhaltung alter Cowboy-Tradionen in unserer Gesellschaft geführt. Diese Tradition beschränkt sich nicht nur auf die USA – auch in Deutschland, Großbritannien, Skandinavien, Australien und vielen anderen Ländern gibt es Menschen, die am Wochenende zu »Ranchern« und Cowboys werden, selbst wenn alles, was sie über den »wirklichen« Wilden Westen wissen, aus der Traumfabrik Hollywood stammt.

Kostüme, Charaktere, das Landleben und alle anderen Dinge, die zur Arbeit mit Pferden gehören, sind dankbare Fotomotive. Und die Sitten und Gebräuche des Wilden Westens haben sich in so vielen Aspekten unseres täglichen Lebens verewigt – Freizeitaktivitäten, Jagd, Tourismus, Kleidung, Schuhe, Lebensmittel und Kosmetikartikel – daß es einen lebhaften Bedarf an Bildmaterial zu diesem Thema gibt.

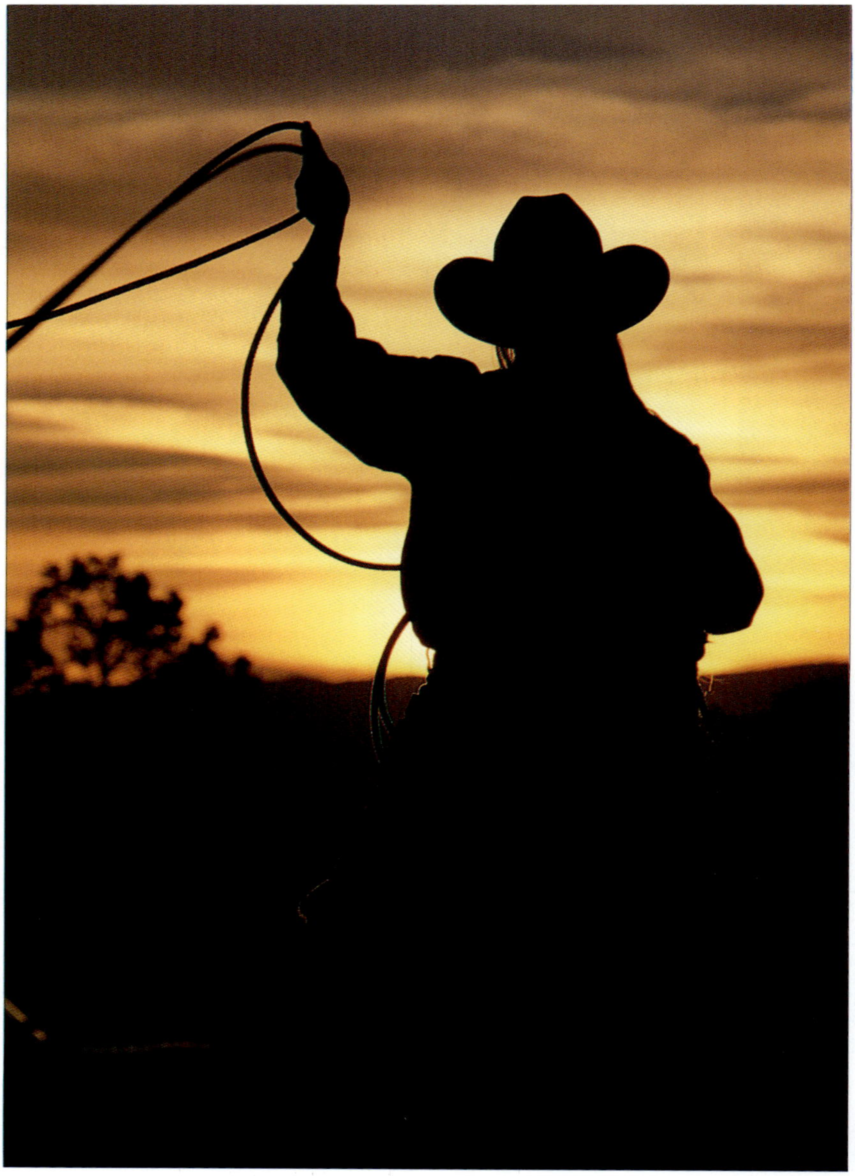

FOTOGRAF:
Chris Marona/Refocus

KAMERA:
Kleinbildkamera

OBJEKTIV:
135 mm

FILMEMPFINDLICHKEIT:
ISO 200/24°

BELICHTUNG:
$\frac{1}{125}$ Sekunde bei Blende 11

BELEUCHTUNG:
Reines Tageslicht

◀ *Bei diesem Bild hat der Fotograf das alte Klischee über Cowboys und Sonnenuntergänge wirkungsvoll in Szene gesetzt, indem er eine klar umrissene Silhouette plastisch hervortreten ließ. Das Lasso wurde knapp über Kopfhöhe des Motivs eingefroren, und die Seilschlingen umranden die Gestalt. Diese Gestaltungsmittel sind für den Erfolg der Aufnahme von wesentlicher Bedeutung: Sie scheint aus der Buchseite herauszutreten.*

Aufnahmen von Silhouetten

Ein gelungenes Foto einer Silhouette hängt von der Position des Motivs zwischen Lichtquelle und Kamera ab, so daß das Licht direkt ins Objektiv einfällt. Dies bedeutet, daß die der Kamera zugewandte Seite des Motivs im Schatten liegt. Wenn Sie die Person völlig dunkel, d. h. ohne Details abbilden wollen, müssen Sie sich den Belichtungsunterschied zwischen Lichtquelle und Motiv zunutze machen. Dazu messen Sie die hellsten Partien des Himmels an. Wenn Sie eine automatische Kamera benutzen, müssen Sie diesen Meßwert speichern, bevor Sie den Bildaufbau neu gestalten und das Motiv in die Bildmitte rücken. Beim Foto der Silhouette links ergab die Belichtungsmessung auf die hellste Partie des Himmels ¹⁄₁₂₅ Sekunde bei Blende 11. Die Belichtungsmessung auf die im Schatten liegende Person ergab jedoch ¹⁄₃₀ Sekunde bei Blende 4, d. h. einen beträchtlichen Unterschied von insgesamt 5 Blendenstufen.

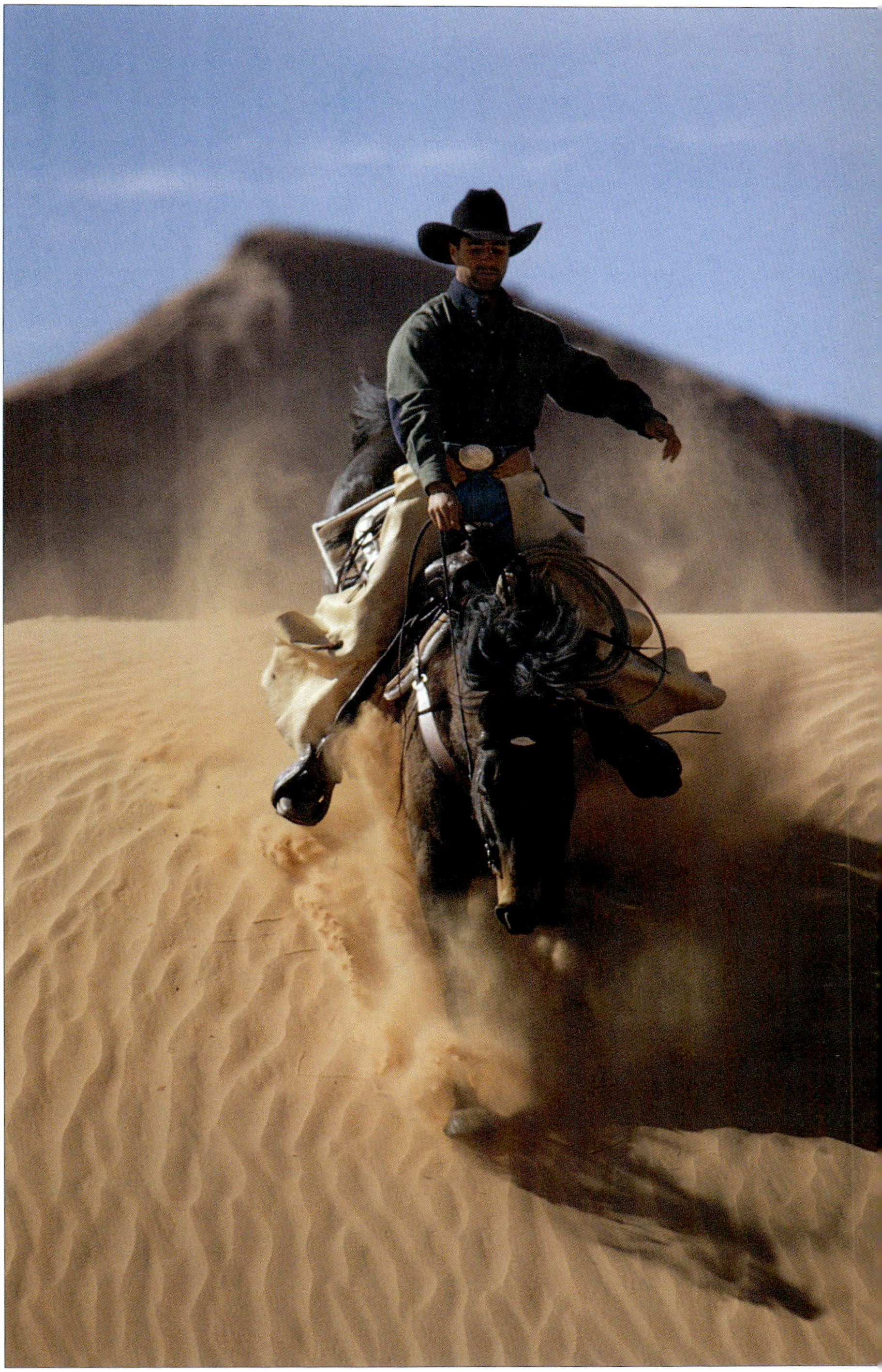

FOTOGRAF:
Chris Marona/Refocus

KAMERA:
Kleinbildkamera

OBJEKTIV:
70 mm

FILMEMPFINDLICHKEIT:
ISO 200/24°

BELICHTUNG:
¹⁄₅₀₀ Sekunde bei Blende 4

BELEUCHTUNG:
Reines Tageslicht

▲ *Diese Aufnahme macht die große Geschicklichkeit und Konzentration von Reiter und Pferd deutlich, die den rutschigen Abhang einer Sanddüne hinuntergleiten. Das weiche Gegenlicht schafft nicht nur interessante Licht- und Schattenwirkungen, sondern trägt auch dazu bei, die Windverwehungen im Sand hervorzuheben. Die sorgfältige Integrierung solcher Details bringt plastische Wirkung und Charakter in eine Aufnahme.*

Fotograf:
Chris Marona/Refocus
Kamera:
Kleinbildkamera
Objektiv:
180 mm
Filmempfindlichkeit:
ISO 200/24°
Belichtung:
1/125 Sekunde bei Blende 8
Beleuchtung:
Reines Tageslicht

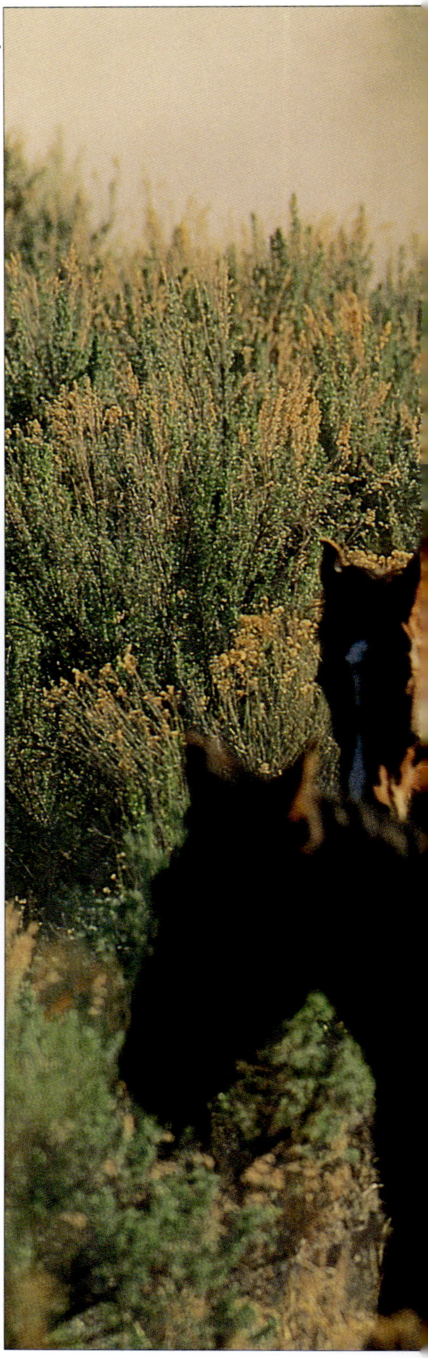

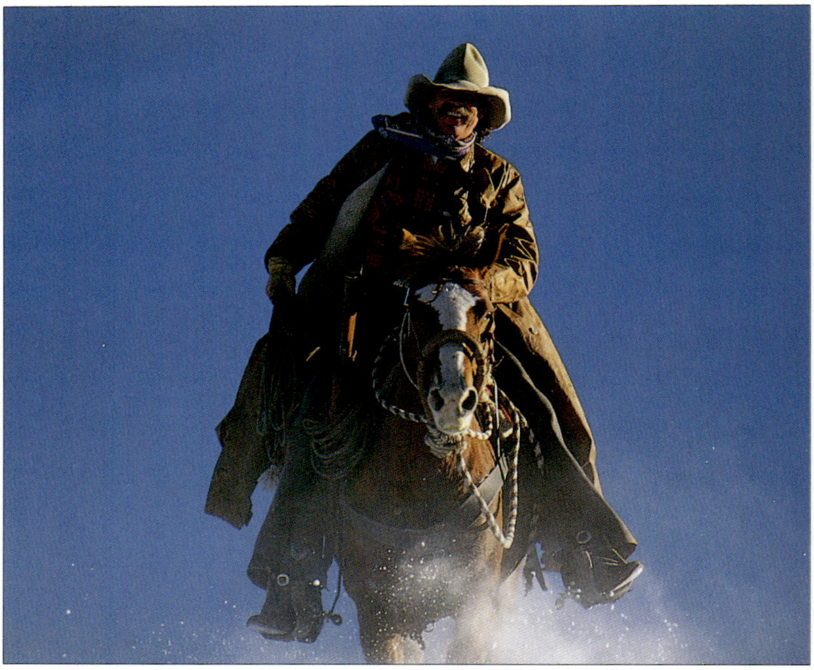

▲ Dieses Foto wurde mit einem langbrennweitigen Objektiv gemacht. Zur Actionaufnahme wird dieses Bild durch den Sand am unteren Bildrand, der bei vollem Galopp von den Pferdehufen aufgewirbelt wurde. Die freudige Anspannung des Reiters kommt in seinem Gesicht zum Ausdruck, das vom harten, intensiven Licht der Nachmittagssonne deutlich hervorgehoben wird, während der blaue, wolkenlose Himmel einen attraktiven Hintergrund bildet, der die Aufmerksamkeit nicht vom Motiv ablenkt.

Fotograf:
Chris Marona/Refocus
Kamera:
Kleinbildkamera
Objektiv:
250 mm
Filmempfindlichkeit:
ISO 200/24°
Belichtung:
1/250 Sekunde bei Blende 8
Beleuchtung:
Reines Tageslicht

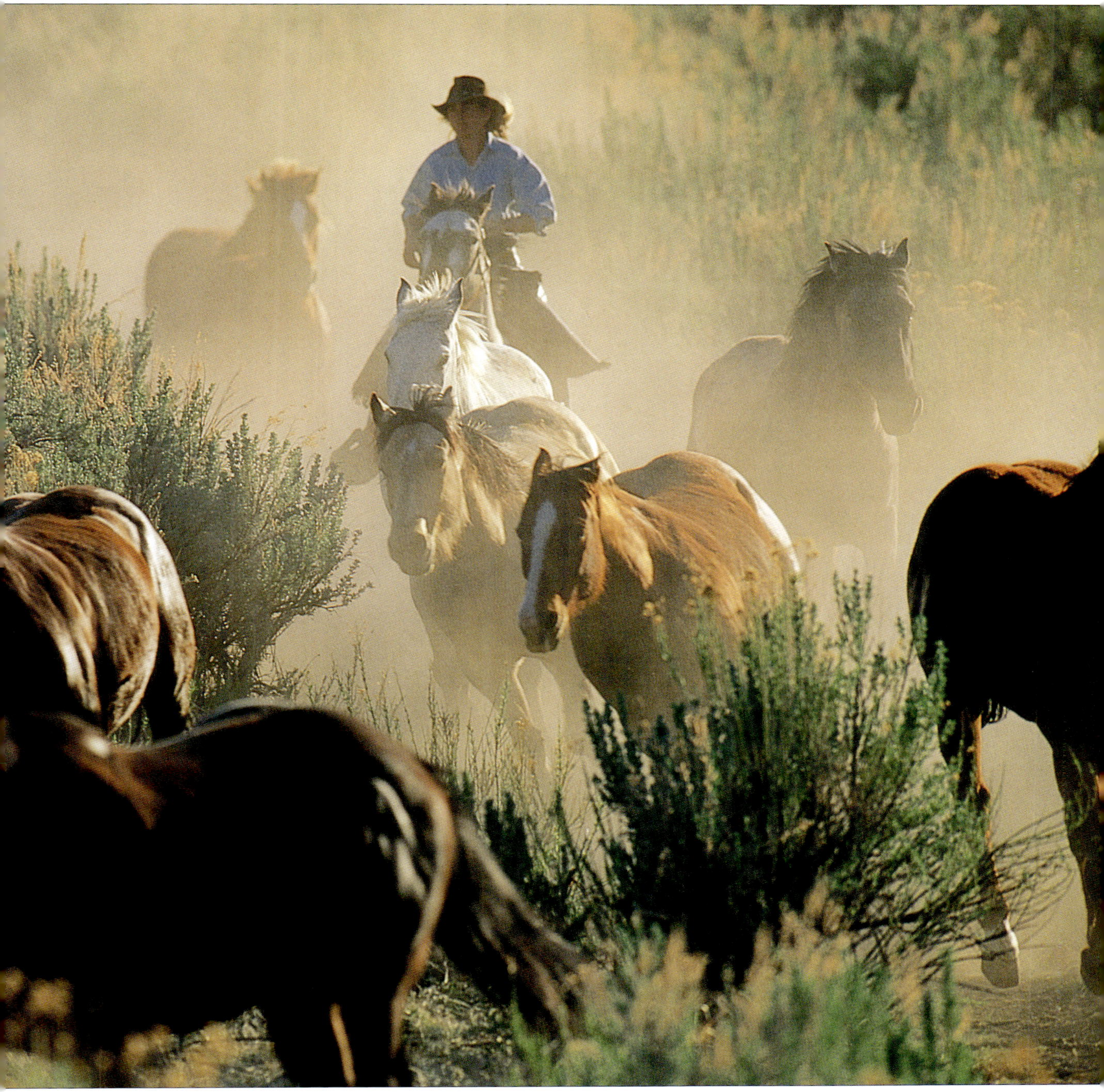

▲ *Der echte Wilde Westen ist lebendig und natürlich. In dieser Szene, die vor hundert oder mehr Jahren zum Alltag gehört hätte, werden Wildpferde in einen Pferch getrieben, damit sie später zugeritten werden können. Unter solchen Bedingungen kann Staub zu einem echten Problem werden. Ein langbrennweitiges Objektiv ermöglicht, die Szene aus ausreichender Entfernung aufzunehmen, ohne daß die Motive zu klein erscheinen. Trotzdem ist es keine schlechte Idee, Ihre Kamera in Ihrer Bereitschaftstasche zu verstauen, wenn Sie sie nicht benötigen.*

▼ *Dieses Bild drückt eine insgesamt weichere, romantischere Atmosphäre aus. Die Reiterin und das neue Bildelement – Wellen, die sanft im Sand ausrollen – stellen das Reiten als Freizeitsport dar, anstatt seine Bedeutung im Arbeitsalltag hervorzuheben.*

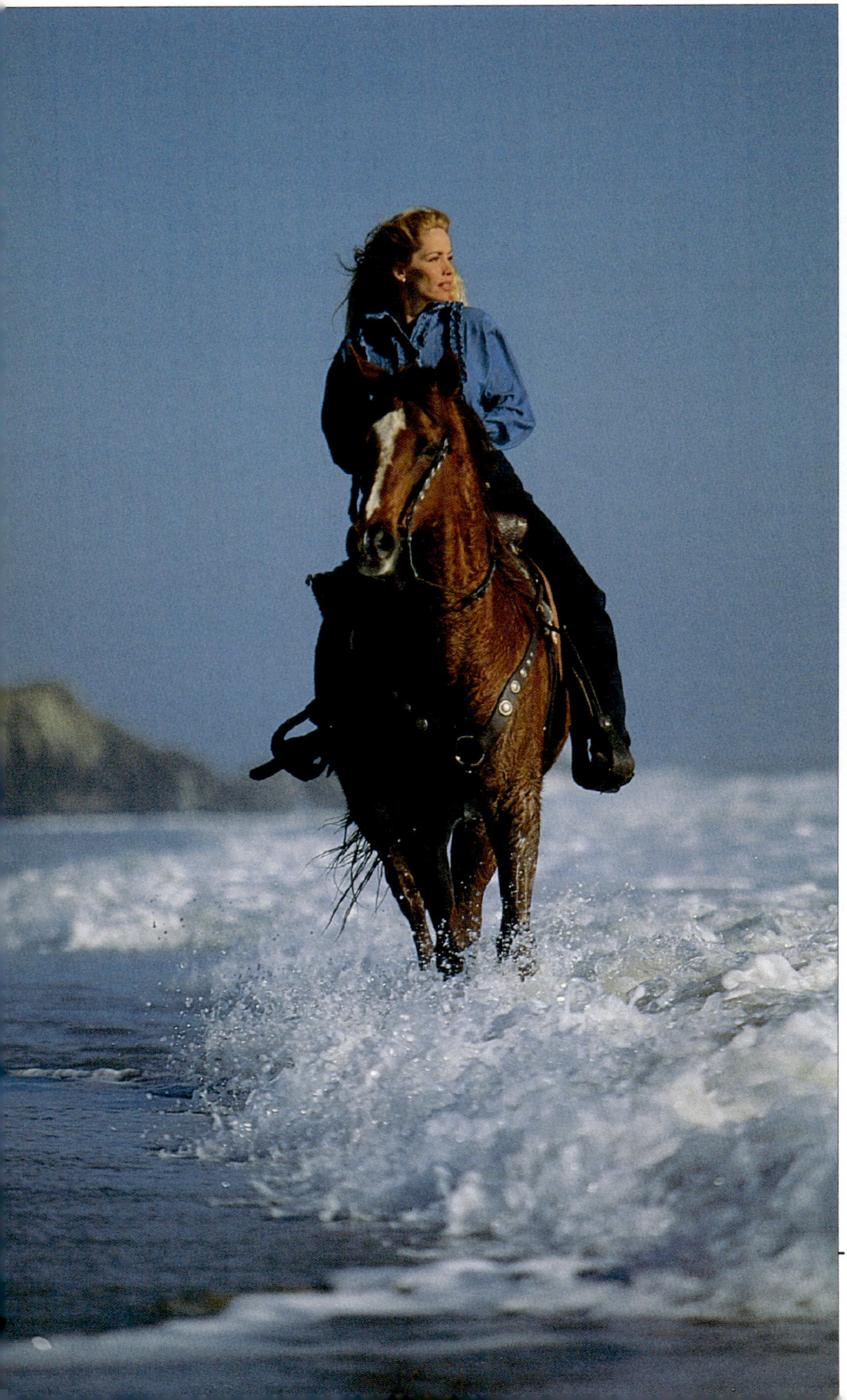

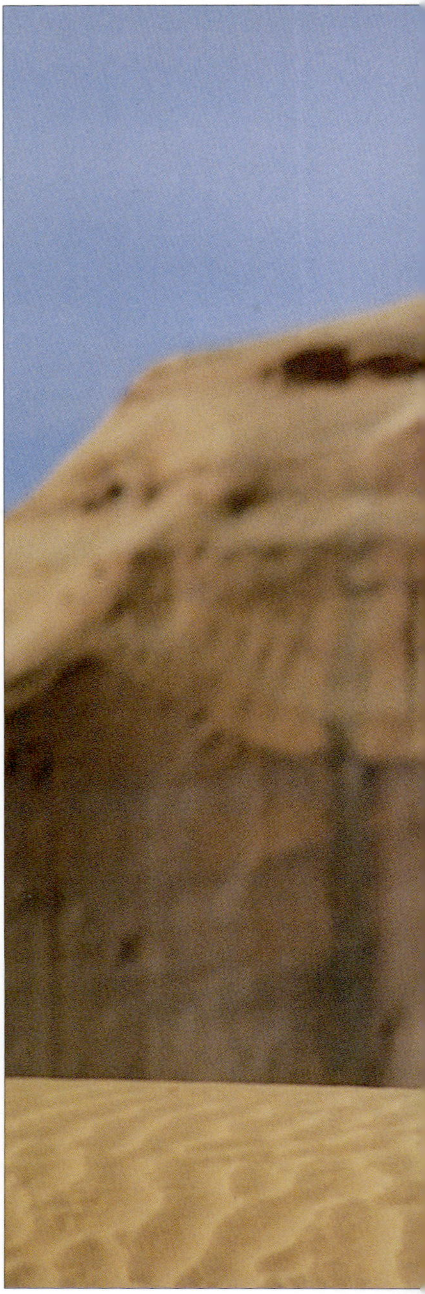

FOTOGRAF:
Chris Marona/Refocus

KAMERA:
Kleinbildkamera

OBJEKTIV:
135 mm

FILMEMPFINDLICHKEIT:
ISO 200/24°

BELICHTUNG:
1/125 Sekunde bei Blende 5,6

BELEUCHTUNG:
Reines Tageslicht

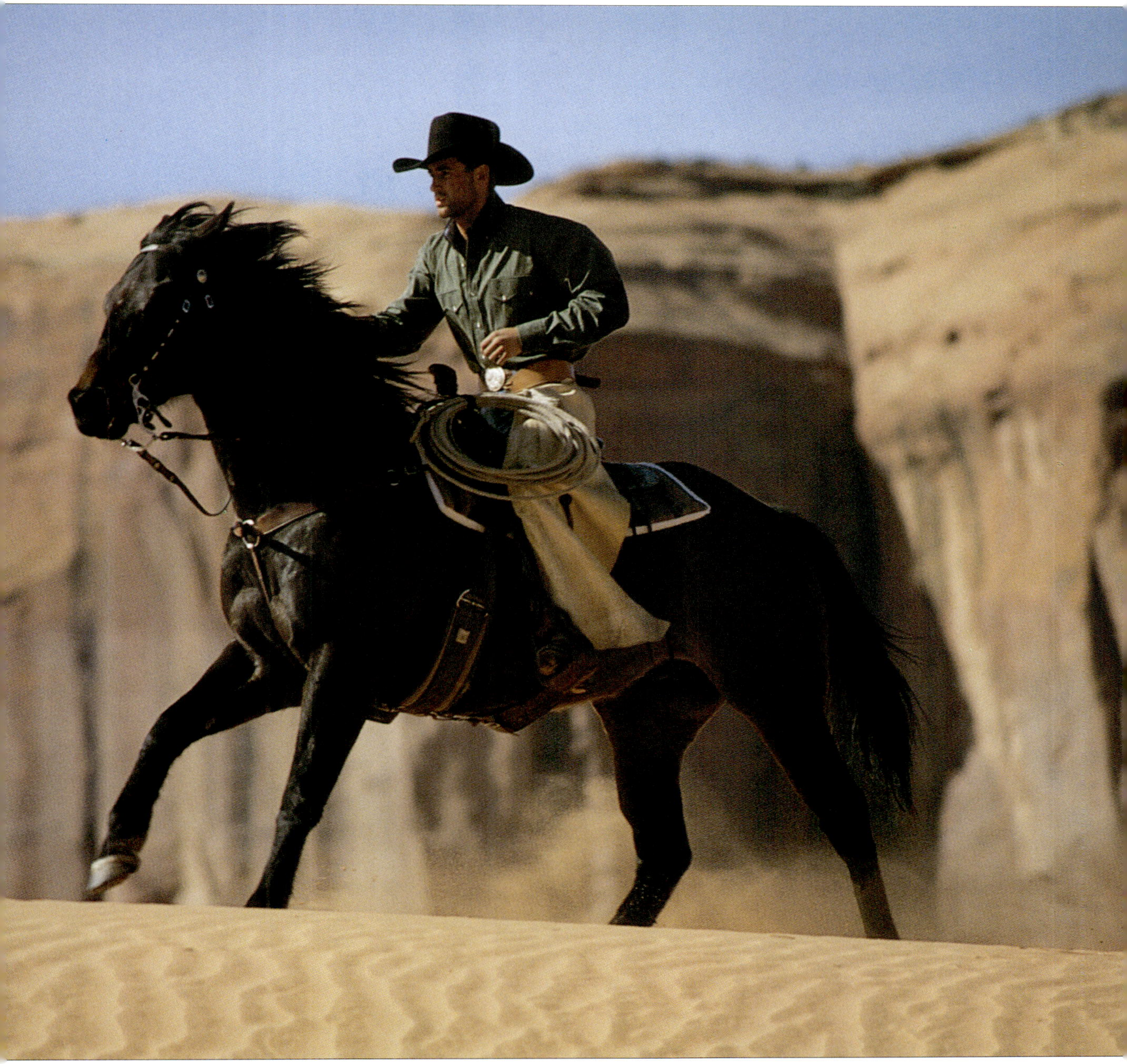

▲ *Dieses Bild wurde vom Fuße einer Sanddüne aus aufgenommen und zeigt Reiter und Pferd vor einem Hintergrund aus Felsen und Himmel. Die große Blende bei einem mittleren Teleobjektiv hat die Schärfentiefe soweit reduziert, daß nur das Hauptmotiv scharf abgebildet wurde.*

FOTOGRAF:
Chris Marona/Refocus

KAMERA:
Kleinbildkamera

OBJEKTIV:
105 mm

FILMEMPFINDLICHKEIT:
ISO 200/24°

BELICHTUNG:
1/500 Sekunde bei Blende 4

BELEUCHTUNG:
Reines Tageslicht

ACTIONAUFNAHMEN IM WILDWASSER

Es kann gar nicht oft genug betont werden, daß der Erfolg eines Actionfotos von folgenden Faktoren abhängt: Der Fotograf muß zumindest einige Kenntnisse der von ihm dokumentierten Veranstaltung besitzen, er muß den Verlauf der Situation voraussehen können, um so zur richtigen Zeit am richtigen Ort zu sein, und er muß sehr gut mit Kamera, Objektiven und Zubehör umgehen können, damit er keine Sekunde verliert.

Selbst Grundkenntnisse - wie zum Beispiel, ob man den Entfernungseinstellring des Objektivs im oder gegen den Uhrzeigersinn drehen soll, um ein sich ziellos bewegendes Motiv gleichmäßig scharf im Sucher zu haben, während man auf den richtigen Moment für die Auslösung wartet – können darüber entscheiden, ob Sie am Ende aus einer Reihe von guten Bildern oder nur aus einigen wenigen, gestochen scharfen Aufnahmen auswählen können.

Wenn Sie eine spannungsgeladene Veranstaltung wie das auf dieser und den folgenden Seiten gezeigte Wildwasser-Kajakrennen fotografieren, sind die Bewegungen der Motive so schnell und ihre Position im Sucher so veränderlich, daß Sie am besten auf einige Automatikfunktionen Ihrer Kamera zurückgreifen. Die TTL-Belichtungsmessung oder Innenmessung beispielsweise nimmt Ihnen (zumindest in einigen Fällen) die Sorge ab, ob die Belichtung stimmt. Winder (ein Ausstattungsmerkmal vieler Spiegelreflexkameras und auch Kompaktkameras) und Motorantriebe (für Spiegelreflexkameras und größere Formate nur als Zubehör erhältlich) gewährleisten, daß der Film immer zum nächsten Bild weitertransportiert wird und Sie nicht die Augen vom Sucherbild abwenden müssen, um den Schnellschalthebel manuell zu bedienen.

Bei einer Sportart wie Kajakfahren ist der Nutzen der Autofokusfunktion jedoch fraglicher. Autofokussysteme machen die Kamera zwar schneller und genauer, weisen im allgemeinen aber auch einige Nachteile auf, insbesondere wenn sich Ihr Fotomotiv nicht in der Bildmitte oder in einem anderen ausgewiesenen Sucherbereich befindet.

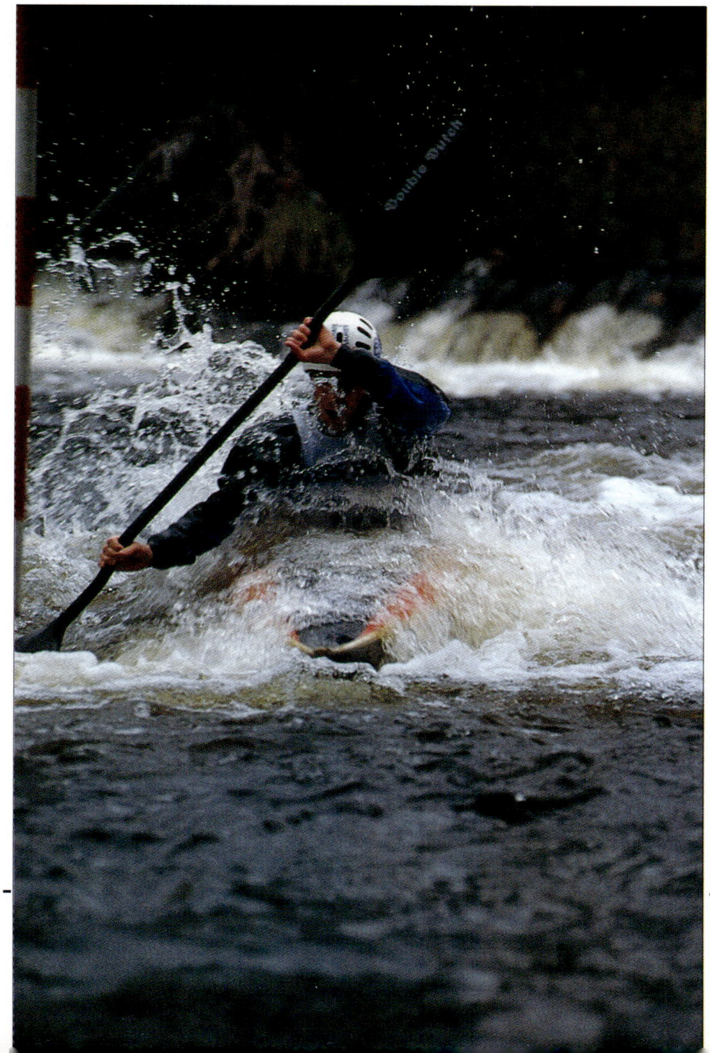

FOTOGRAF:
Gary Foxton/Refocus

KAMERA:
Kleinbildkamera

OBJEKTIV:
80–210 mm (bei 210 mm)

FILMEMPFINDLICHKEIT:
ISO 200/24°

BELICHTUNG:
1/1000 Sekunde bei Blende 8

BELEUCHTUNG:
Reines Tageslicht

◀ *Bewegungen in Richtung der Kamera sind leichter einzufrieren als Bewegungen, die schräg oder quer zur Kamera verlaufen. In diesem Fall wählte der Fotograf eine Verschlußzeit von 1/1000, um die meisten Bewegungen des Motivs scharf abzubilden. Die gleiche Verschlußzeit führt jedoch nicht immer automatisch zum gleichen Effekt, da noch viele andere Faktoren eine Rolle spielen.*

Fotograf:
Gary Foxton/Refocus
Kamera:
Kleinbildkamera
Objektiv:
85 mm
Filmempfindlichkeit:
ISO 200/24°
Belichtung:
1/60 Sekunde bei Blende 4
Beleuchtung:
Tageslicht und Blitz

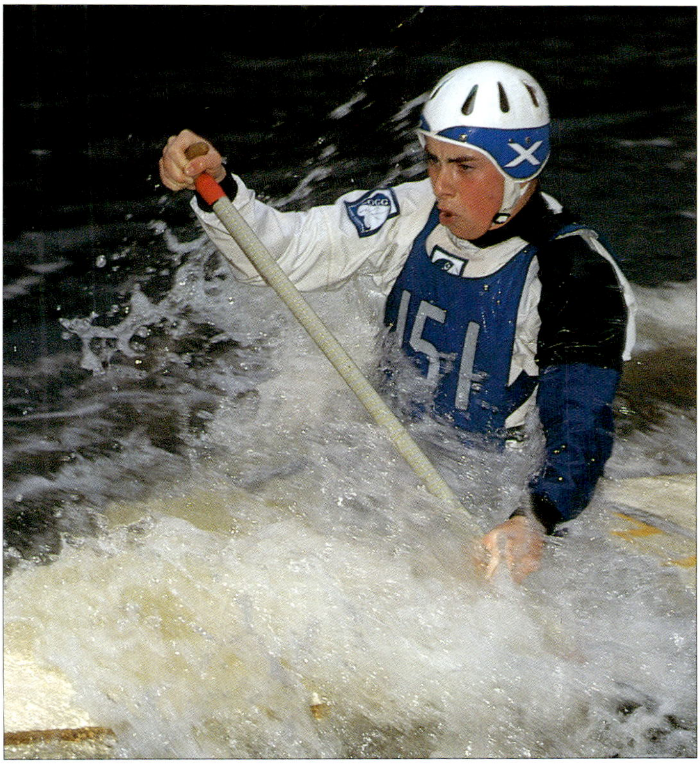

◄▼ Bei niedriger Lichtintensität oder geringem Beleuchtungskontrast und geringer Aufnahmedistanz besteht die Möglichkeit, das vorhandene Licht mit Blitzlicht zu verstärken. Aufsteckblitzgeräte sind hauptsächlich für die Verwendung innerhalb von Gebäuden ausgelegt, wo das Licht normalerweise von vielen Flächen reflektiert wird. Im Freien ist die Reichweite des Blitzgeräts jedoch sehr begrenzt. Darüber hinaus dauert die Blitzsynchronisation bei manchen Kameras sehr lange (1/60 oder 1/125 Sekunde) und vereitelt so den gewünschten Effekt. Bei jedem dieser beiden Bilder wartete der Fotograf so lange, bis sich die Kajaks relativ ruhig bewegten. Dadurch konnte er recht lange Synchronzeiten verwenden.

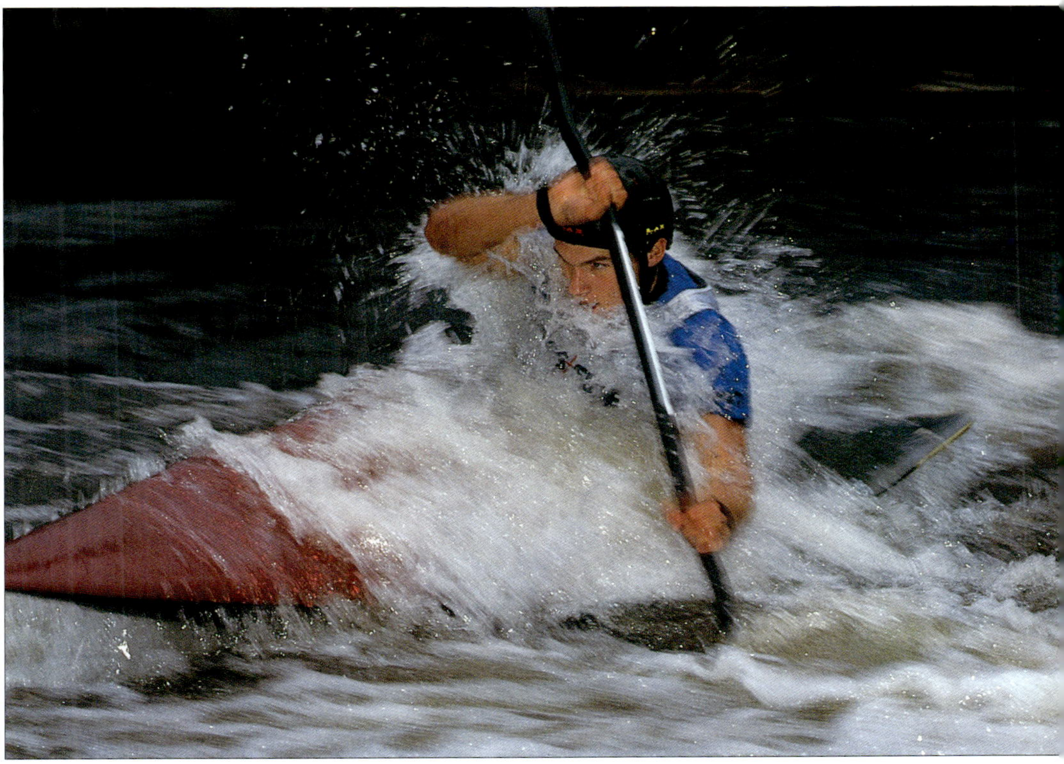

Fotograf:
Gary Foxton/Refocus
Kamera:
Kleinbildkamera
Objektiv:
200 mm
Filmempfindlichkeit:
ISO 200/24°
Belichtung:
1/30 Sekunde bei Blende 22
Beleuchtung:
Tageslicht und Blitz

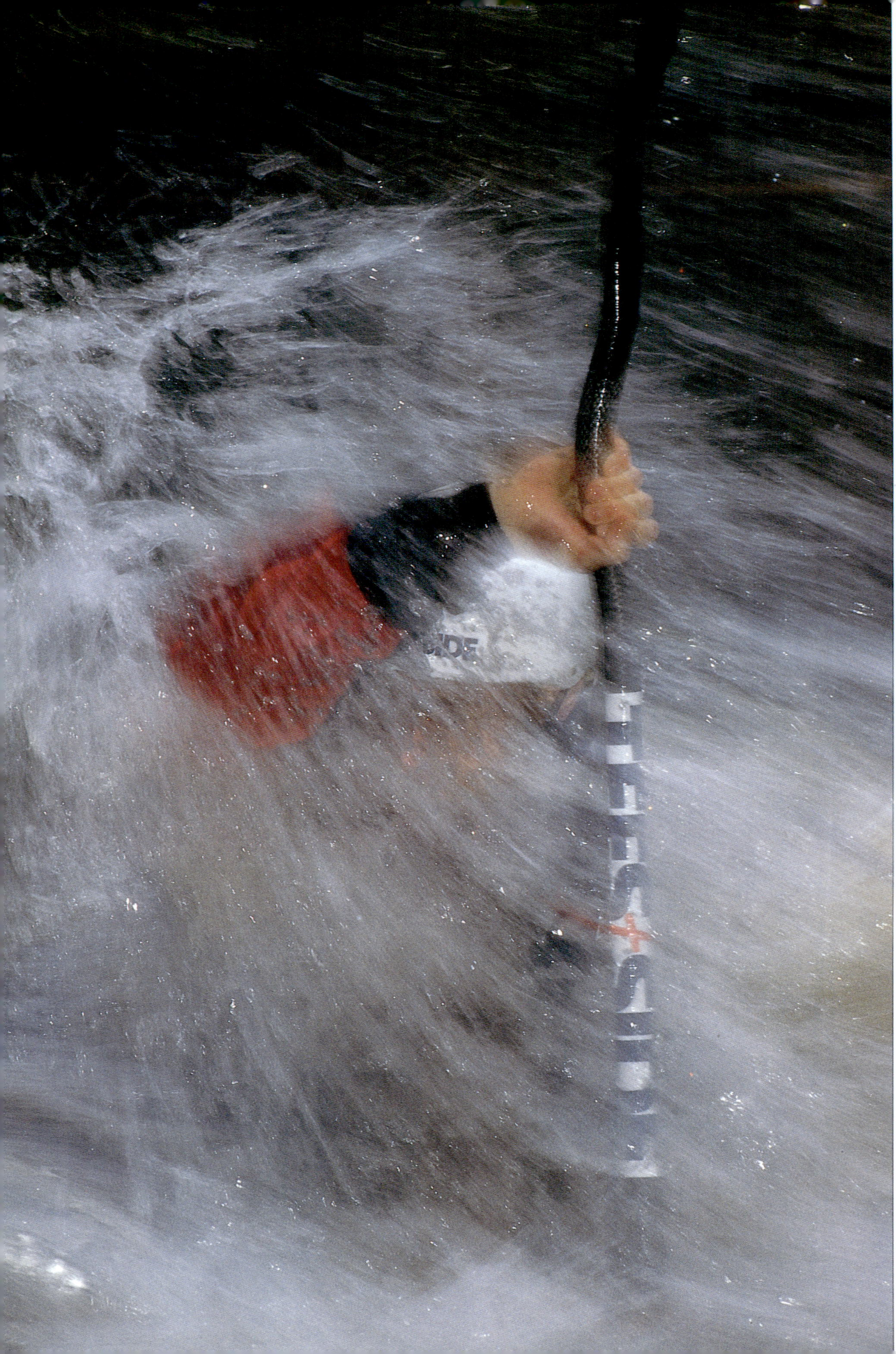

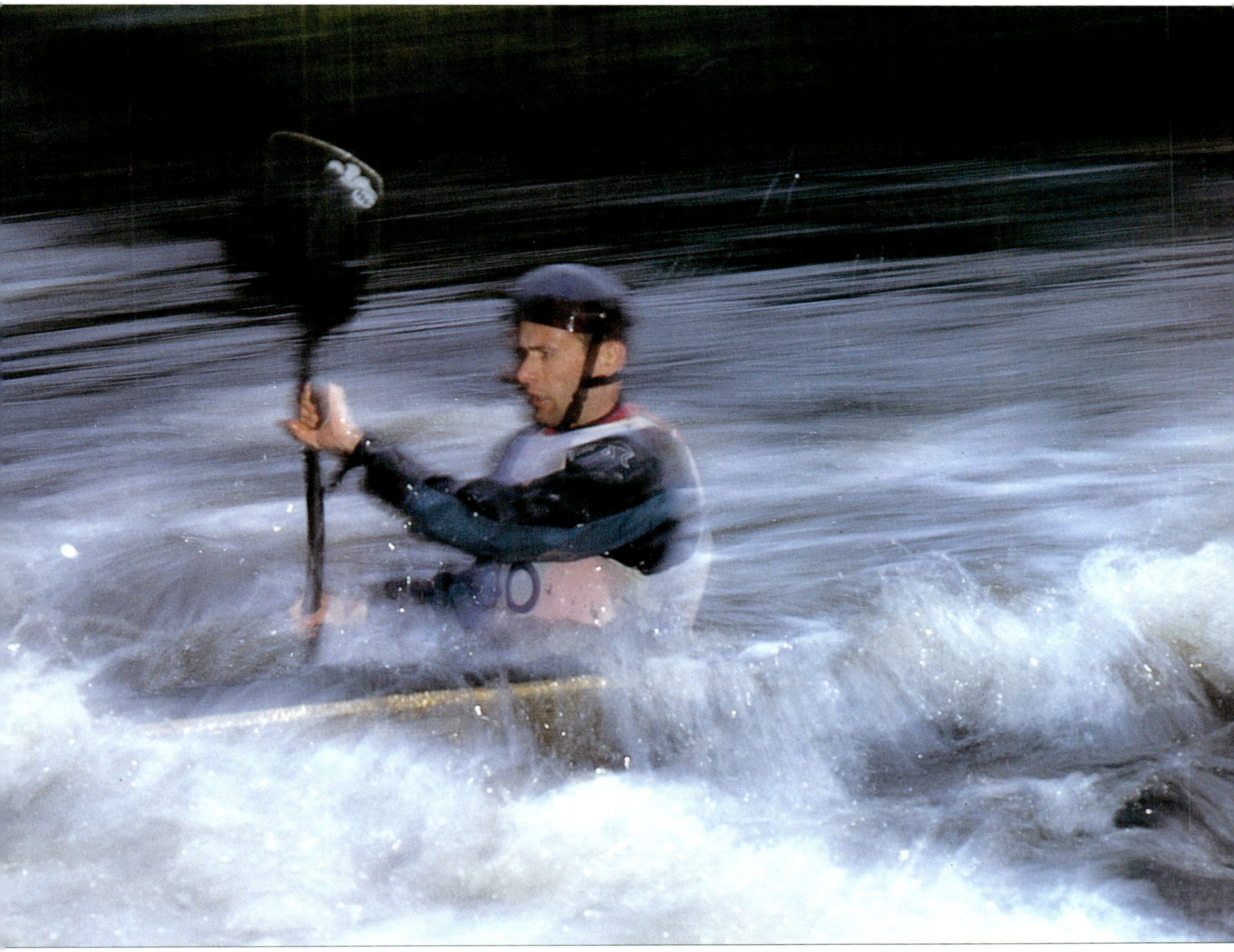

◀ *Bei dieser Aufnahme findet die Kraft und die Gefährlichkeit dieses Sports ihren bildlichen Ausdruck. Der Kajakfahrer kämpft gegen die Wellen und Turbulenzen und verschwindet fast im reißenden Strom. Blitzlicht und eine sehr lange Verschlußzeit haben zu einem Foto geführt, das eine bemerkenswerte Mischung an scharfen und verwischten Details aufweist.*

FOTOGRAF:
Gary Foxton/Refocus

KAMERA:
Kleinbildkamera

OBJEKTIV:
85 mm

FILMEMPFINDLICHKEIT:
ISO 200/24°

BELICHTUNG:
1/15 Sekunde bei Blende 16

BELEUCHTUNG:
Tageslicht und Blitz

▲ *Actionfotografen versuchen ganz automatisch, dem Motiv mit der Kamera zu folgen, um den Aufnahmegegenstand durchgehend im Sucher zu halten. Wenn Sie während dieser Kamerabewegung auf den Auslöser drücken, werden Sie das Motiv scharf abbilden können (oder zumindest relativ scharf, je nach Verschlußzeit, Bewegungsrichtung und Geschwindigkeit des Motivs und der Brennweite des Objektivs). Alle anderen Bildelemente verschwimmen. Diese Technik wird als »Mitziehen« bezeichnet..*

FOTOGRAF:
Gary Foxton/Refocus

KAMERA:
Kleinbildkamera

OBJEKTIV:
105 mm

FILMEMPFINDLICHKEIT:
ISO 200/24°

BELICHTUNG:
1/30 Sekunde bei Blende 8

BELEUCHTUNG:
Tageslicht und Blitz

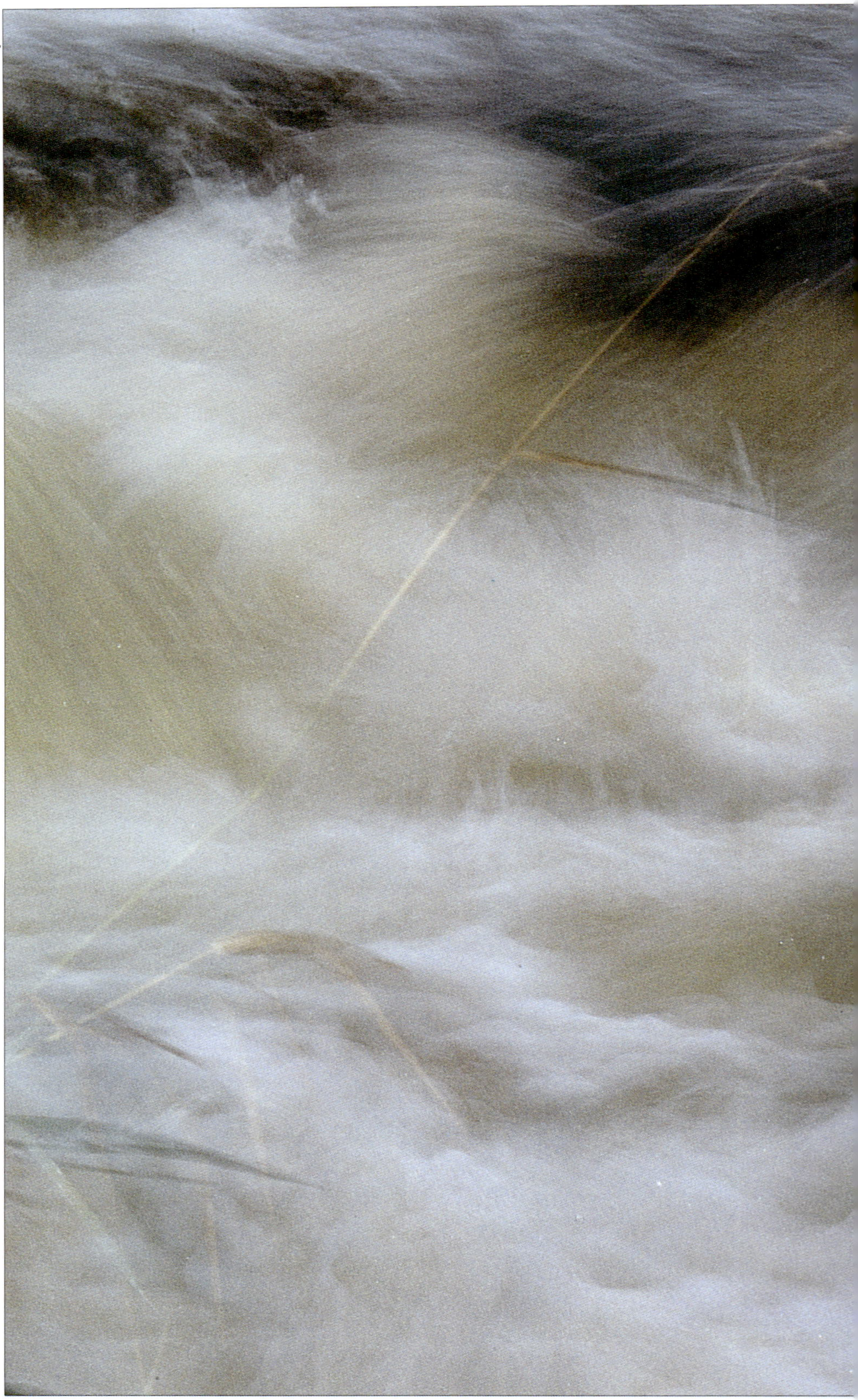

▶ *Hätte der Fotograf hier die kürzeste Verschlußzeit seiner Kamera gewählt – 1/4000 Sekunde – hätte er die Bewegungen des Kajakfahrers und des reißenden Flusses praktisch einfrieren können. Man könnte jedoch darüber streiten, ob eine solche Interpretation die Atmosphäre dieser Situation besser dargestellt hätte als diese gelungene Aufnahme, die mit einer sehr viel längeren Verschlußzeit gemacht wurde.*

FOTOGRAF:
Gary Foxton/Refocus
KAMERA:
Kleinbildkamera
OBJEKTIV:
85 mm
FILMEMPFINDLICHKEIT:
ISO 200/24°
BELICHTUNG:
1/15 Sekunde bei Blende 5,6
BELEUCHTUNG:
Reines Tageslicht

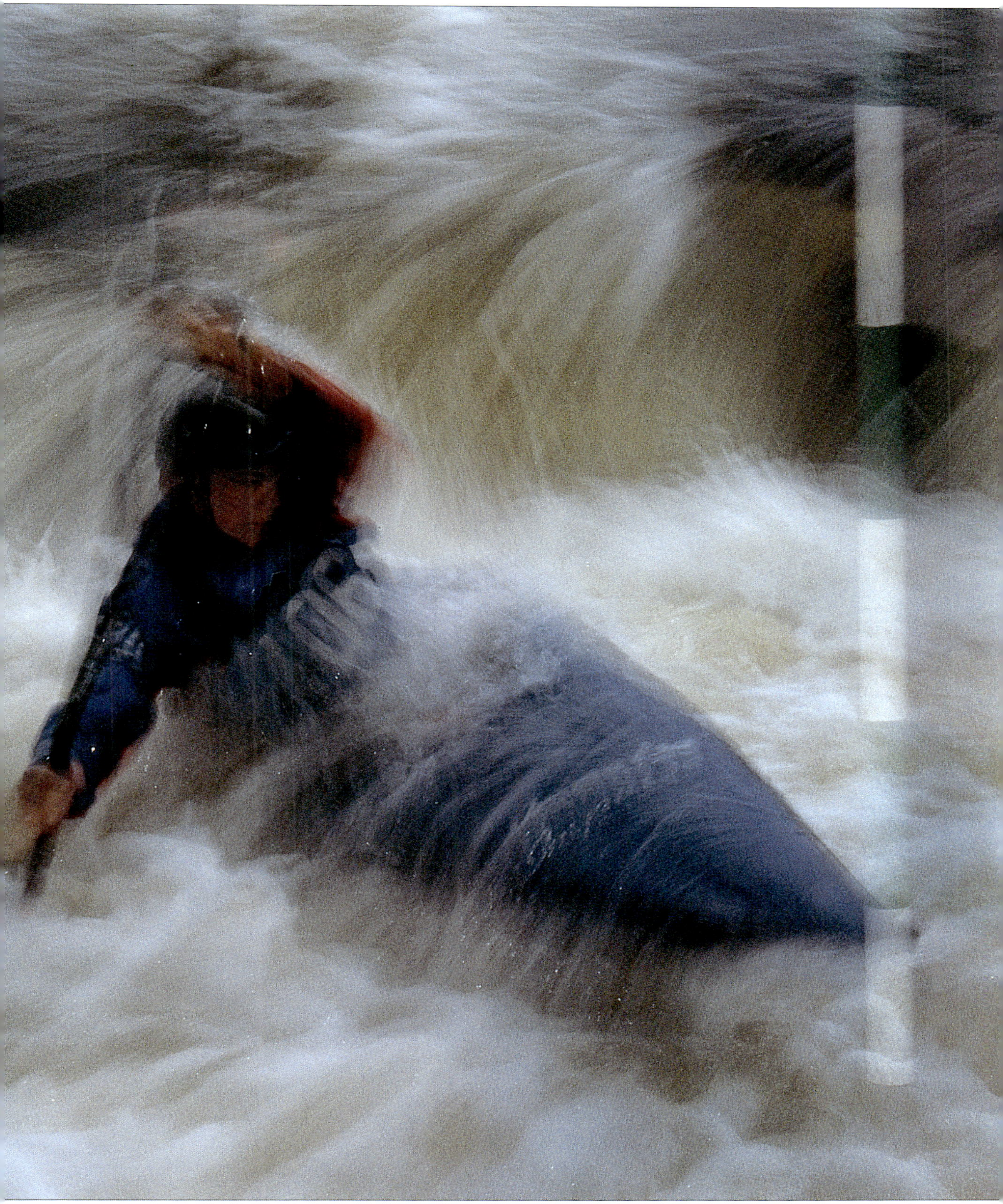

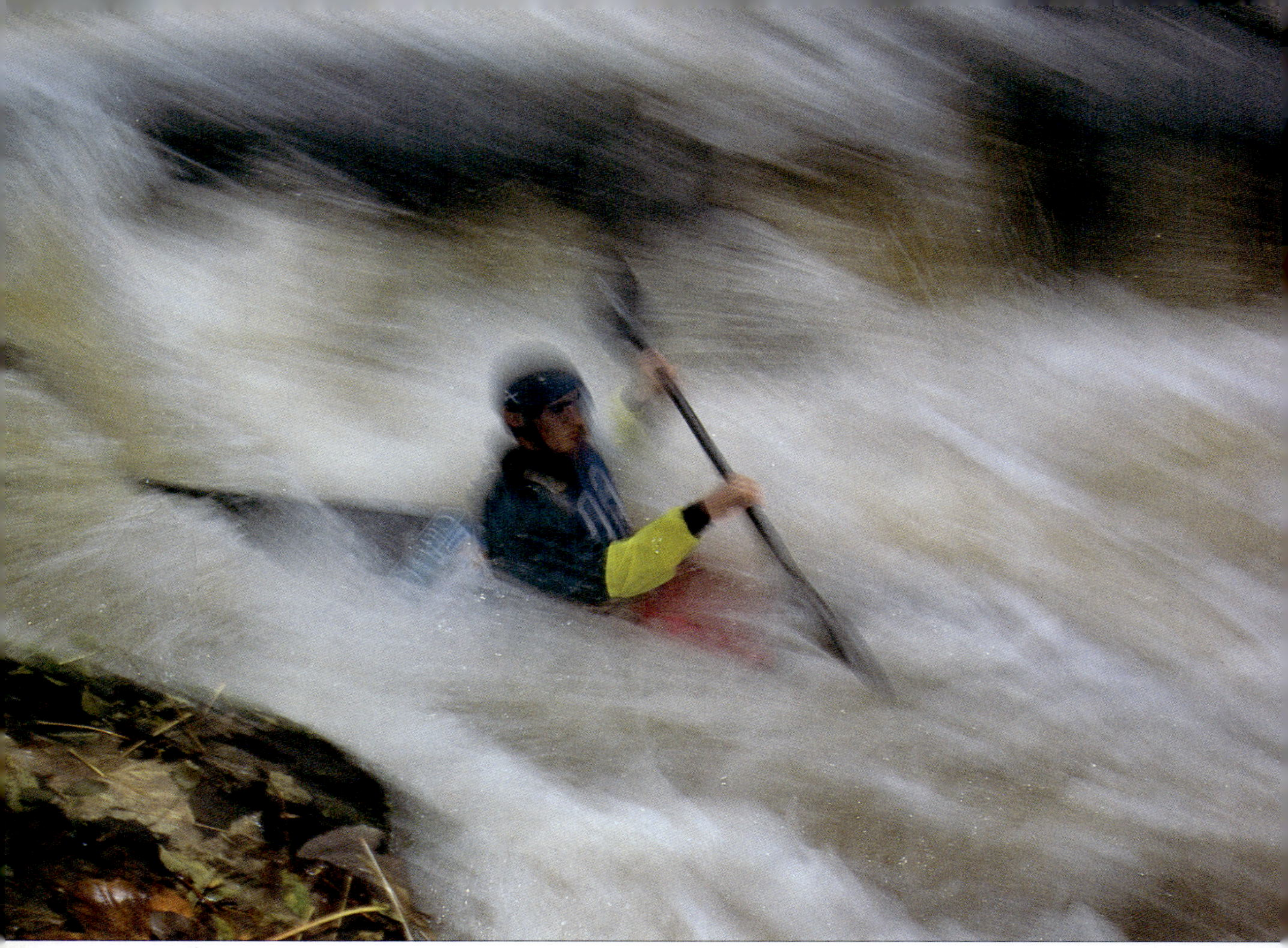

Belichtungsprogramme

Bei besonders schnellen Bewegungen drehen sich die technischen Erwägungen (abgesehen von der allgemeinen Belichtung) vordergründig darum, inwieweit das Motiv scharf abgebildet wird. Mit anderen Worten, Sie müssen die beste Verschlußzeit auswählen, um das Motiv einzufrieren und völlig scharf, oder aber verschwommen und streifig abzubilden. Bei hochwertigen Automatikkameras haben Sie die Möglichkeit, aus mehreren Belichtungsprogrammen auszuwählen, wie zum Beispiel Zeit- oder Blendenautomatik. Dabei stellen Sie entweder die Blende manuell ein (die Automatik wählt die Verschlußzeit aus, die zu einer technisch einwandfreien Belichtung führt) oder die Verschlußzeit (diesmal wählt die Kamera die dazu passende Blende aus). Kameras mit Blendenautomatik sind jedoch nicht in dem Maße erhältlich wie diejenigen mit Zeitautomatik. Sie sollten also vor dem Kauf einer Kamera sorgfältig nachprüfen, ob sie die Leistungsmerkmale aufweist, die für Ihre Arbeit notwendig sind.

FOTOGRAF:
Gary Foxton/Refocus
KAMERA:
Kleinbildkamera
OBJEKTIV:
135 mm
FILMEMPFINDLICHKEIT:
ISO 200/24°
BELICHTUNG:
1/60 Sekunde bei Blende 11
BELEUCHTUNG:
Tageslicht und Blitz

▲▶ Diese Bilder demonstrieren, wie wichtig es in der Actionfotografie ist, den besten Kamerastandpunkt zu finden. Die Kajakfahrer müssen zwar mit extrem schnellen Bewegungen auf die Wasserströmungen reagieren; dennoch folgen sie alle einer vorgegebenen Route, die sie durch die Stromschnellen des Rennens führt. Sie sollten in der Lage sein, einige unterschiedliche Kamerastandpunkte auszuwählen, die die Teilnehmer des Wettkampfs in den Brennweitenbereich Ihres Objektivs bringen.

FOTOGRAF:
Gary Foxton/Refocus
KAMERA:
Kleinbildkamera
OBJEKTIV:
85 mm
FILMEMPFINDLICHKEIT:
ISO 200/24°
BELICHTUNG:
1/15 Sekunde bei Blende 4
BELEUCHTUNG:
Tageslicht und Blitz

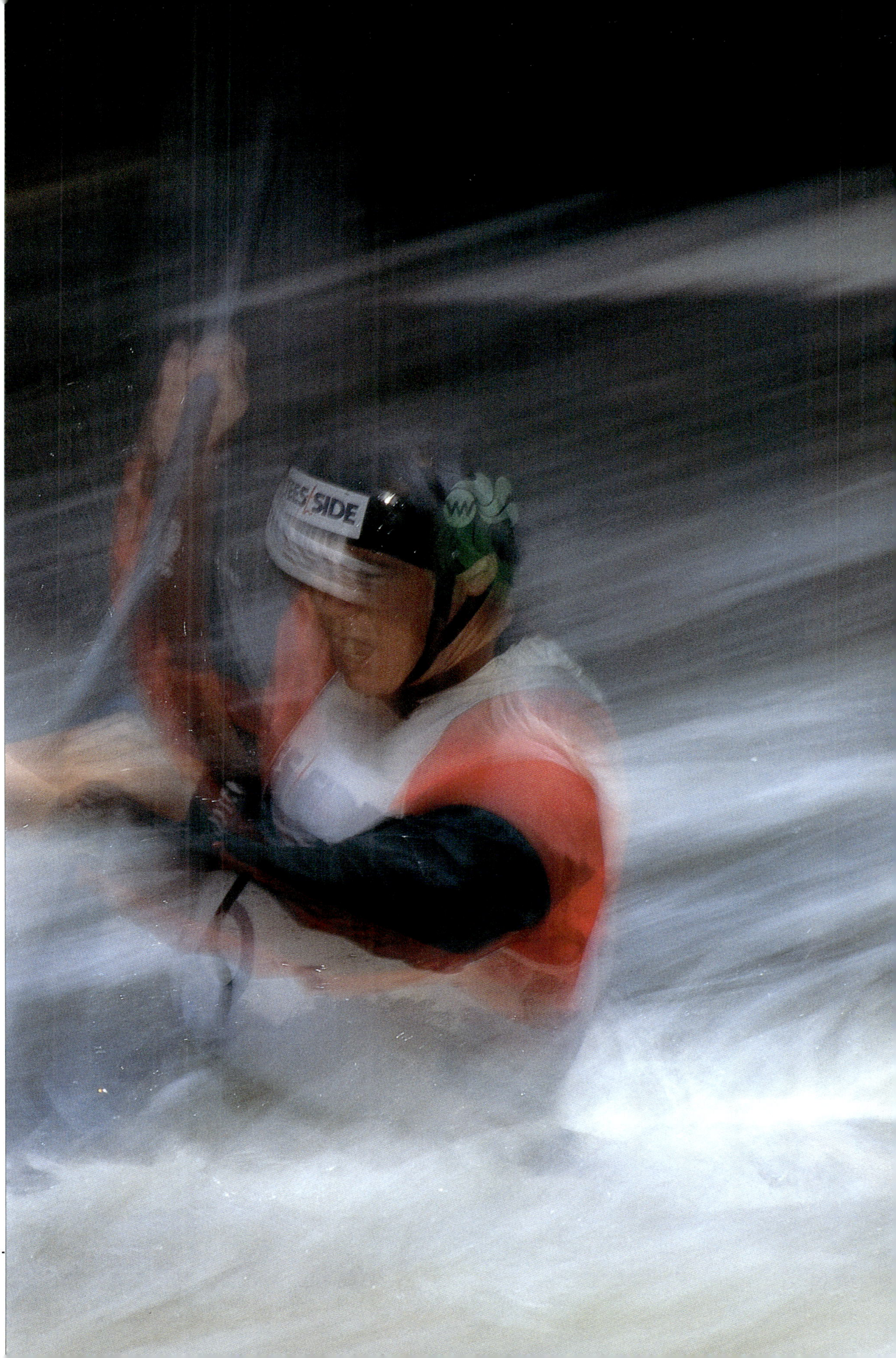

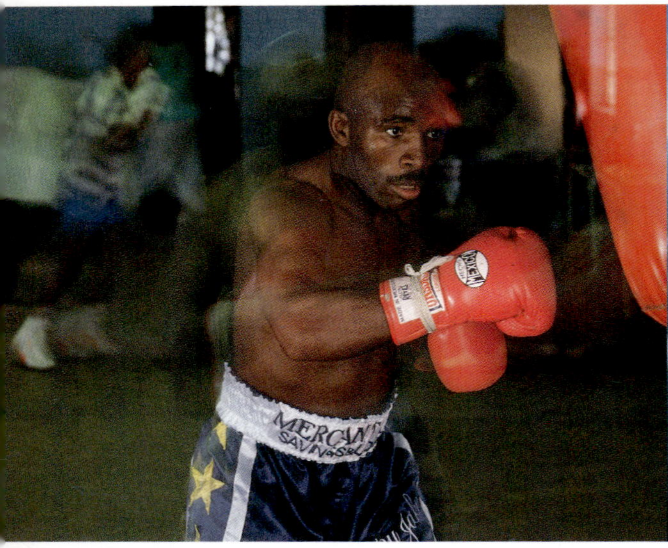

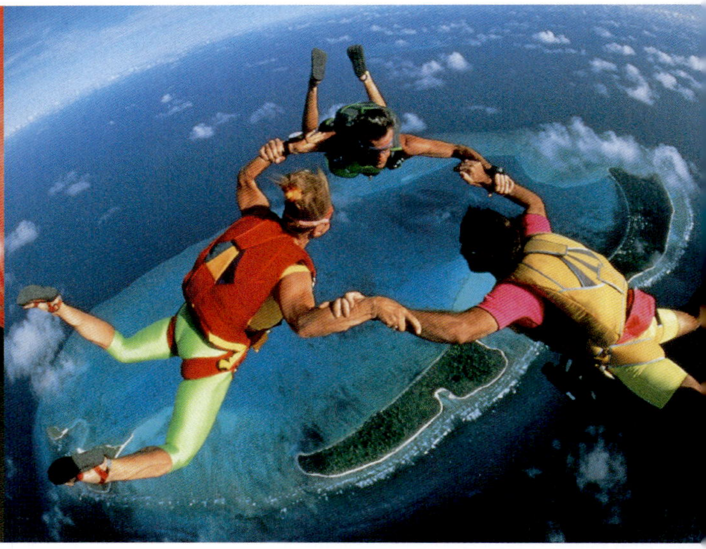

5

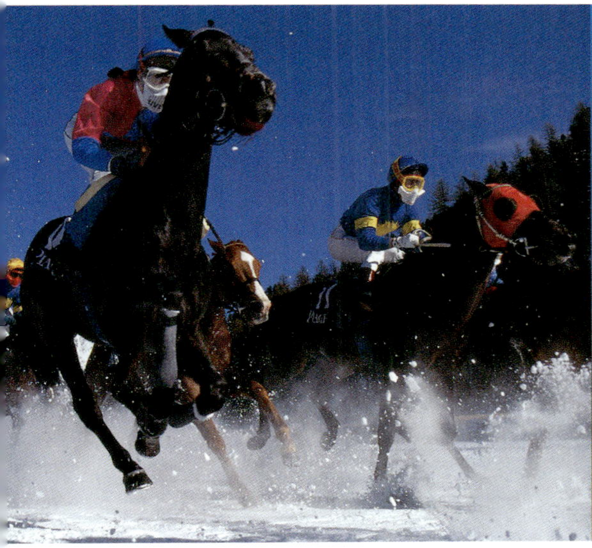
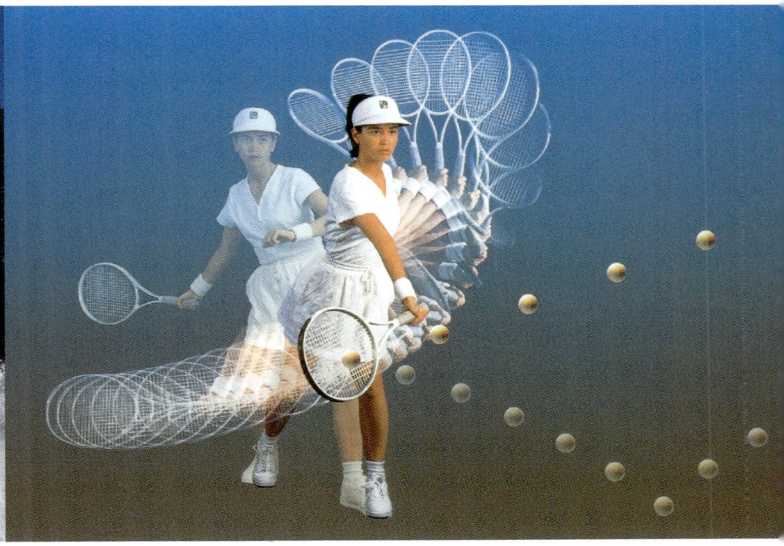

Spezialtechniken

Ein Tag beim Pferderennen

Damit Actionfotos von Pferderennen die gewünschte Wirkung erzielen, müssen Sie sich so nah wie möglich am Geschehen befinden, um die Motive mit all ihren Details beobachten und aufnehmen zu können. In diesen Situationen kann es hilfreich sein, die Rennstrecke bereits vorher zu kennen, um mit aufnahmebereiter Kamera vor Ort zu sein, noch bevor die Pferde dort eintreffen.

Bei einem Rennen ohne Hindernisse stellen Sie sich am besten in der Nähe einer der Kurven auf, da Sie an dieser Stelle am besten sehen können, wie sich Pferde und Jockeys in vollem Galopp dramatisch in die Kurve legen. Eine Kurve in Startnähe ist eventuell besonders gut geeignet, da die Pferde hier noch dicht gedrängt laufen. Zu einem späteren Zeitpunkt im Rennen haben die schnellsten Pferde vielleicht schon einen großen Vorsprung.

Aus Sicherheitsgründen gibt es auf allen Rennbahnen Beschränkungen, wie nah die Zuschauer und auch die akkreditierten Fotografen während des Rennens an die Pferde herankommen dürfen. Daher sind besonders dramatische Aufnahmen, bei denen der Fotograf fast unter den Hufen der Pferde liegt, aufgrund der Gefahren für Fotografen, Pferd und Reiter normalerweise nicht möglich. Man kann diese Einschränkung umgehen, indem man mit Erlaubnis des Veranstalters eine fernausgelöste Kamera aufstellt, die auf automatische Belichtung eingestellt ist und auf einen Punkt vorfokussiert wurde, an dem sich die Motive befinden werden. Dann müssen Sie nur noch aus sicherer Entfernung das Signal senden, das im richtigen Moment den Verschluß auslöst.

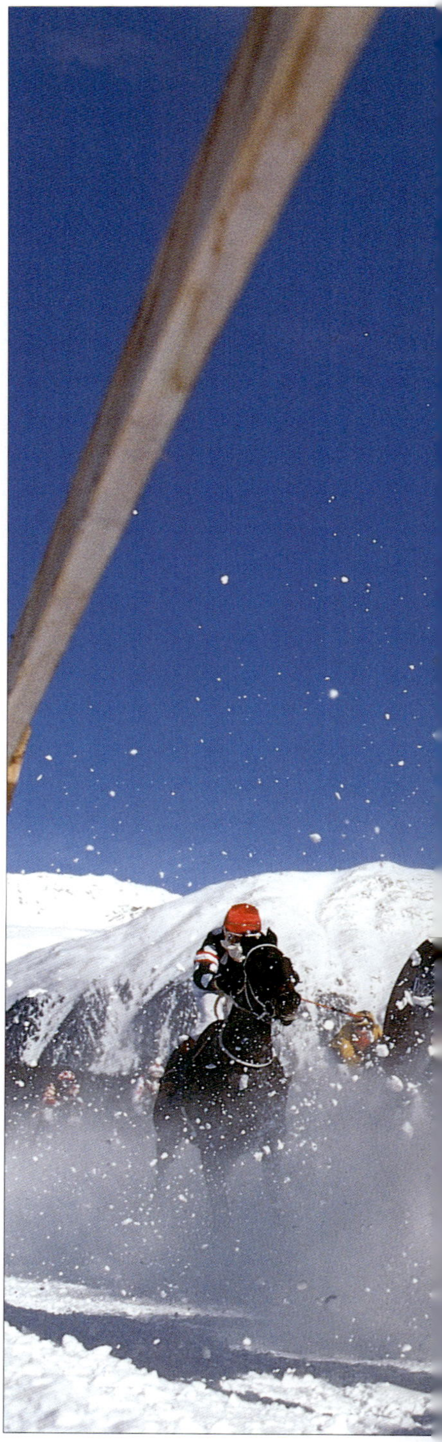

▶ Bei dieser Aufnahme stellte der Fotograf eine fernausgelöste Kleinbildkamera in der Nähe einer der ersten Wendemarken auf. Die Rennbahn befindet sich auf einem zugefrorenen See in St. Moritz in der Schweiz. Nachdem die Kamera an ihrem Platz stand, konnte der Fotograf in sicherer Entfernung darauf warten, daß die Pferde genau die richtige Position für die Verschlußauslösung einnahmen.

Fotograf:
Bob Martin

Kamera:
Kleinbildkamera (fernausgelöst)

Objektiv:
35 mm

Filmempfindlichkeit:
ISO 50/18°

Belichtung:
1/2000 Sekunde bei Blende 2,8

Beleuchtung:
Reines Tageslicht

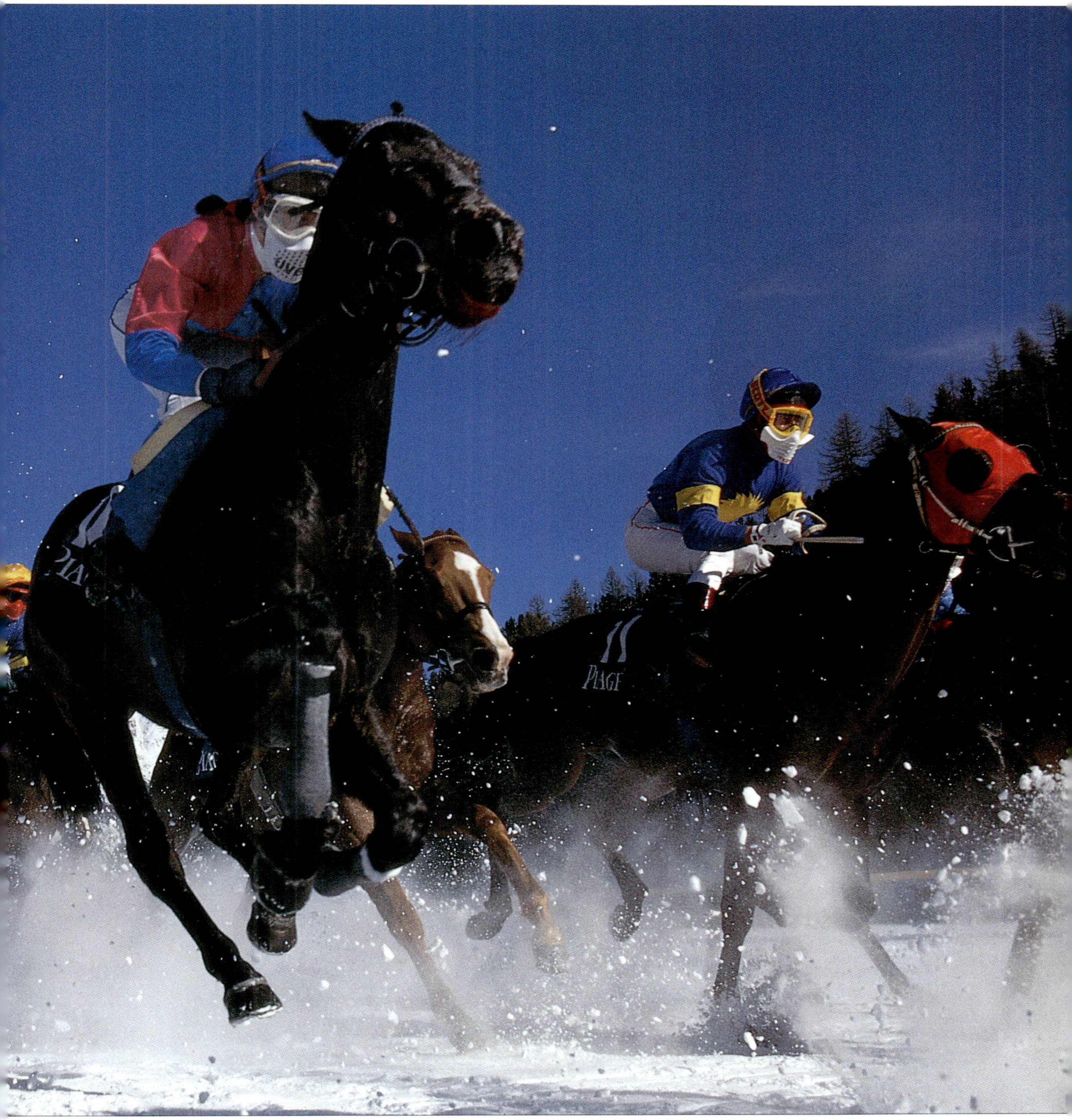
PIAGET

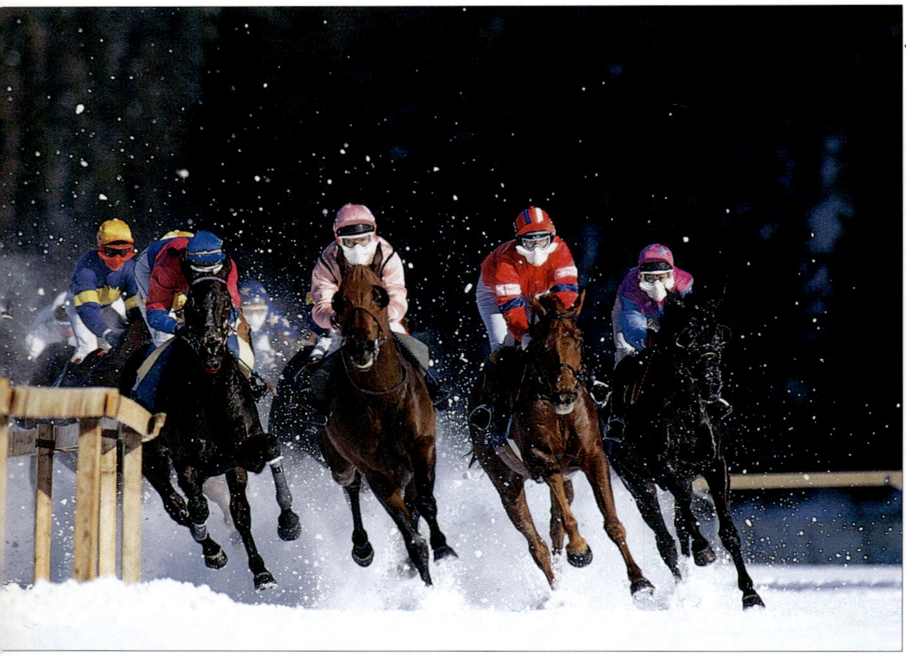

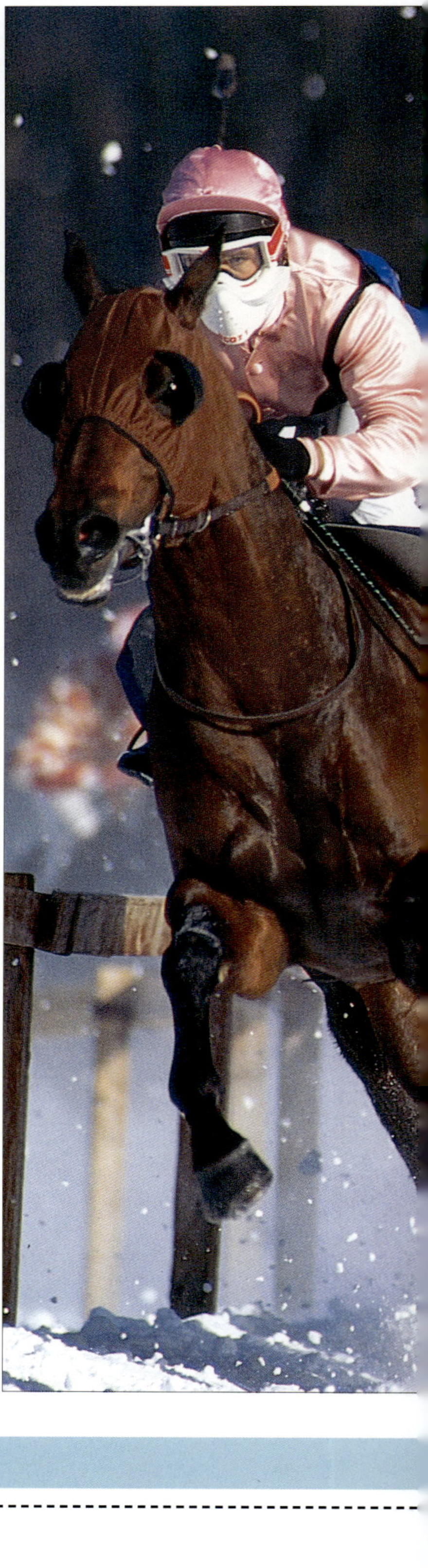

▲▶ *Durch die Verwendung von zwei Kameras zum Dokumentieren von Actionszenen können Sie die Wahrscheinlichkeit eines gelungenen Actionfotos verdoppeln. Eines dieser Bilder (oben) wurde aus der Hand aufgenommen; das andere (rechts) wurde mit einer fernausgelösten Kamera gemacht, die sich in der Nähe der ursprünglichen Position des Fotografen befand.*

Hinweise und Tips

- Kameras, die mit einem Motorantrieb oder einem automatischen Filmtransport ausgestattet sind, transportieren den Film nach der Fernauslösung automatisch zum nächsten Bild weiter, ohne daß Sie Ihren Standort verändern müssen.
- Autofokuskameras stellen sich manchmal auf ein Detail im Vorder- oder Hintergrund ein, statt auf das gewünschte Motiv. Wenn Sie eine fernausgelöste Kamera verwenden, ist die manuelle Scharfeinstellung oftmals eine bessere Lösung.
- Ein Stück sauberes, hochwertiges optisches Glas vor der fernausgelösten Kamera gewährleistet Schutz gegen Schmutzspritzer oder Beschädigungen.

FOTOGRAF:
Bob Martin

KAMERA:
Kleinbildkamera (manuell) und Kleinbildkamera (fernausgelöst)

OBJEKTIV:
600 mm und 400 mm

FILMEMPFINDLICHKEIT:
ISO 50/18°

BELICHTUNG:
1/1000 Sekunde bei Blende 4,5

BELEUCHTUNG:
Reines Tageslicht

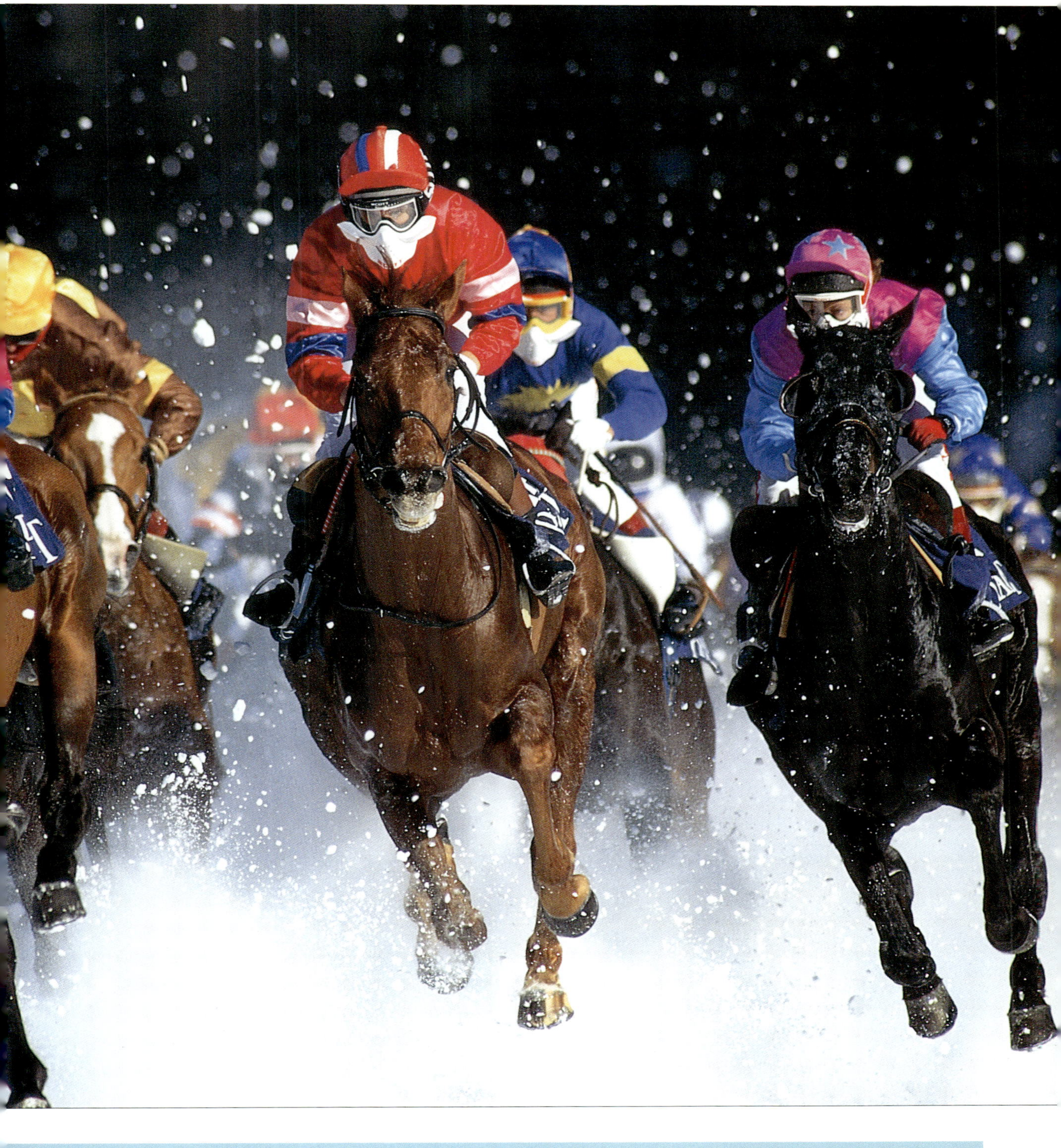

Actionaufnahmen im freien Fall

Bevor Sie sich an Actionaufnahmen im freien Fall wagen, müssen Sie selbst ein erfahrener Fallschirmspringer werden. Im freien Fall, d. h. bis zu dem Zeitpunkt, an dem sich Ihr Fallschirm öffnet, erreichen Sie eine Geschwindigkeit von fast 200 km/h pro Stunde. Danach verringert sich die Sinkgeschwindigkeit unmittelbar auf bloße 17 km/h pro Stunde. Diese plötzliche Verringerung der Geschwindigkeit übt eine Kraft auf den Körper aus, die etwa dreimal so groß ist wie die normale Schwerkraft. Im freien Fall sind Sie und Ihre Ausrüstung jedoch nahezu schwerelos: Eine Kamera, die mit dem Tragriemen an Ihrem Körper festgebunden ist, würde einfach durch die Luft schweben, und Sie hätten die lästige Aufgabe, sie immer wieder zurückzuholen. Die einzig effektive Art und Weise, wie Sie die auf diesen Seiten gezeigten Aufnahmen nachahmen können, besteht darin, eine Kamera mit geringem Gewicht zu verwenden, die sicher an Ihrem Helm befestigt und mit Hilfe eines Kabelfernauslösers per Hand ausgelöst wird.

FOTOGRAF:
Tom Sanders/TSM

KAMERA:
Kleinbildkamera (mit Motorantrieb)

OBJEKTIV:
17 mm

FILMEMPFINDLICHKEIT
ISO 100/21°

BELICHTUNG:
1/500 Sekunde bei Blende 8

BELEUCHTUNG:
Reines Tageslicht

Hinweise und Tips

- Eine Voraussetzung fürs Fallschirmspringen ist normalerweise gutes Wetter. Hierbei ist das Licht zum Fotografieren absolut ausreichend; hochempfindliche Filme sind deshalb nicht erforderlich.
- Eine Kamera mit Motorantrieb ist unbedingt notwendig, da Sie nicht in der Lage sein werden, den Film manuell weiterzutransportieren.
- Verwenden Sie eine Autofokuskamera, oder stellen Sie die Schärfe bei einem manuellen Modell im voraus auf etwa 5 m ein. Benutzen Sie ein Weitwinkelobjektiv und eine kleine Blende, um genügend Schärfentiefe für die Abbildung von Aufnahmegegenständen in verschiedenen Entfernungen zu gewährleisten.
- Befestigen Sie ein optisches Sichtgerät an Ihrem Helm, so daß Sie in etwa den gleichen Bildwinkel wie das Objektiv Ihrer Kamera überschauen. Um eine präzise Funktionsweise sicherzustellen, muß das Gerät auf Ihre Kamera und Ihr jeweiliges Objektiv eingestellt worden sein.

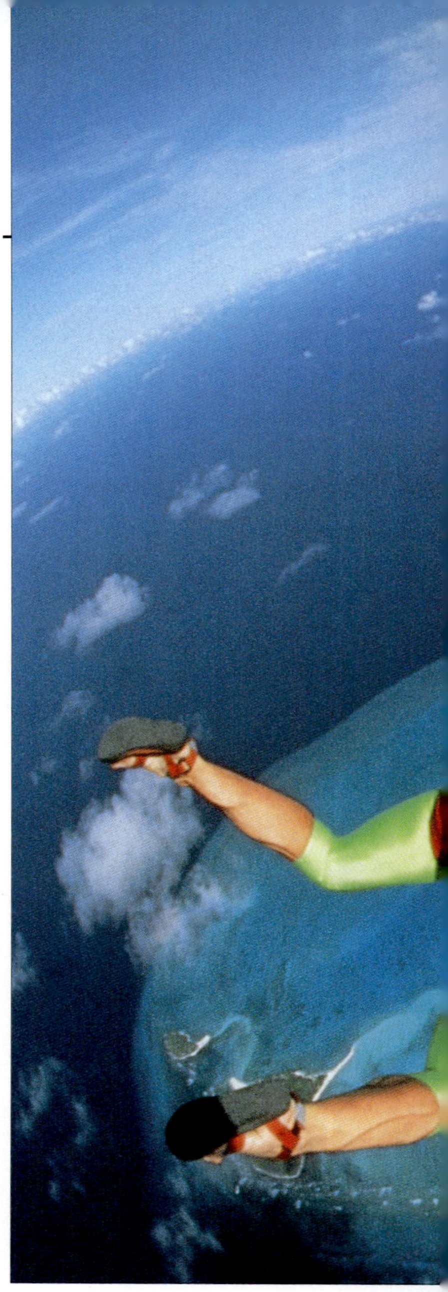

▲ Dieses Foto entstand Tausende von Metern über den wunderschönen Korallenriffen und Atollen des pazifischen Ozeans. Der Fotograf verwendete ein extrem weitwinkliges Fisheye-Objektiv. Die Schärfentiefe, die ein solches Objektiv bei jeder Blende ermöglicht, ist so groß, daß die Scharfeinstellung fast in den Hintergrund tritt – alle Bildelemente, von wenigen Zentimetern vor dem Objektiv bis Unendlich, werden selbst mit einer recht großen Blendenöffnung scharf abgebildet.

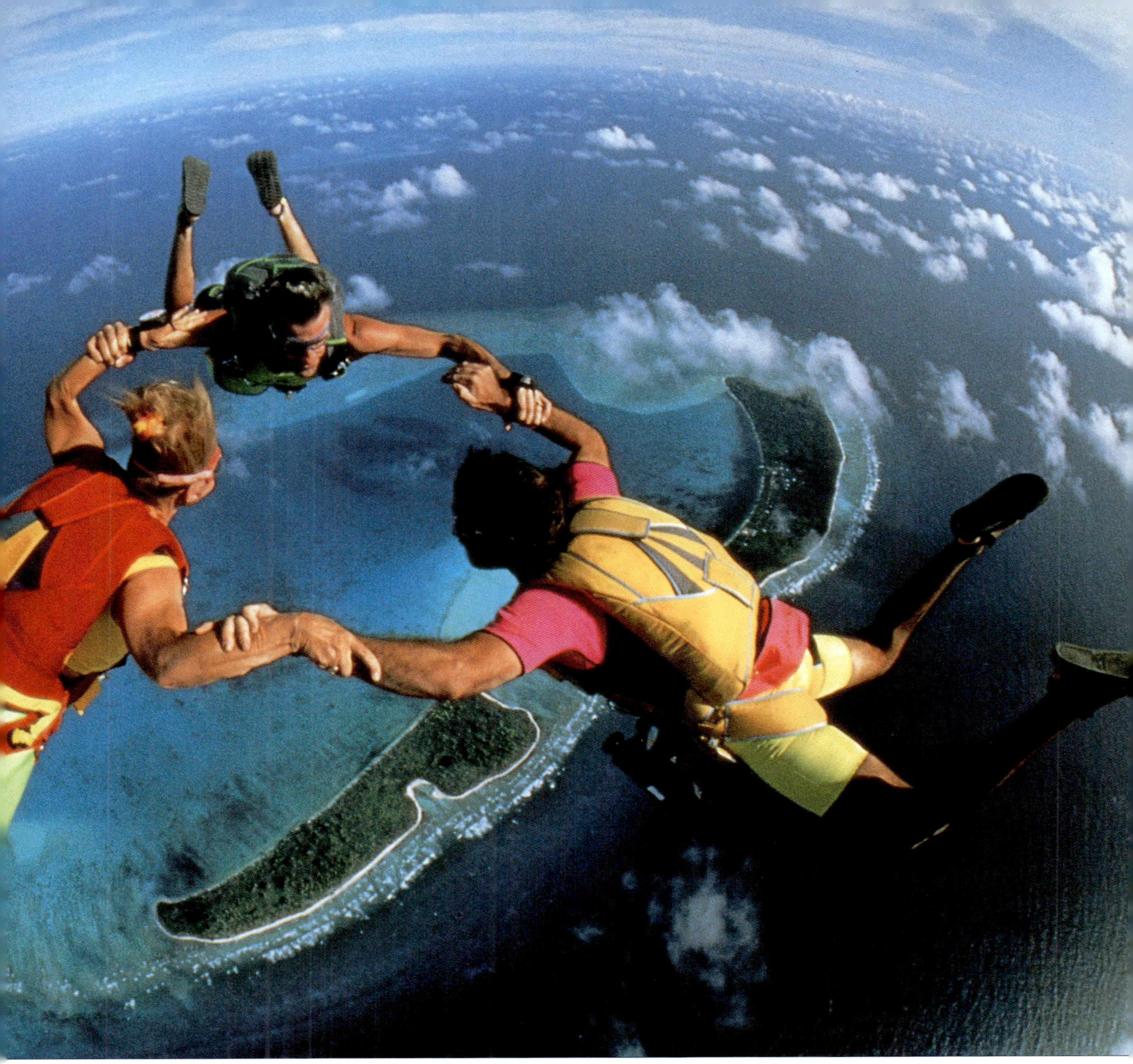

Die erforderliche Ausrüstung

Zusätzlich zur normalen Fallschirmspringerausrüstung benötigen Sie die folgende Fotoausrüstung:

1 Kamera mit eingebautem Motorantrieb

2 Schiene zur Kamerabefestigung

3 Kabelfernauslöser mit Verlängerungskabel (verläuft von der Kamera bis in den Ärmel Ihres Overalls)

4 Optisches Sichtgerät

5 Batteriemagazin (für den elektrischen Kabelfernauslöser)

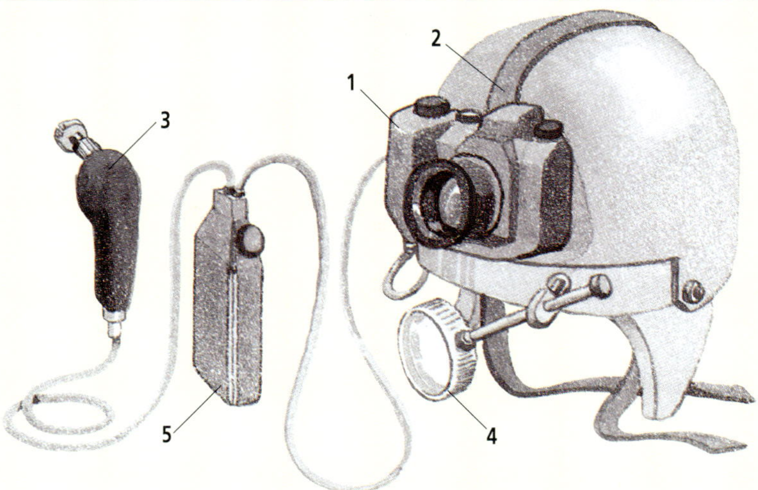

▶ *Bei diesem Bild setzte der Fotograf ein Objektiv mit einer weniger extremen Brennweite ein als beim vorangegangenen Foto. Dies bedeutete, daß er die Schärfe vor dem Absprung voreinstellen mußte, da ansonsten die Schärfentiefe vielleicht nicht ausgereicht hätte, um alle Details scharf abzubilden. Auch die erforderliche Verschlußzeit wurde voreingestellt, um die Motivbewegungen einzufrieren und Verwacklungen zu vermeiden. Die Blende wurde von der Belichtungsautomatik der Kamera gewählt.*

FOTOGRAF:
Tom Sanders/TSM

KAMERA:
Kleinbildkamera (mit Motorantrieb)

OBJEKTIV:
28 mm

FILMEMPFINDLICHKEIT:
ISO 100/21°

BELICHTUNG:
1/500 Sekunde bei Blende 5,6

BELEUCHTUNG:
Reines Tageslicht

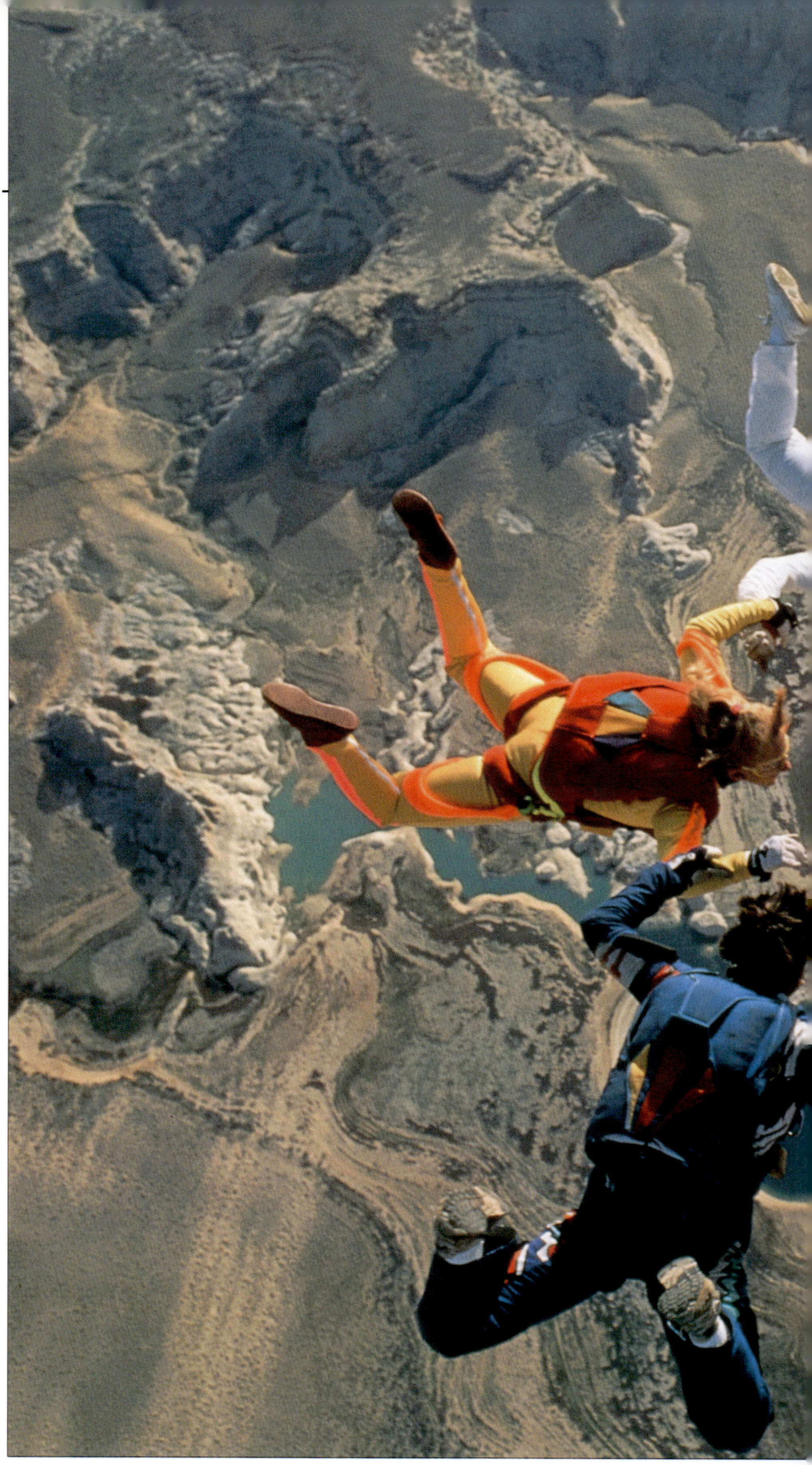

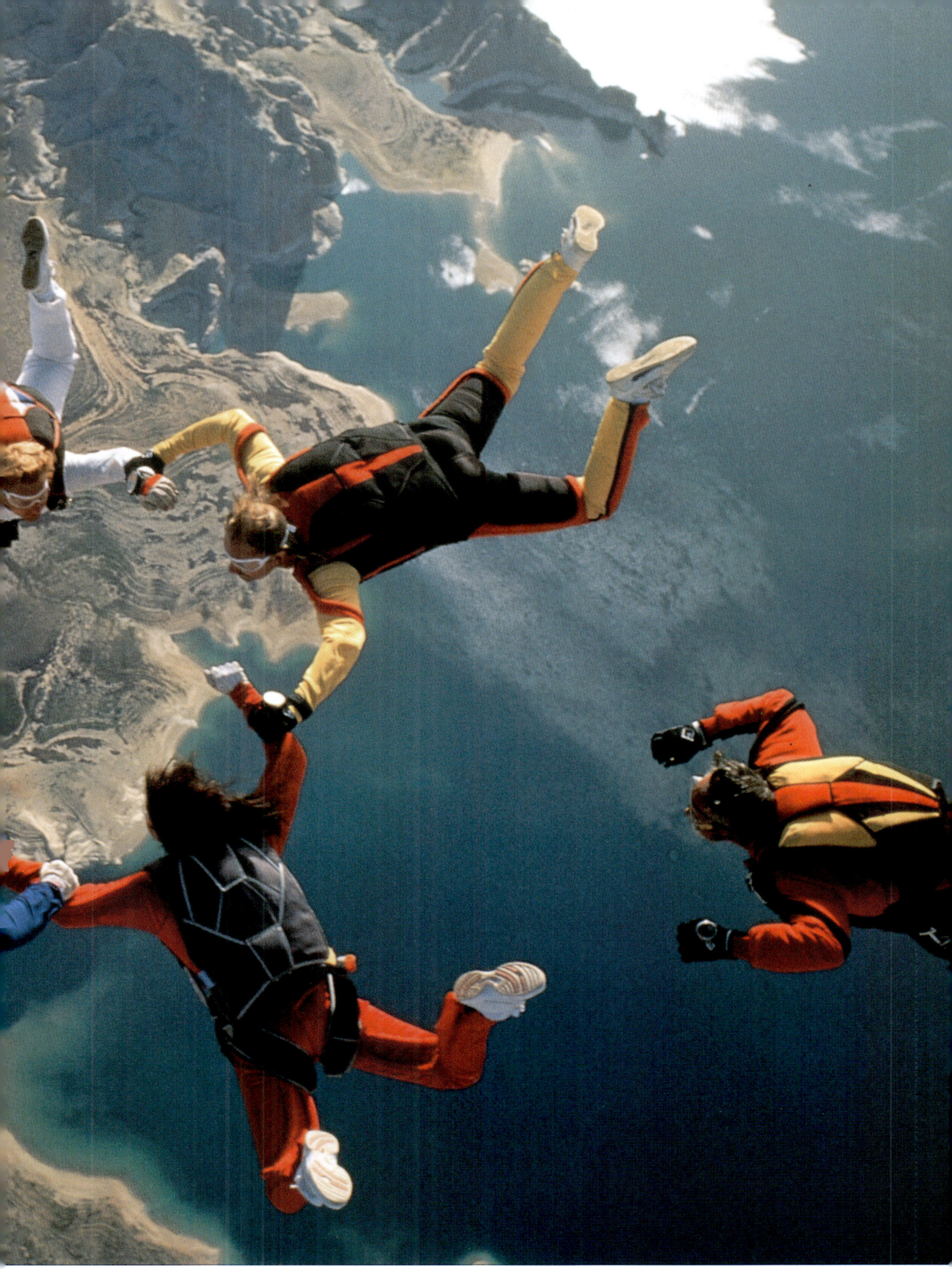

Sandwich-Dias

Dias, die für sich betrachtet keine Actionfotos wären, können auch auf andere Weise genutzt werden, nämlich indem man zwei Dias in einem Rahmen miteinander kombiniert. Dieses »Sandwich«-Dia kann dann projiziert werden. Wenn Sie mit dem erzielten Effekt zufrieden sind, können Sie das Bild von der Leinwand abfotografieren. Diese Methode kann auch bei Negativen angewandt werden – sowohl bei Farb- als auch bei Schwarzweißnegativen – aber in diesem Fall müssen zunächst die beiden Negative zusammen vergrößert werden, um festzustellen, ob Ihre Auswahl an Originalen wirklich die gewünschte Wirkung erzielt.

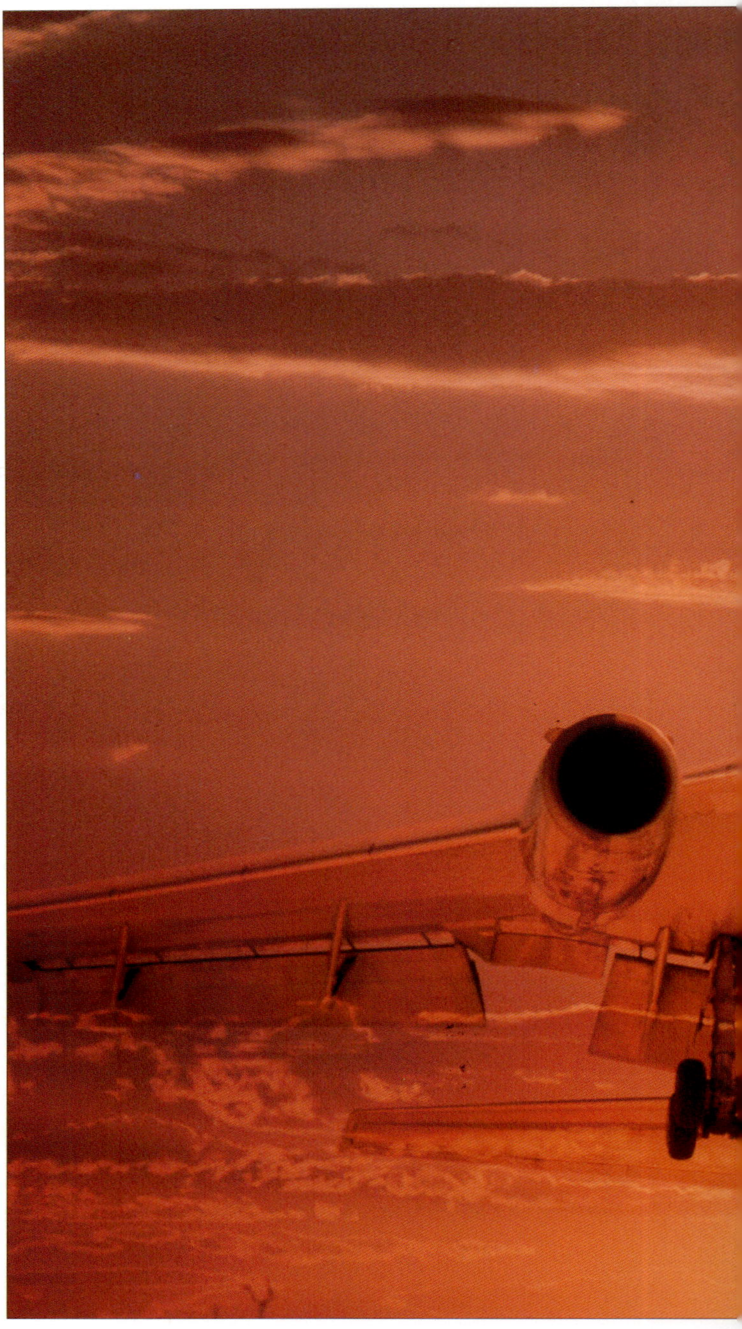

▲ Die Idee für dieses Sandwich-Dia entstand durch das Foto des steigenden Flugzeugs (das auf Diafilm aufgenommen wurde), dessen Fahrwerk kurz nach dem Start immer noch ausgefahren war. Dieses Foto war jedoch um 2 1/2 Stufen überbelichtet, und der Himmel wirkte flach und uninteressant. Um die Situation zu retten, suchte der Fotograf ein dünnes Diapositiv eines Sonnenuntergangs, das er auf einem Leuchtkasten mit dem ersten Foto kombinierte. Nach sorgfältiger Ausrichtung der beiden Bilder wurde das so entstandene Sandwich-Dia gerahmt, auf eine Leinwand projiziert und als Einzelbild nochmals fotografiert.

Fotograf:
Joe Baker/Refocus

Kamera:
Kleinbildkamera

Objektiv:
(Flugzeug)
400 mm
(Sonnenuntergang)
50 mm

Filmempfindlichkeit:
ISO 100/21°

Belichtung:
(Flugzeuge)
1/500 Sekunde bei Blende 4
(Sonnenuntergang)
1/250 Sekunde bei Blende 11

Beleuchtung:
Reines Tageslicht

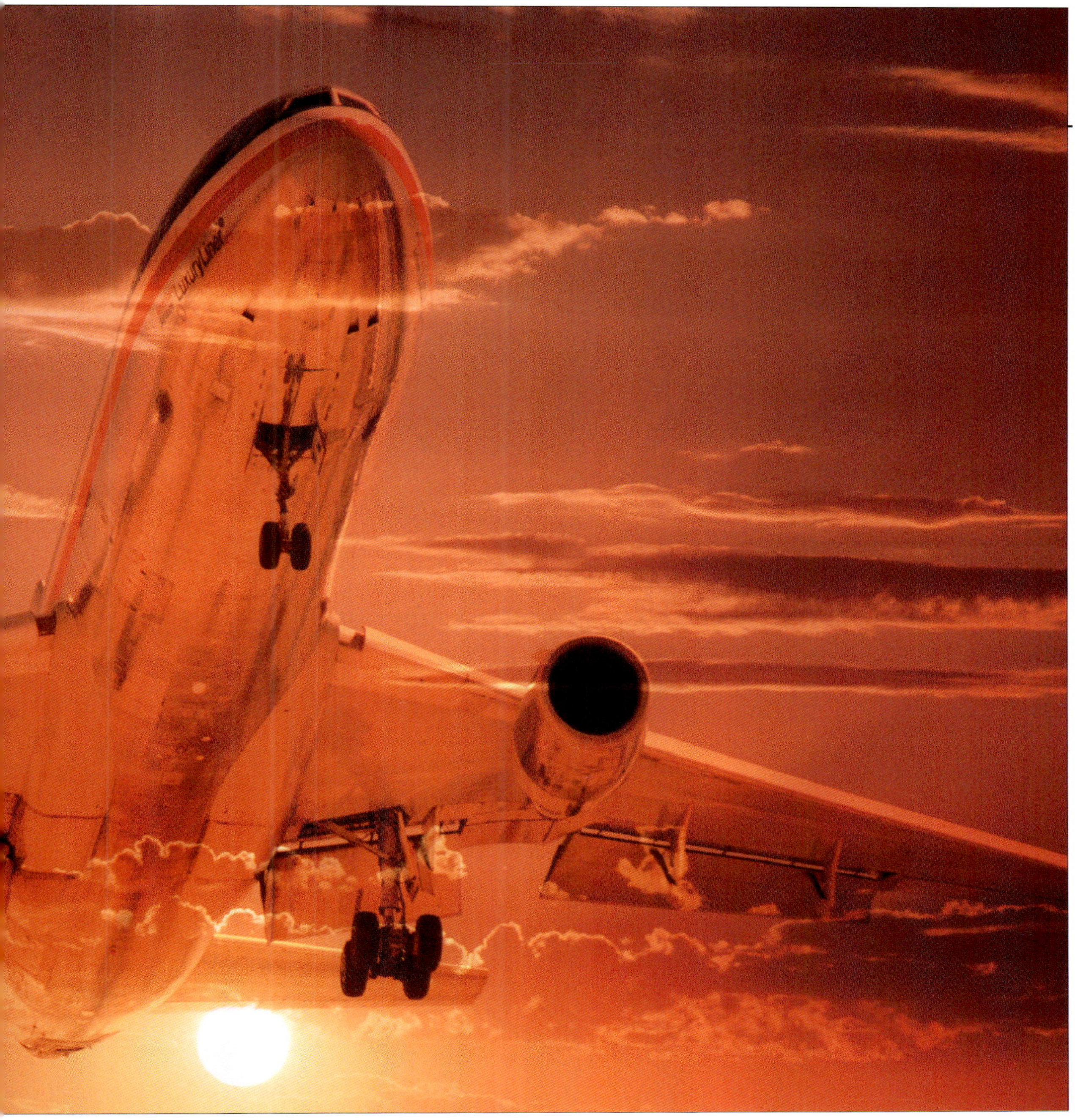

Hinweise und Tips

- Damit genügend Licht aus dem Projektor durch die beiden projizierten Dias hindurchfallen kann, müssen beide Originale in der Kamera etwas überbelichtet werden. Dies führt nach der Entwicklung zu »dünnen« Diapositiven, die das Licht des Projektors besser durchdringen kann. Bei manchen Modellen kann der Lichtausstoß des Projektors höher oder niedriger gestellt werden.
- Beim Abfotografieren einer Leinwand darf nur die Lampe des Projektors eingeschaltet sein. Zusätzliche Raumbeleuchtung verringert den Kontrast der Abbildung und führt möglicherweise zu Farbstichen.
- »Sandwich«-Dias können mit Hilfe der entsprechenden Prozesse in der Dunkelkammer auch direkt auf Diadirektpapier abgezogen werden.

BEWEGUNGSSTUDIE

Es gibt eine Reihe fotografischer Techniken, wie zum Beispiel die stroboskopische Aufnahme unten, die nicht nur zu spektakulären Actionfotos führen, sondern uns auch Einsichten in menschliche Bewegungsabläufe ermöglichen.

Nicht nur für Trainer, Sportwissenschaftler und Krankengymnasten sind die Einzelheiten von Bewegungsabläufen und deren Einfluß auf die Leistungsfähigkeit von entscheidender Bedeutung. Auch für andere Berufs- und Interessengruppen ist ein fundiertes Wissen über die menschliche Motorik äußerst wichtig: Von der Form des Wasserkessels, in dem Sie jeden morgen Wasser erhitzen, bis hin zur Konstruktion des Autos, mit dem Sie abends heimfahren – all dies ist das Ergebnis detaillierter wissenschaftlich-technischer Untersuchungen, die sich mit Bewegungsabläufen und mit der Art und Weise beschäftigen, wie Menschen bestimmte Aufgaben bewältigen.

Mit der richtigen Beleuchtung und Kamera ist die Zerlegung von Bewegungen in einzelne Phasen nicht schwierig. Das Prinzip ist erstaunlich einfach: Mit einem schnell leuchtenden Stroboskopblitz hoher Intensität oder einer Reihe von synchronisierten Blitzgeräten wird das Motiv ausgeleuchtet, während der Verschluß der Kamera solange geöffnet bleibt, bis der zu untersuchende Bewegungsablauf aufgenommen worden wurde. Jede Blitzzündung, die möglicherweise nur ein Millionstel einer Sekunde oder weniger dauert, reicht aus, um das Motiv einzufrieren. Selbst bei einer normalen Belichtungszeit von zum Beispiel 1/60 Sekunde macht ein Stroboskopblitz viele dieser Bewegungen auf ein und demselben Filmstück sichtbar.

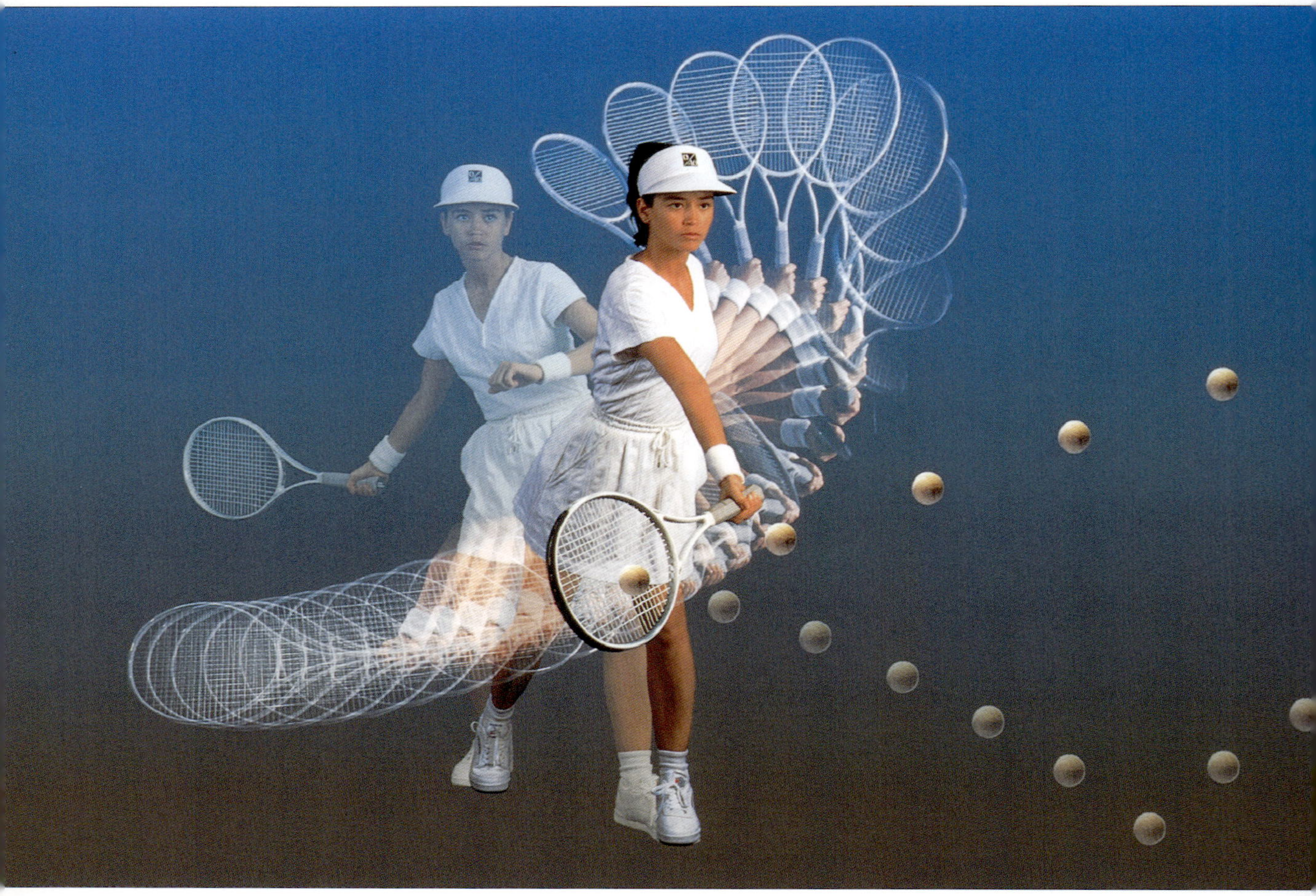

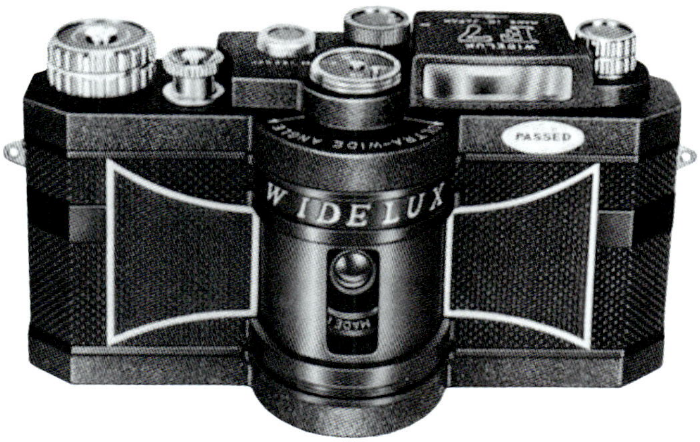

Fotograf

Globus, Holway & Lobel/TSM

Kamera:

Mittelformat-Panoramakamera mit Schwenkobjektiv

Filmempfindlichkeit:

ISO 100/21°

Belichtung:

1/30 Sekunde bei Blende 8

Beleuchtung:

Stroboskopblitz mit hoher Frequenz

▼ *Dieses Bild zeigt zwei verschiedene Tennisschläge – einen Stop und einen Vorhandschlag. Die aus diesen beiden Schlägen resultierende Flugbahn des Balls ist deutlich zu sehen. Für dieses Foto gibt es nicht nur in der Werbebranche potentielle Abnehmer. Auch Sportgerätehersteller und Trainer verwenden ähnliche Fotos zur Analyse von bestimmten Techniken.*

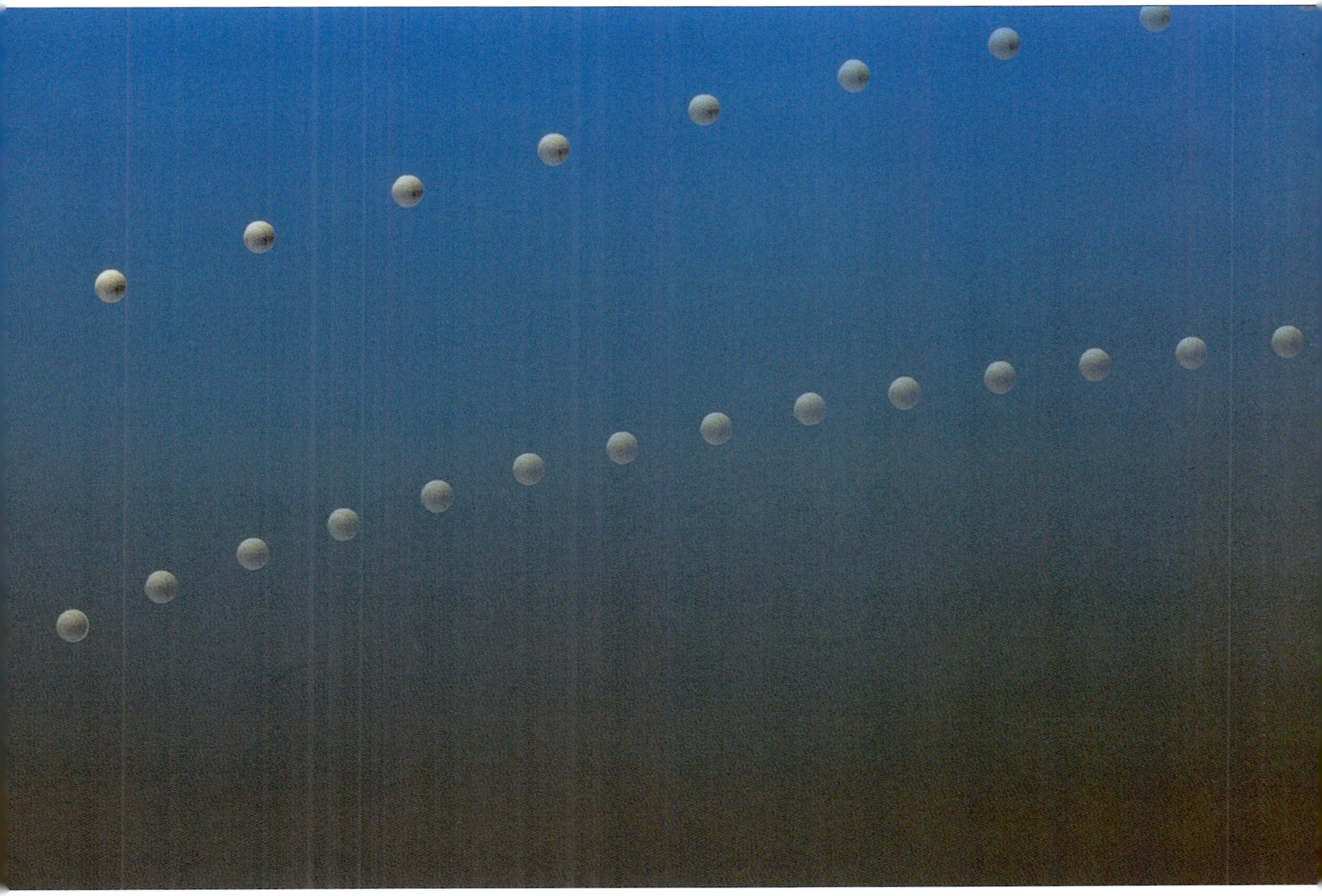

Bewegungen mit Blitzlicht einfrieren

Beim Dokumentieren von Sportveranstaltungen in der Halle oder im Freien bei besonders schwachem Licht können Sie einen hochempfindichen Film (ISO 800/30° oder höher) verwenden und dafür die unvermeidliche Verringerung der Bildqualität im Falle einer zu starken Vergrößerung in Kauf nehmen. Als Alternative können Sie jedoch das vorhandene Licht mit Hilfe von Blitzlicht verstärken, falls der Veranstalter dies erlaubt. Kameraintegrierte Blitzgeräte reichen aus, wenn Sie nah am Geschehen fotografieren; wenn Sie jedoch einen größeren Bereich ausleuchten wollen, müssen Sie größere Studioblitzanlagen verwenden. Wenn Sie Elektronenblitzgeräte benutzen (Aufsteck- oder Studioblitzgeräte), sollten Sie sich vergewissern, daß der Lichtausstoß stärker ist als das Licht anderer Beleuchtungsgeräte, wie zum Beispiel Glühlampen oder Leuchtstoffröhren. Jeder Lichttyp hat seine eigene Farbtemperatur und gibt die Farben des Motivs mit anderen Farbstichen wieder.

Blitzlicht erhöht nicht nur die Lichtintensität, sondern produziert auch einen extrem kurzen Lichtimpuls – 1/10 000 Sekunde oder weniger. Bewegungen, die zu schnell sind, um sie mit der kürzesten Verschlußzeit der Kamera einzufrieren, könnten mit Blitzlicht vollständig scharf abgebildet werden.

FOTOGRAF:
Bob Martin

KAMERA:
Kleinbildkamera

OBJEKTIV:
70–200 mm (bei 135 mm)

FILMEMPFINDLICHKEIT:
ISO 50/18°

BELICHTUNG:
1/250 Sekunde bei Blende 5,6

BELEUCHTUNG:
4 Studioblitzköpfe plus Softboxen

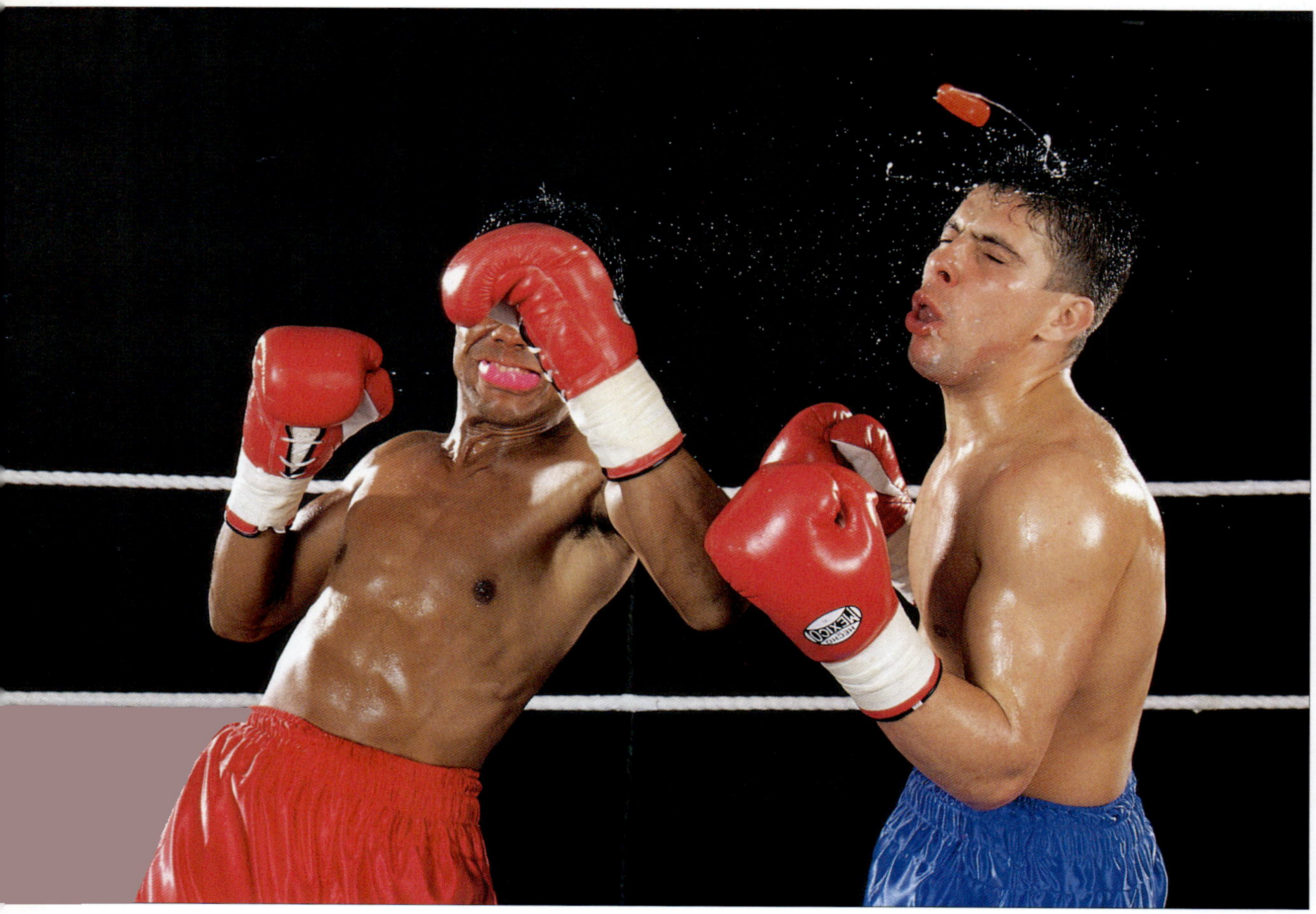

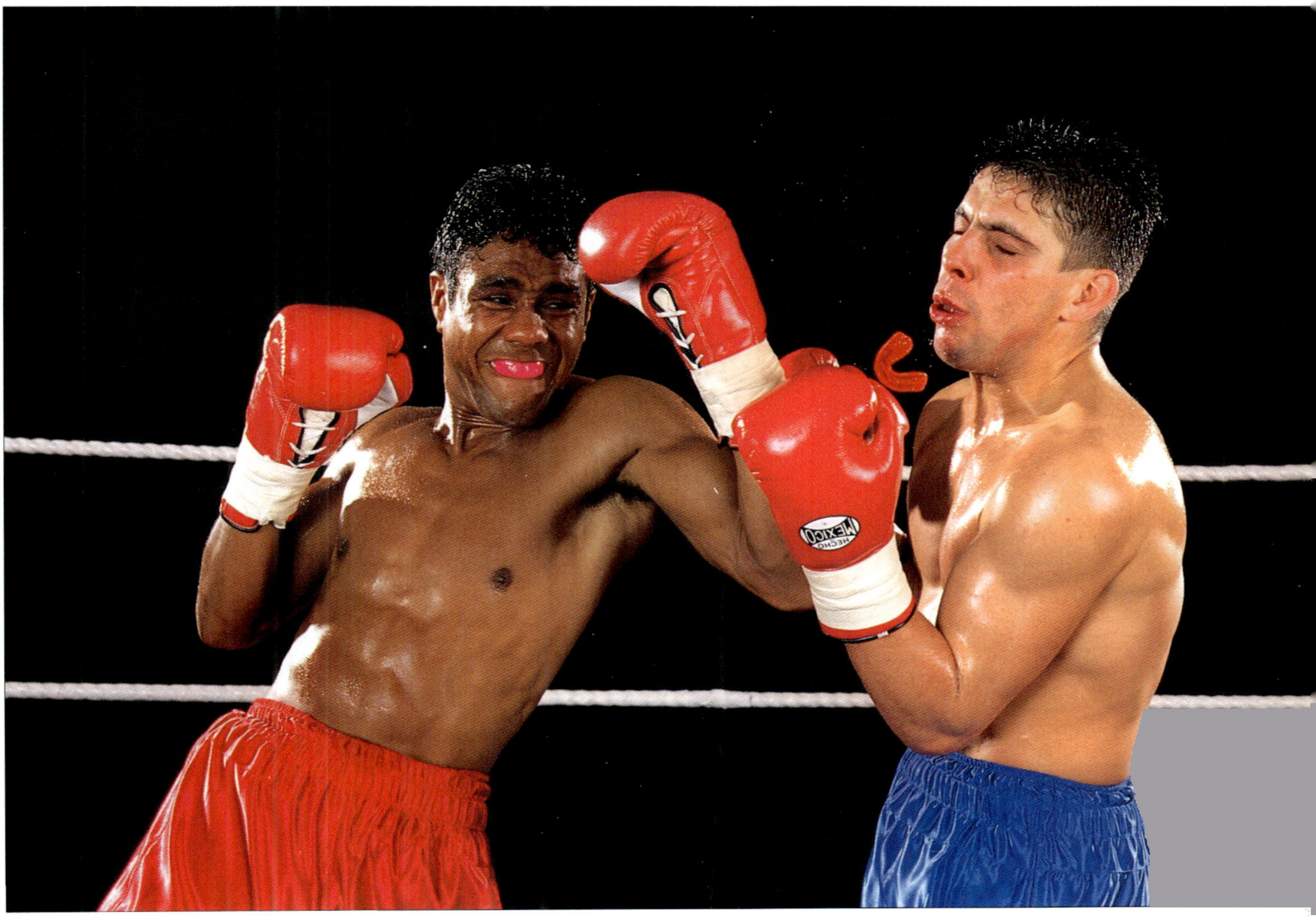

◀ ▲ Der bei dieser Aufnahme eingesetzte Beleuchtungsaufbau könnte während eines wirklichen Kampfes nicht verwendet werden. Die hier gezeigten Schläge wirken real genug, und auch der Schmerz ist echt, wie man am Gesicht des getroffenen Boxers sehen kann. Die Aufnahmen entstanden jedoch während des Boxtrainings. In einem echten Kampf sollten Sie so nah wie möglich an das Geschehen herangehen und einen Aufsteckblitz benutzen.

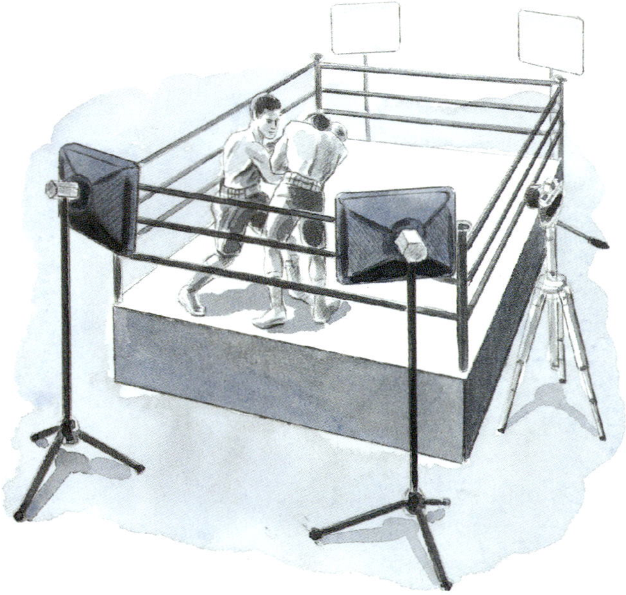

◀ Um den gesamten Ring gleichmäßig auszuleuchten, wurden vor und hinter dem Ring jeweils zwei Studioblitzgeräte aufgestellt. Alle vier Blitzköpfe waren mit Softboxen versehen, um das Licht zu streuen und weicher zu machen. Eines der Blitzgeräte wurde mit der Kamera synchronisiert, die anderen drei wurden mit Slave-Auslösern ausgestattet, damit alle genau gleichzeitig gezündet werden konnten.

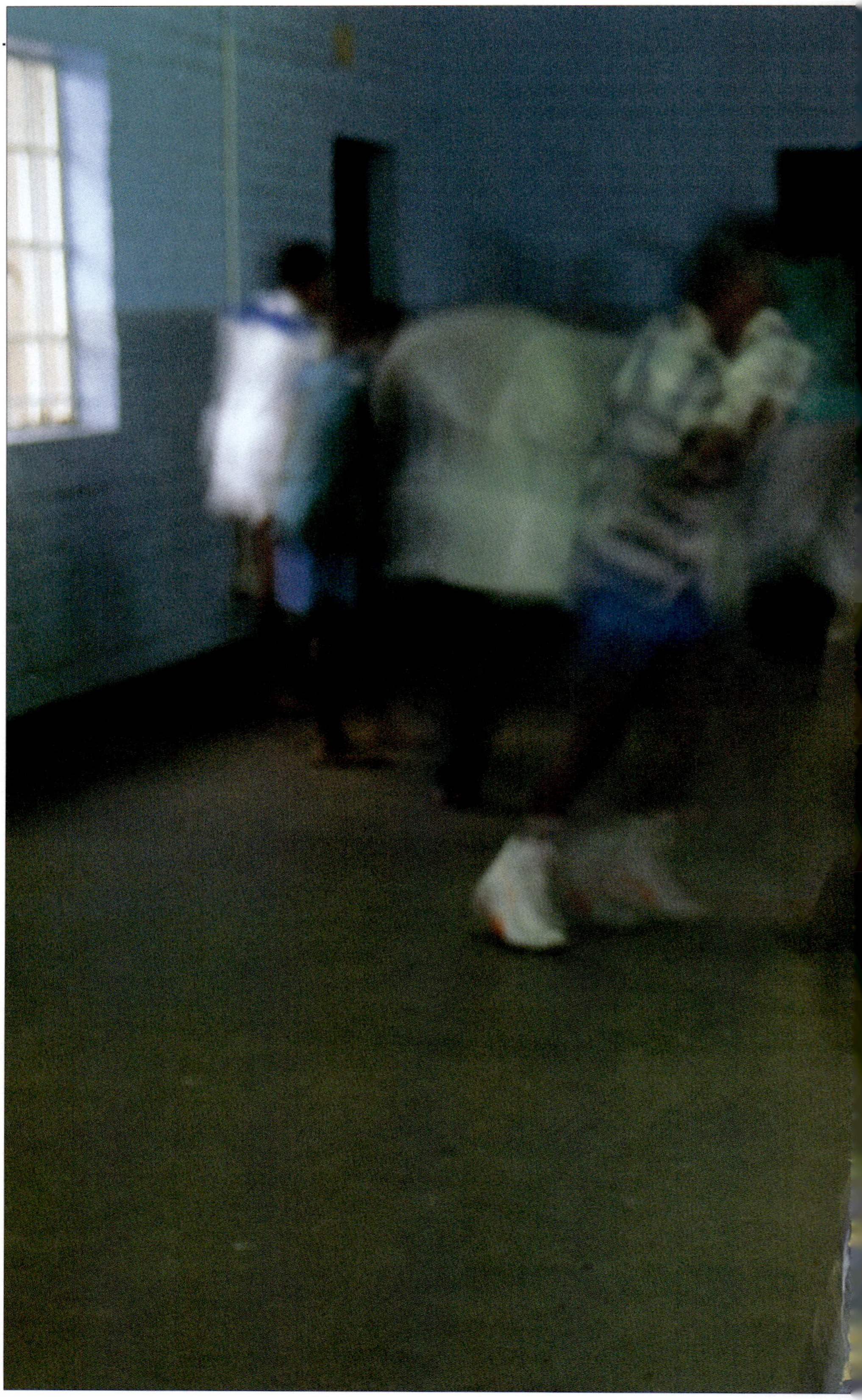

▶ *Obwohl die Blitzdauer nur sehr kurz ist, könnte der Film bei langer Verschlußzeit und guten Lichtverhältnissen zusätzlich zum mit Blitzlicht beleuchteten Bild ein unscharfes Nebenbild aufnehmen. Falls die Belichtungsmessung zum Beispiel ergeben hat, daß eine Verschlußzeit von 1/15 Sekunde unter normalen Aufnahmebedingungen ausreicht (was bei dieser Aufnahme eines Boxtrainings der Fall war), wird das Motiv auch nach der Blitzauslösung noch aufgenommen, bis sich der Verschluß wieder schließt. Das Ergebnis ist eine Kombination von scharfen und verwischten Details, die den Eindruck der Geschwindigkeit, Spannung und Lebendigkeit des Boxtrainings verstärkt. Bei dieser Aufnahme wurde ein einzelnes Studioblitzgerät mit Softbox verwendet.*

FOTOGRAF:
Bob Martin

KAMERA:
Kleinbildkamera

OBJEKTIV:
28–70 mm (bei 65 mm)

FILMEMPFINDLICHKEIT:
ISO 50/18°

BELICHTUNG:
1/15 Sekunde bei Blende 8

BELEUCHTUNG:
Tageslicht und Studioblitzkopf plus Softbox

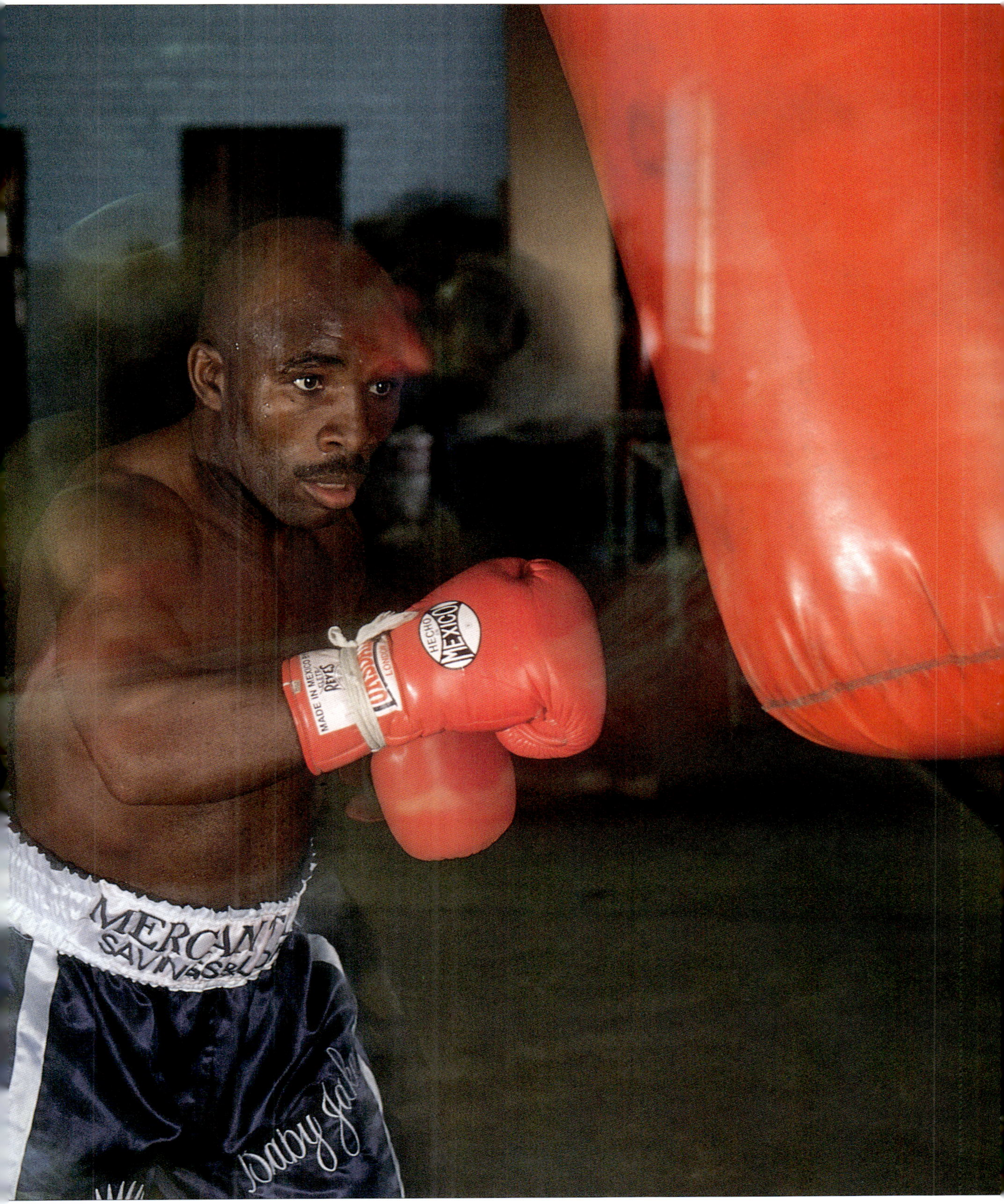
HECHO
MEXICO
MADE IN MEXICO
REYES

Verzeichnis der Bildautoren

Autosport Photographic
60 Waldegrave Road
Teddington
Middlesex
TW11 8LG
Großbritannien
Telefon: + 44 (181) 9435918
Fax: + 44 (181) 9435922

Fotos auf den Seiten 68, 69, 70–71

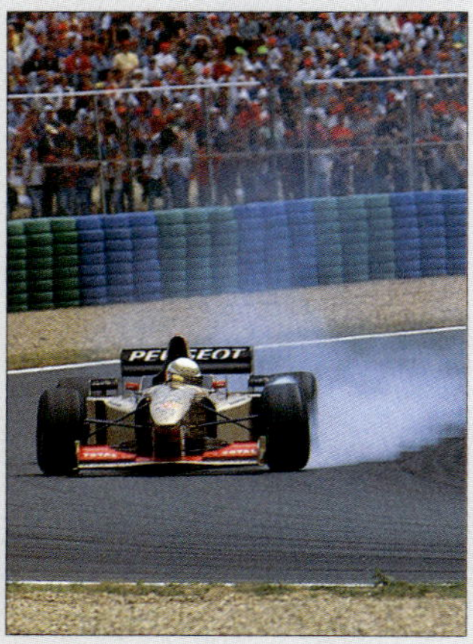

Jose Azel
c/o TSM
Postfach 210
20 Conduit Place
London W2 1HZ
Großbritannien
Telephone: + 44 (171) 2620101
Fax: + 44 (171) 7242274

Foto auf Seite 99

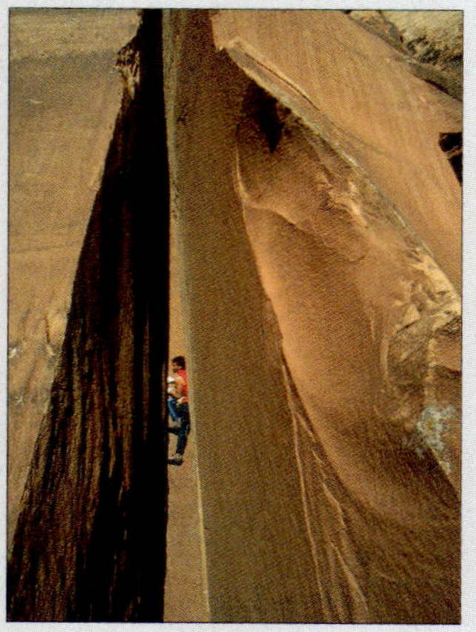

Joe Baker
c/o Refocus
The Photographic Agency
11 Poplar Mews
London W12 7JS
Großbritannien
Telefon: + 44 (181) 7430588
Fax: + 44 (181) 7460242

Im Alter von acht Jahren bekam Joe Baker seine erste Kamera, und bereits in seiner Kindheit und Jugend war Joe begeisterter Hobbyfotograf. Während seiner Schulzeit arbeitete er in einem Porträtstudio und Fotogeschäft, entschied sich aber für ein Maschinenbaustudium.
Schnell stellte sich heraus, daß die Tätigkeit als Maschinenbauingenieur nicht sein Traumberuf war. Also wechselte er zum Rochester Institute of Technology, um dort Fotografie zu studieren. Drei Jahre später übernahm Joe Baker für das Washington Post Photomac Magazine seine erste Auftragsarbeit als freiberuflicher Fotograf. In Washington DC arbeitete er als Freiberufler für die Washington Post und den Washington Star. Nach zweijähriger Tätigkeit in Washington zog Joe Baker nach New York City, wo er einen Job in der Dunkelkammer eines Studios für Werbefotografie annahm. Sieben Studios und 30 Jahre später hat Joe Baker fast alles fotografiert, was man sich denken kann – von Superstars bis hin zu Präsidenten. Joe Baker arbeitet derzeit als Illustrator. In seiner Kunst kombiniert er Fotografie mit Malerei.

Fotos auf den Seiten 24, 25, 26, 27, 144–145

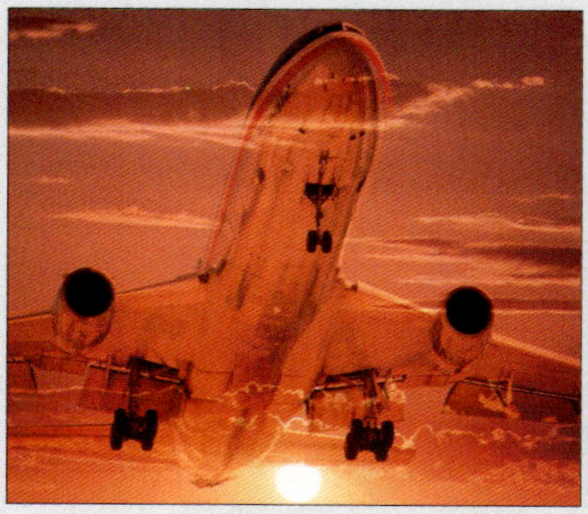

Catherine Chalmers
c/o Refocus
The Photographic Agency
11 Poplar Mews
London W12 7JS
Großbritannien
Telefon: + 44 (181) 7430588
Fax: + 44 (181) 7460242

Catherine Chalmers verließ die Standford University im Jahre 1979 mit einem technischen Abschluß. 1984 erhielt sie vom Royal College of Arts ein Diplom in Malerei. Catherine Chalmers Arbeiten wurden in mehreren größeren Ausstellungen in London und New York gezeigt.
Foto auf Seite 94

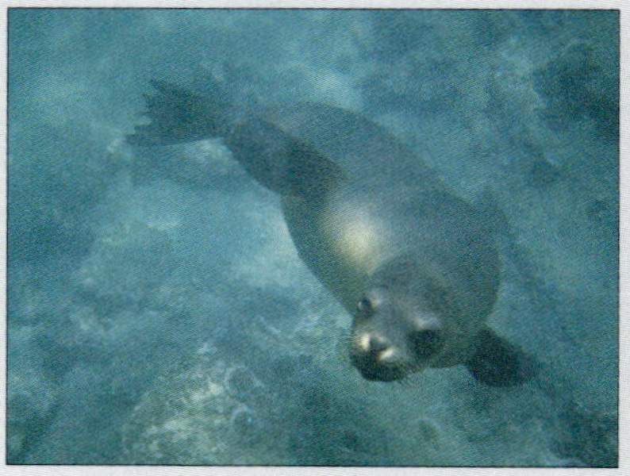

Aaron Chang
c/o TSM
Postfach 210
20 Conduit Place
London W2 1HZ
Großbritannien
Telefon: + 44 (171) 2620101
Fax: + 44 (171) 7242274

Foto auf Seite 97

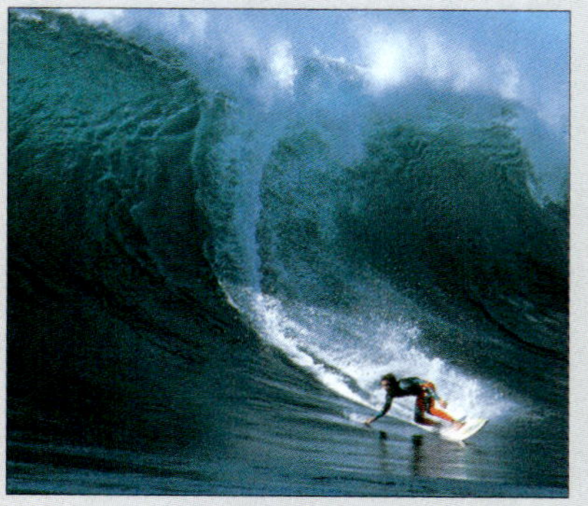

J B Diederich
c/o TSM
Postfach 210
20 Conduit Place
London W2 1HZ
Großbritannien
Telefon: + 44 (171) 2620101
Fax: + 44 (171) 7242274

Foto auf Seite 92

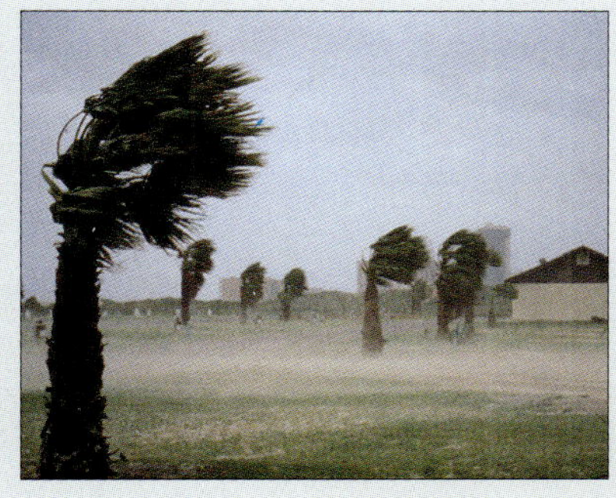

Steve Elmore
c/o TSM
Postfach 210
20 Conduit Place
London W2 1HZ
Großbritannien
Telefon: + 44 (171) 2620101
Fax: + 44 (171) 7242274

Foto auf Seite 84

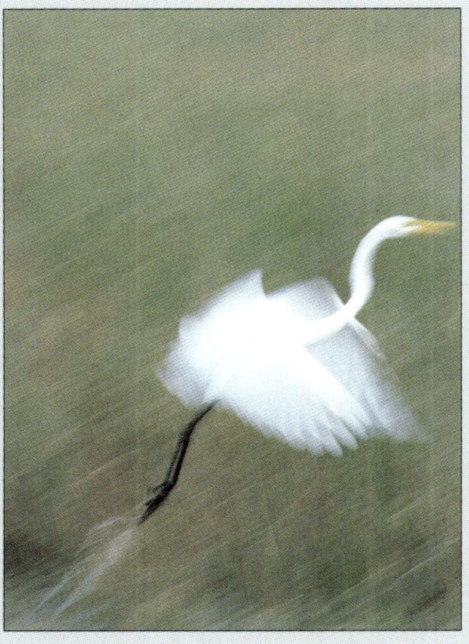

Jim Erickson
c/o TSM
Postfach 210
20 Conduit Place
London W2 1HZ
Großbritannien
Telefon: + 44 (171) 2620101
Fax: + 44 (171) 7242274

Foto auf Seite 96

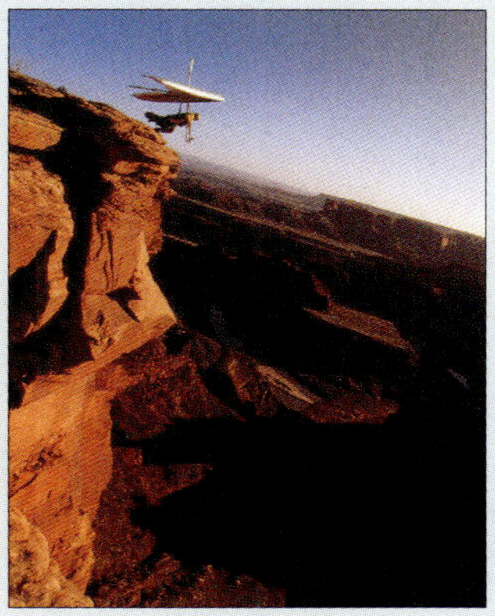

Gary Foxton
c/o Refocus
The Photographic Agency
11 Poplar Mews
London W12 7JS
Großbritannien
Telefon: + 44 (181) 7430588
Fax: + 44 (181) 7460242

Die Lieblingsmotive von Gary Foxton sind Sportarten, bei denen Menschen mit den Elementen kämpfen, wie zum Beispiel Surfen, Kajakfahren, Mountain-Biking etc.

Wenn Gary Foxton eine Sportveranstaltung fotografiert, versucht er durch seine Arbeit, dem Betrachter die Spannung und Dramatik der Situation zu vermitteln und das Gefühl einzufangen, »dabei« zu sein. Um dieses Ziel zu erreichen, wendet er eine Reihe von Techniken an, wie zum Beispiel lange Synchronzeiten und lange Verschlußzeiten in Kombination mit Weitwinkelobjektiven.

Fotos auf den Seiten 28, 29, 126, 127,128, 129, 130–131, 132, 133

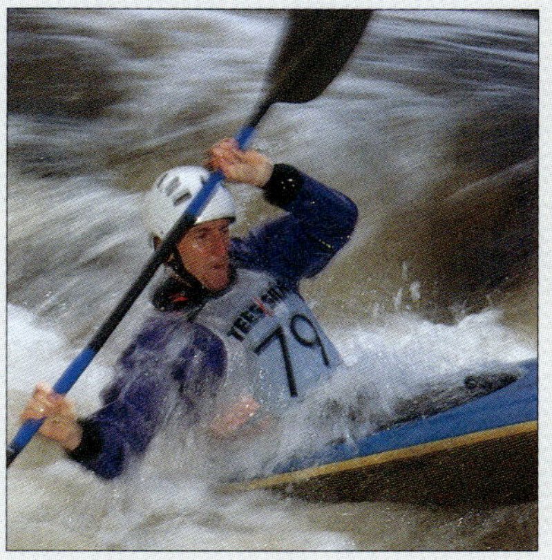

Mark Gamba
c/o TSM
Postfach 210
20 Conduit Place
London W2 1HZ
Großbritannien
Telefon: + 44 (171) 2620101
Fax: + 44 (171) 7242274

Mark Gamba bevorzugt die Fotografie von Extremsportarten wie zum Beispiel Free-Climbing, da er selbst diese Sportarten betreibt. Viele seiner Aufnahmen wären ohne eine gewisse Eigenerfahrung in diesen Bereichen gar nicht möglich gewesen. Zu seinen Lieblingsmotiven gehören derzeit Kajakfahren und Tauchen, obwohl er sich auch für andere Sportarten, wie zum Beispiel Skifahren, Eisklettern, Mountain-Biking, Kanufahren und Wandern begeistern kann.

Foto auf Seite 160

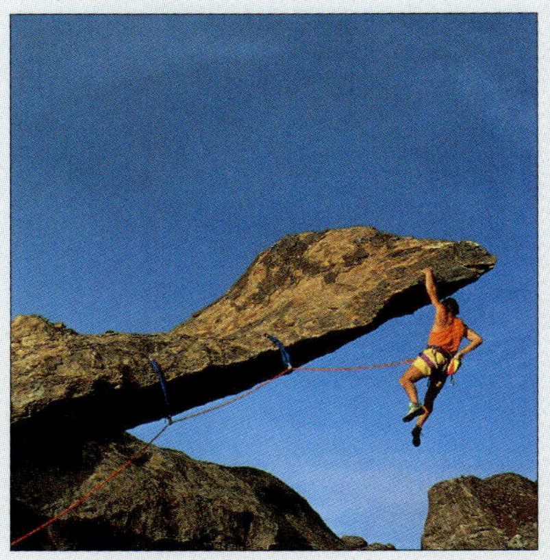

Ned Gillette
c/o TSM
Postfach 210
20 Conduit Place
London W2 1HZ
Großbritannien
Telefon: + 44 (171) 2620101
Fax: + 44 (171) 7242274

Ned Gillette behauptet von sich, daß er vordergründig Forscher sei und erst deshalb mit dem Fotografieren begonnen hätte, weil er seine Geschichten erzählen wollte. Durch seine Bilder kann er mit den Aktivitäten, die er am meisten liebt, seinen Lebensunterhalt verdienen: Expeditionen in die entlegensten Gebiete der Welt..

Fotos auf den Seiten 98–99

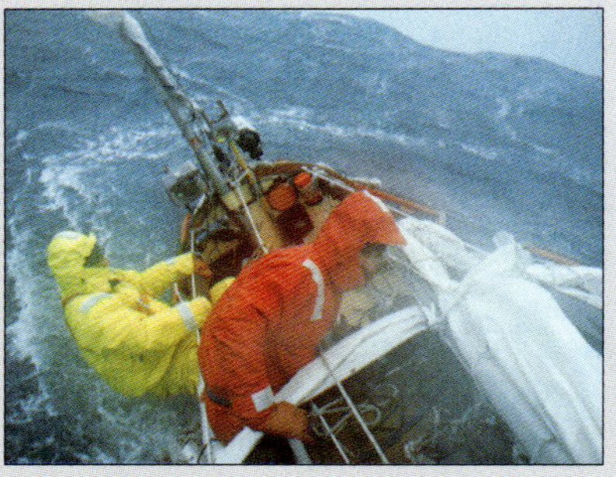

Globus, Holway & Lobel
c/o TSM
Postfach 210
20 Conduit Place
London W2 1HZ
Großbritannien
Telefon: + 44 (171) 2620101
Fax: + 44 (171) 7242274

Foto auf den Seiten 146–147

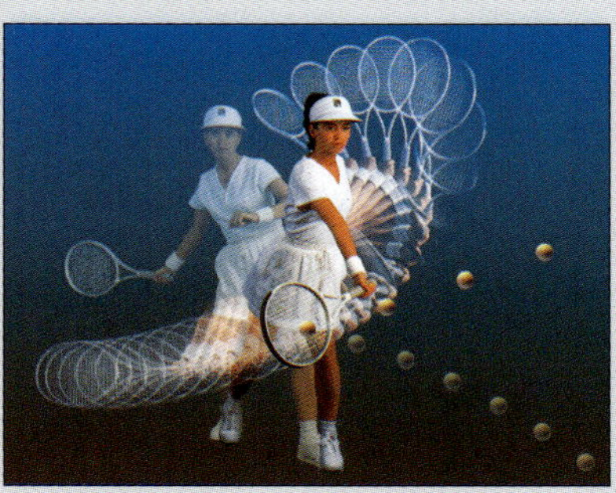

Hans Halberstadt
c/o TSM
Postfach 210
20 Conduit Place
London W2 1HZ
Großbritannien
Telefon: + 44 (171) 2620101
Fax: + 44 (171) 7242274

Hans Halberstadt ist Autor mehrerer Bücher über Streitkräfte und militärische Einrichtungen der Neuzeit mit Schwerpunkt Sondereinsätze, Kampfflugzeuge und Bodentruppen. Er hat eine Ausbildung als Dokumentarfilmer gemacht und wendet auch in der Fotografie Techniken aus diesem Bereich an. Fast alle seine 37 Bücher sind reich bebildert. Abgesehen von seinen 25 Bänden über militärische Themen hat er auch Bücher über amerikanische Farmer, Motorräder und Eisenbahnen und Lokomotiven geschrieben.

Foto auf Seite 52

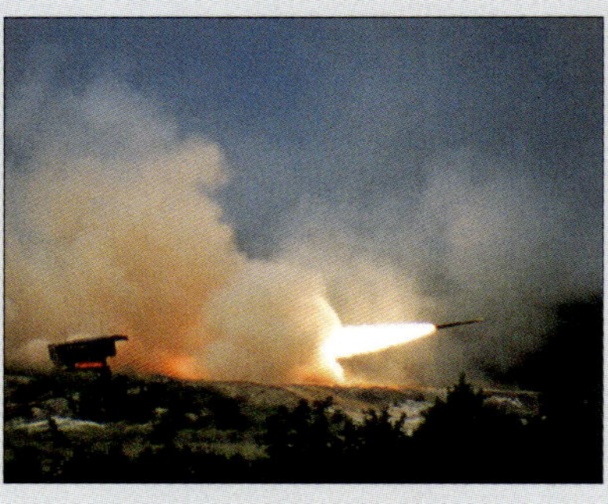

Simon Hennessey
18 Southdown Road
Portslade on Sea
East Sussex BN41 2HN
Großbritannien
Telefon: + 44 (1273) 415763

Simon Hennessey studierte zwei Jahre lang Fotografie an der Schule für Kunst und Design in Epsom und erhielt ein Abschlußdiplom mit Schwerpunkt audiovisuelle Fotografie. Gleich nach dem Studium begann er, als Freiberufler für eine Lokalzeitung zu arbeiten und nahm auch Aufträge in den Bereichen Porträt- und Hochzeitsfotografie an, um über die Runden zu kommen. 1984 nahm er sein Studium wieder auf, um einen weiteren Abschluß in Fotografie zu machen und arbeitete nebenher als Presse- und Gerichtsfotograf bei der Feuerwehr. Nach Beendigung seines Studiums arbeitete Simon Hennessey als Pressefotograf für verschiedene Zeitungen, brach aber seine Verbindungen zur Feuerwehr niemals ab. Die Chance für einen großen Karrieresprung kam 1988, als er zunächst zu den Printmedien und dann ins Verlagswesen wechselte.

Fotos auf den Seiten 64, 65, 66–67, 102, 103, 104, 104–105, 106, 107, 112, 113, 114, 115, 116, 117, 118, 119

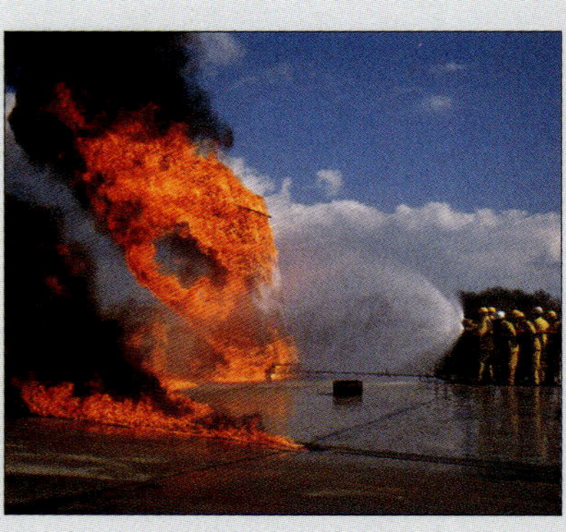

Mark A Johnson
c/o TSM
Postfach 210
20 Conduit Place
London W2 1HZ
Großbritannien
Telefon: + 44 (171) 2620101
Fax: + 44 (171) 7242274

Obwohl Mark Johnson auf vielen fotografischen Spezialgebieten tätig ist, haben seine Fotos eines gemein: Sie spielen sich alle in freier Natur ab. Mark Johnson fotografiert hauptsächlich Wellenreiter und Wellen, Windsurfer, Mountain-Biker, die Natur und Landschaften, Lifestyle und Reisen.
Er begann im Alter von 15 Jahren, Surfer zu fotografieren, denn er hatte selbst eine Vorliebe für diesen Sport. Seit sechs Jahren ist er freiberuflicher Profifotograf.

Foto auf Seite 91

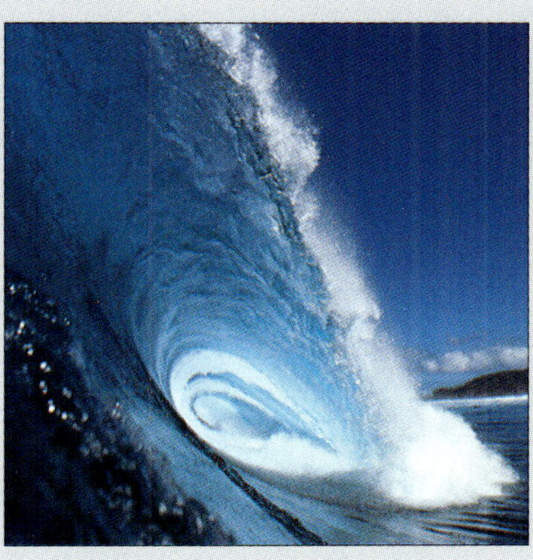

Darrell Jones
c/o TSM
Postfach 210
20 Conduit Place
London W2 1HZ
Großbritannien
Telefon: + 44 (171) 2620101
Fax: + 44 (171) 7242274

Foto auf Seite 95

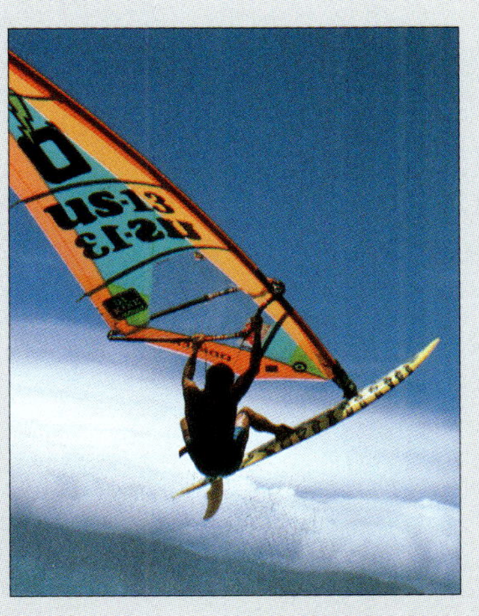

Nick Kleinberg
c/o TSM
Postfach 210
20 Conduit Place
London W2 1HZ
Großbritannien
Telefon: + 44 (171) 2620101
Fax: + 44 (171) 7242274

Foto auf Seite 7

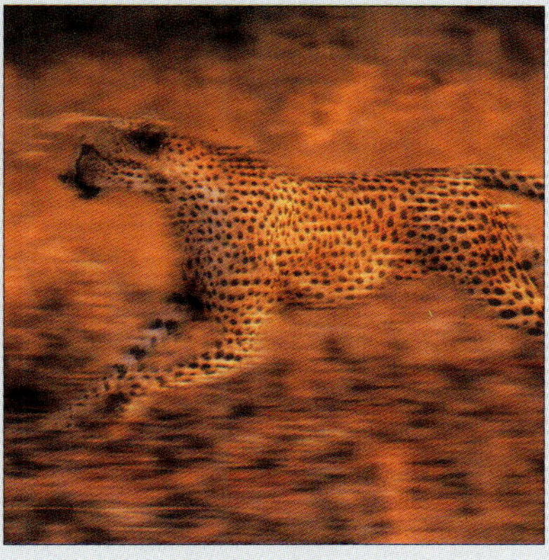

Bob Krist
c/o TSM
Postfach 210
20 Conduit Place
London W2 1HZ
Großbritannien
Telefon: + 44 (171) 2620101
Fax: + 44 (171) 7242274

Bob Krist ist freiberuflicher Fotograf und arbeitet regelmäßig für Zeitschriften wie Travel/Holiday, Travel & Leisure, Islands, Gourmet und National Geographic. Die Fotos dieser weltweiten Aufträge sind in den Wettbewerben »Picture of the Year«, »Communication Arts« und »World Press« ausgezeichnet worden. Von der »Society of American Travel Writers« erhielt er den Titel »Reisefotograf des Jahres '94«, und seine Arbeiten sind auf dem Titelblatt und in einem 10-seitigen Portfolio in einer Ausgabe des berühmten Communication Arts veröffentlicht worden.

Als Autor und Fotograf ist Bob Krist seit sieben Jahren Redakteur und Fotokolumnist bei der Zeitschrift Travel & Leisure. Derzeit ist er auch Redakteur beim National Geographic Traveler, wo er eine Kolumne schreibt. Bob Krist arbeitet gelegentlich als Bildjournalist fürs Fernsehen und unterrichtet Reisefotografie im »Maine Photo Workshop«.

Foto auf Seite 17

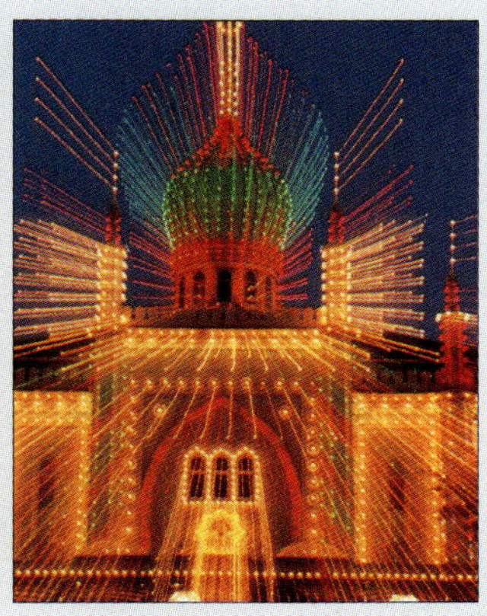

Mark M Lawrence
c/o TSM
Postfach 210
20 Conduit Place
London W2 1HZ
Großbritannien
Telefon: + 44 (171) 2620101
Fax: + 44 (171) 7242274

Mark Lawrence lebt in Fort Lauderdale, Florida, und fotografiert seit 1977 die Unterwasserwelt. Als freiberuflicher Fotograf hat er seit 1983 viele Aktivitäten der NASA auf Film gebannt, und seine Auftragsarbeiten zu Umweltthemen erscheinen in vielen amerikanischen Wirtschaftszeitungen. Seine Fotos der NASA und die unter Wasser aufgenommenen Bilder des Spaceshuttles sind als Poster, in Büchern, Geschäftsberichten und Zeitschriften veröffentlicht worden. Sie wurden auf der ganzen Welt für Werbezwecke genutzt.

Foto auf Seite 53

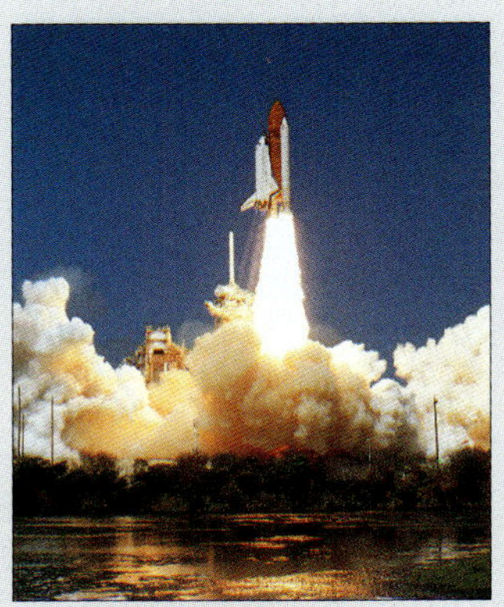

Chris Marona
c/o Refocus
The Photographic Agency
11 Poplar Mews
London W12 7JS
Großbritannien
Telefon: + 44 (181) 7430588
Fax: + 44 (181) 7460242

Der Cowboy-Fotograf Chris Marona hat eine besondere Vorstellung vom Wilden Westen. Seine Fotos verschmelzen Farbe, Licht und dramatische Wirkung auf einzigartige Weise, die das Wesen der alten Cowboy-Traditionen widerspiegeln. Mit seiner Kleinbild- oder Mittelformatkamera porträtiert er echte Cowboys bei der Arbeit.
Chris Marona arbeitet seit 1983 als Fotograf und ist in den USA für seine Kunstfotografien bekannt, die in Kunstgalerien im ganzen Land ausgestellt werden. Seine Bilder sind in vielen Zeitungen und Zeitschriften veröffentlicht worden, darunter Time, USA Today und Cowboys and Indians. Chris Marona wuchs in Arizona auf, lebt aber heute in Durango, Colorado.

Fotos auf den Seiten 120, 121, 122, 122–123, 124, 124–125

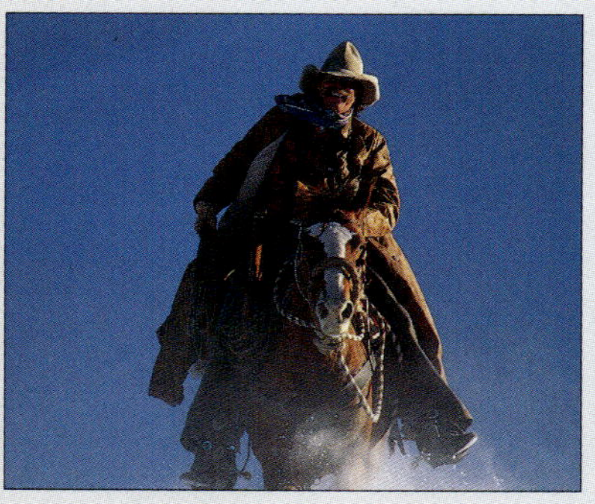

Bob Martin
14 West End Gardens
Esher
Surrey KT10 8LD
Großbritannien
Telefon: + 44 (1372) 464400
Fax: + 44 (1372) 468335

Seine fünfzehnjährige Karriere als Sportfotograf hat Bob Martin ein beachtliches Ansehen eingetragen. Er ist mit vielen Preisen ausgezeichnet worden, zum Beispiel mit dem Titel »Sportfotograf des Jahres«, und arbeitet seit drei Jahren fest für Sports Illustrated in New York. Die Fotos von Bob Martin sind in Zeitungen und Zeitschriften wie *Time*, *Life*, *Sports Illustrated*, *Newsweek*, *New York Times Magazine*, *Paris Match*, *Stern*, *Bunte* und *The Sunday Times (London)* erschienen.

Fotos auf den Seiten 20, 21, 22, 23, 30–31, 31, 32–33, 34–5, 35, 36, 37, 38, 39, 42–43, 43, 44–45, 46, 46–47, 48, 49, 50–51, 54, 55, 56, 56–57, 59, 60, 61, 62, 63, 72–73, 74, 74–75, 76–77, 108, 109, 110, 111, 136–137, 138, 138–139, 148, 149, 150–151

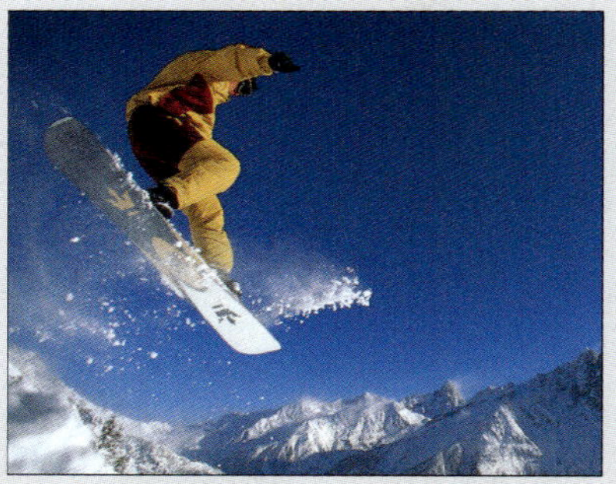

Don Mason
c/o TSM
Postfach 210
20 Conduit Place
London W2 1HZ
Großbritannien
Telefon: + 44 (171) 2620101
Fax: + 44 (171) 7242274

Nach Abschluß seines Studiums am »Rochester Institute of Technology«, zog Don Mason nach Chicago, wo er als Assistent das fotografische Handwerk erlernte. Danach zog er nach Kansas City, wo er als festangestellter Fotograf für ein Designstudio arbeitete. 1986 eröffnete Don Mason in Seattle sein eigenes Studio.

Foto auf Seite 1

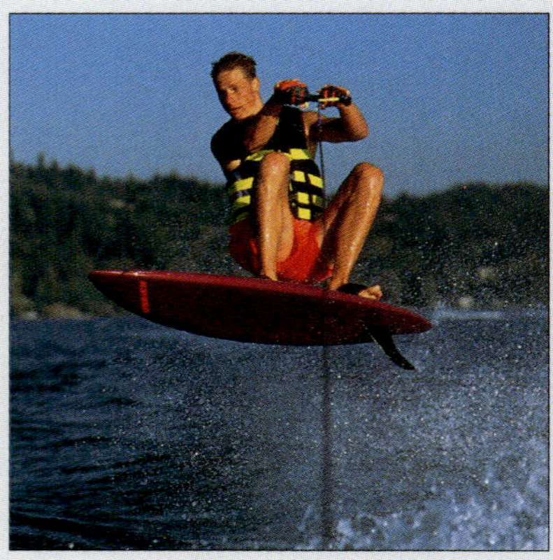

Douglas Mesney
c/o TSM
Postfach 210
20 Conduit Place
London W2 1HZ
Großbritannien
Telefon: + 44 (171) 2620101
Fax: + 44 (171) 7242274

Douglas Mesney ist seit fast drei Jahrzehnten auf Industriefotografie spezialisiert. Viele seiner Arbeiten wurden in großen audiovisuellen Präsentationen mit teilweise über 100 Projektoren verwendet. Sein bevorzugtes Filmmaterial ist seit einiger Zeit der Farbnegativfilm: Da ein Großteil seiner Arbeiten auf Photo-CD übertragen wird, spielt es für ihn eine Rolle, daß auf Farbnegativfilmen Farbstiche, die in Fabriken und ähnlichen Locations aufgrund des Mischlichts so häufig auftreten, weniger deutlich sichtbar sind.

Foto auf Seite 9

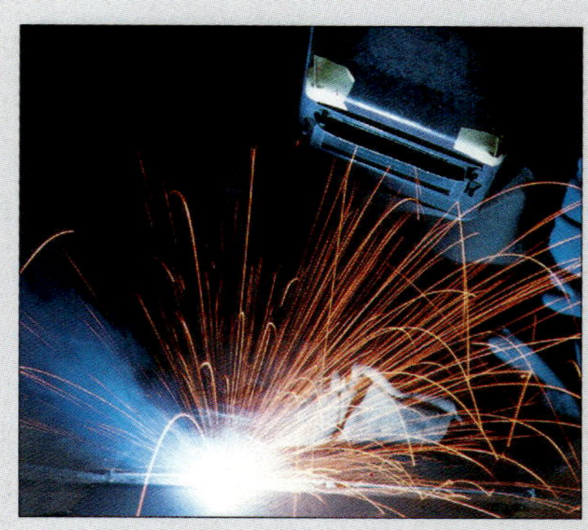

Amos Nachoum
c/o TSM
Postfach 210
20 Conduit Place
London W2 1HZ
Großbritannien
Telefon: + 44 (171) 2620101
Fax: + 44 (171) 7242274

Amos Nachoum ist ein naturbegeisterter Tierfotograf, der sich durch die Tierwelt inspiriert fühlt. Sein bevorzugter Aufnahmegegenstand ist das Leben und Verhalten von Haien, Walen und Delphinen, die er weltweit fotografiert. Um das in diesem Buch gezeigte Bild des Hais zu machen, köderte Amos Nachoum das Tier mit Thunfisch, den er an einer Stange nah an der Wasseroberfläche aufhing. Er ahnte das Verhalten des Hais voraus und legte die Schärfe auf den Köder. Es dauerte nicht lange, bis ein 5 m langer Hai aus dem Wasser schnellte. Er hielt den Atem an, um sich auf dem auf- und abschaukelnden Bootsdeck so wenig wie möglich zu bewegen und rang diesem außergewöhnlichen Motiv drei Aufnahmen ab.

Foto auf Seite 87

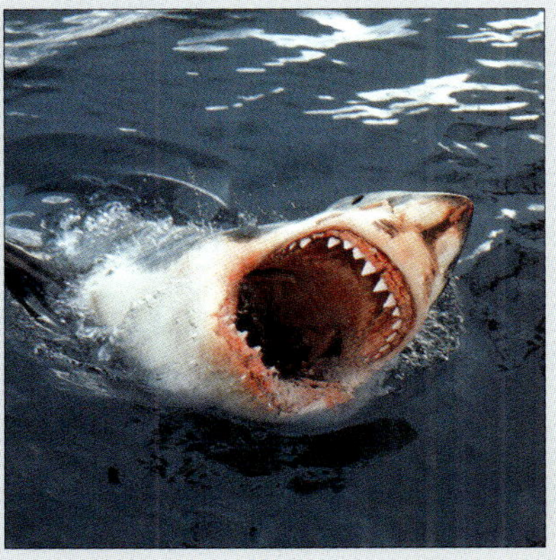

Tom Nebbia
c/o TSM
Postfach 210
20 Conduit Place
London W2 1HZ
Großbritannien
Telefon: + 44 (171) 2620101
Fax: + 44 (171) 7242274

Tom Nebbia lernte die Fotografie auf den Schlachtfeldern des Korreakrieges kennen, wo er als Kameramann für die Armee tätig war. Als er ins zivile Leben zurückkehrte, erhielt er eine Anstellung als Pressefotograf in Columbia, South Carolina, wo er in den drei darauffolgenden Jahren vielfach ausgezeichnet wurde. 1958 wurde er in den festen Mitarbeiterstab des National Geographic aufgenommen, wo seine Arbeiten wiederum viele Auszeichnungen und Preise erhielten.

Foto auf Seite 83

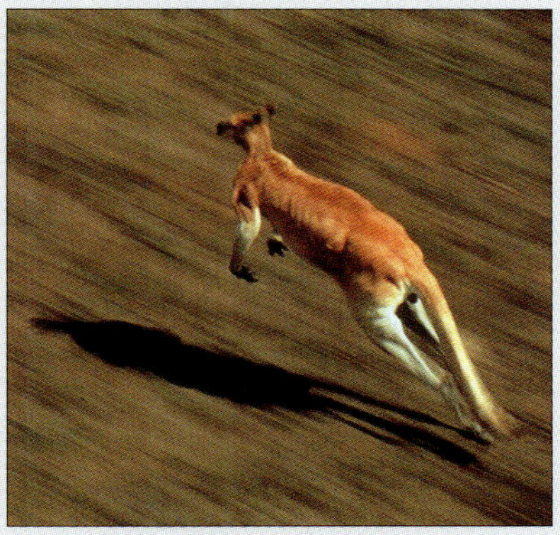

Dale O'Dell
c/o TSM
Postfach 210
20 Conduit Place
London W2 1HZ
Großbritannien
Telefon: + 44 (171) 2620101
Fax: + 44 (171) 7242274

Fotos auf den Seiten 2–3

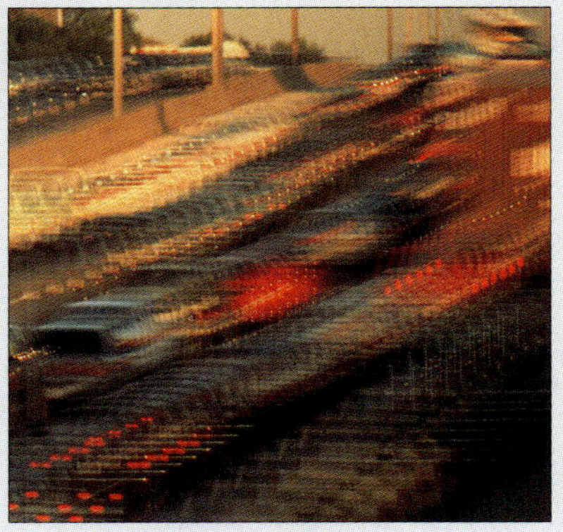

David Pollack
c/o TSM
Postfach 210
20 Conduit Place
London W2 1HZ
Großbritannien
Telefon: + 44 (171) 2620101
Fax: + 44 (171) 7242274

Foto auf Seite 8

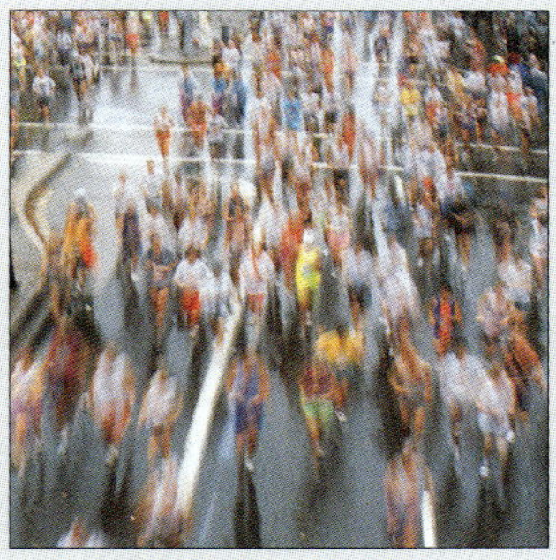

Benjamin Rondel
c/o TSM
Postfach 210
20 Conduit Place
London W2 1HZ
Großbritannien
Telefon: + 44 (171) 2620101
Fax: + 44 (171) 7242274

Benjamin Rondel versucht bei all seinen Reisen, die Besonderheiten, die jede Stadt zu bieten hat, auf Film zu bannen.

Foto auf Seite 19

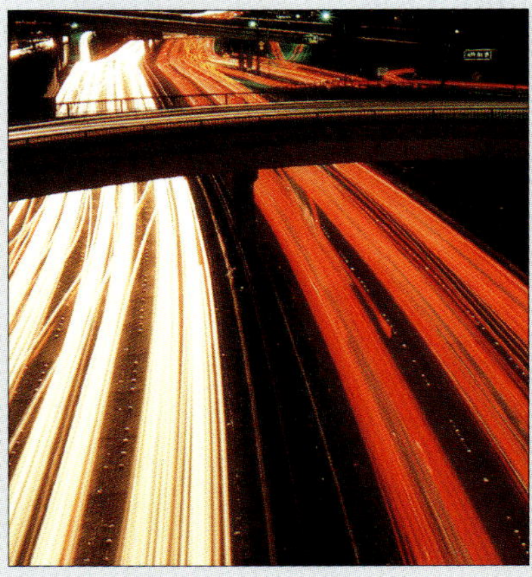

Pete Saloutos
c/o TSM
Postfach 210
20 Conduit Place
London W2 1HZ
Großbritannien
Telefon: + 44 (171) 2620101
Fax: + 44 (171) 7242274

Foto auf Seite 18

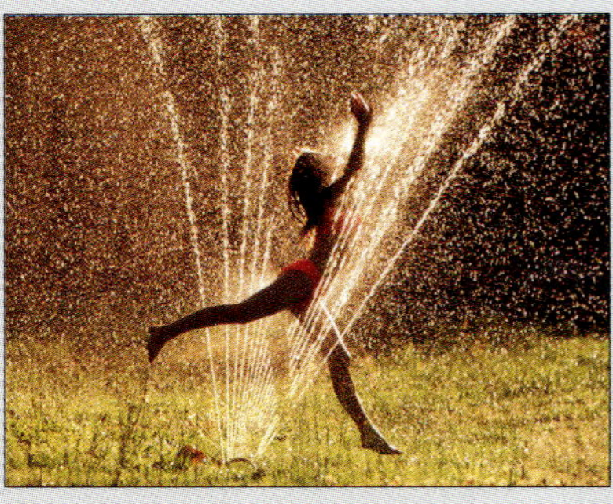

Tom Sanders
c/o TSM
Postfach 210
20 Conduit Place
London W2 1HZ / Großbritannien
Telefon: + 44 (171) 2620101
Fax: + 44 (171) 7242274

Der Schlüssel zum Erfolg von Tom Sanders beim Fotografieren von Fallschirmspringern ist sein umgebauter Motocrosshelm, auf dem seine Kamera befestigt ist. Für Aufnahmen im freien Fall ist eine problemlose, einfache Kamerabedienung wesentlich. Tom Sanders verwendet ein beim Militär gebräuchliches Sichtgerät, um die Kamera auszurichten und hält in der einen Hand einen elektrischen Kabelfernauslöser und in der anderen eine Reihe von Drucktasten, mit denen er den Motorantrieb bedient. Aufgrund des zusätzlichen Gewichts der Kamera trägt der Fotograf einen Overall mit speziellen Seitenteilen. Das große Gewicht, das er hauptsächlich auf dem Kopf trägt, kompensiert er dadurch, daß er nur häufig benutzte Fallschirme verwendet. Je häufiger ein Fallschirm eingesetzt wird, desto dehnbarer ist das Material. Dadurch ist der Kopf des Springers beim Öffnen des Fallschirms einer geringeren Belastung ausgesetzt.

Fotos auf den Seiten 140–141, 142–143

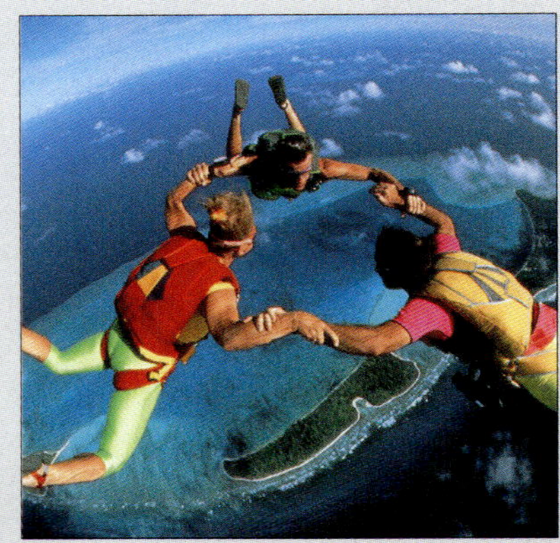

Ron Sanford
c/o TSM
Postfach 210
20 Conduit Place
London W2 1HZ
Großbritannien
Telefon: + 44 (171) 2620101
Fax: + 44 (171) 7242274

Schon seit über 20 Jahren arbeitet Ron Sanford erfolgreich als Natur- und Reisefotograf. Seine Bilder entstanden auf der ganzen Welt. Im Hinblick auf die dramatische Wirkung und die Qualität der fotografischen Themen hält Ron Sanford den Südosten Alaskas, wo seine Walaufnahmen gemacht wurden, nach wie vor für eines der fotografisch interessantesten Gebiete der Erde. Wie bei all seinen Naturfotos verfolgt er auch hier das Ziel, einen besonderen Augenblick in der Natur einzufangen, ohne sie jedoch zu beeinflussen.

Fotos auf den Seiten 80–81, 82–83, 84–85

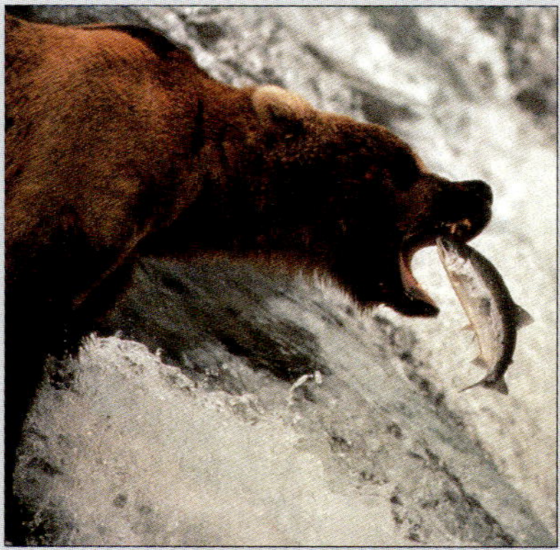

Grafton Marshall Smith
c/o TSM
Postfach 210
20 Conduit Place
London W2 1HZ
Großbritannien
Telefon: + 44 (171) 2620101
Fax: + 44 (171) 7242274

Foto auf Seite 86

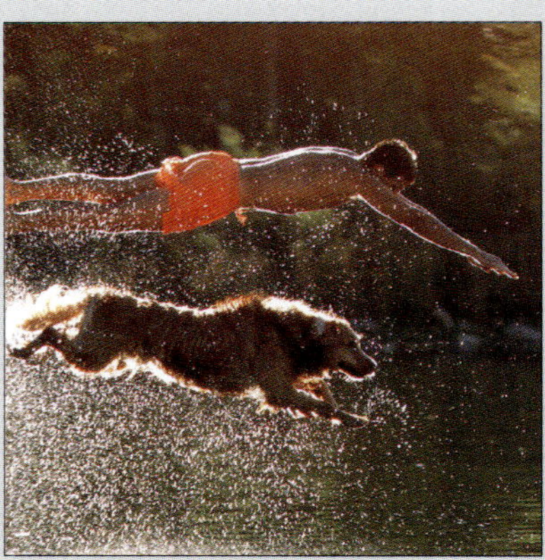

The Stock Market (TSM)
Postfach 210
20 Conduit Place
London W2 1HZ
Großbritannien
Telefon: + 44 (171) 2620101
Fax: + 44 (171) 7242274

TSM wurde im Jahr 1981 gegründet und ist heute eine der führenden unabhängigen internationalen Bildagenturen. Nach 15jähriger Tätigkeit expandiert TSM immer noch und kann eine umfassende Sammlung von über 3 Millionen zeitgenössischen Fotos vorweisen, die in über 7500 Kategorien eingeteilt sind und die Arbeiten von über 250 internationalen Topfotografen darstellen. Zu den Produkten von TSM gehören zehn Fotokataloge und drei nach Titelworten geordnete Mac/PC-kompatible CD-ROMs. TSM hat auch eine eigene Webseite erstellt: (http://www.trmphoto.com)

Bill Stormont
c/o TSM
Postfach 210
20 Conduit Place
London W2 1HZ
Großbritannien
Telefon: + 44 (171) 2620101
Fax: + 44 (171) 7242274

Seit zehn Jahren fotografiert Bill Stormont Brände. Die zündende Idee hatte er, als er von der Stadt in eine ländliche Gegend der USA zog und Mitglied der freiwilligen Feuerwehr wurde. Seiner Meinung nach ähnelt die Fotografie von Bränden der Sportfotografie – sie bietet äußerst dramatische Höhepunkte und unerwartete Entwicklungen. Er sagt, daß es äußerst befriedigend ist, so nah wie möglich an ein Feuer heranzukommen und das Ereignis auf Film zu bannen.

Foto auf Seite 88

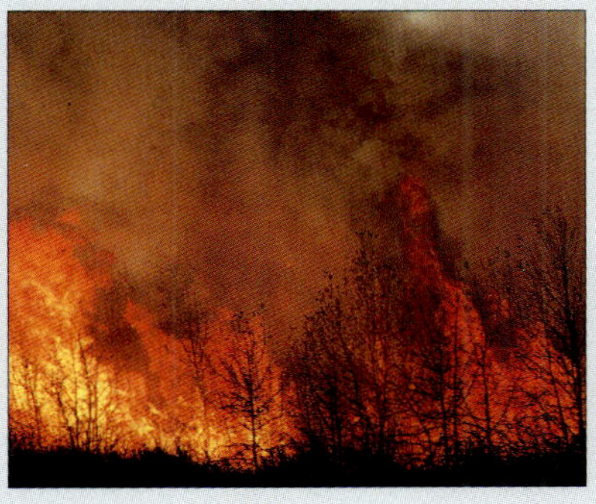

Lena Trindade
c/o TSM
Postfach 210
20 Conduit Place
London W2 1HZ / Großbritannien
Telefon: + 44 (171) 2620101
Fax: + 44 (171) 7242274

Wenn Lena Trindade über die Art und Weise nachdenkt, wie sich das Wesen des Lebens am besten ausdrückt, fällt ihr spontan »Bewegung« ein. Im Rahmen der höheren Ausdrucksformen des Menschen wird Bewegung am besten durch den Tanz dargestellt.

Foto auf Seite 19

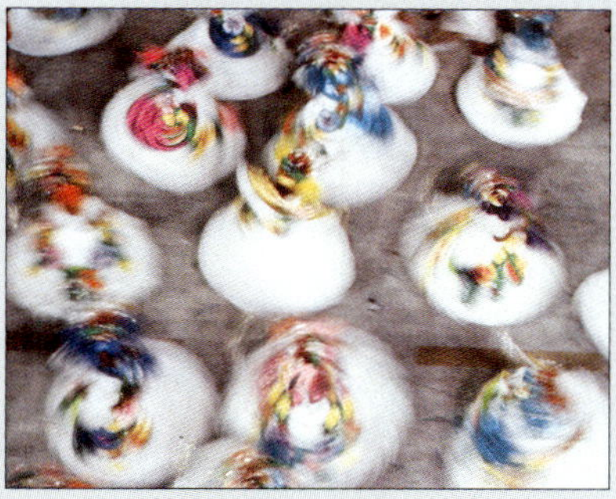

Graig Tuttle
c/o TSM
Postfach 210
20 Conduit Place
London W2 1HZ
Großbritannien
Telefon: + 44 (171) 2620101
Fax: + 44 (171) 7242274

Graig Tuttle hat besonders viel Erfahrung mit der Fotografie von Wellen. Regelmäßig riskiert er Leib und Leben, wenn er sich für eine seiner zauberhaften Aufnahmen hautnah an die Brandung heranwagt.

Fotos auf den Seiten 90-91

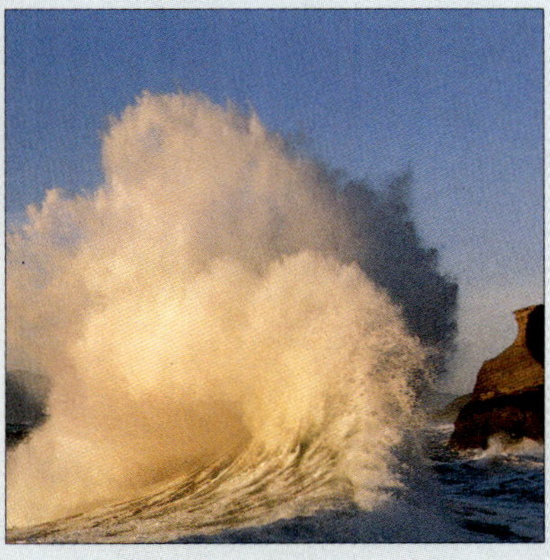

Arjen & Jerrine Verkaik
c/o TSM
Postfach 210
20 Conduit Place
London W2 1HZ
Großbritannien
Telefon: + 44 (171) 2620101
Fax: + 44 (171) 7242274

Arjen & Jerrine Verkaik (Skyart) gehören zu einem international anerkannten Team von Fotografen, das die vielen Gesichter des Himmels einzufangen versucht. Ihre große Fotosammlung umfaßt über 40 000 Bilder und Filme mit Zeitrafferaufnahmen. Ihre Begeisterung für den Himmel als Fotomotiv ist ansteckend. Mit Berichten im Radio, im Fernsehen und in den Printmedien ermutigen die Fotografen auch andere Menschen, der Schönheit und den Geheimnissen des Himmels Beachtung zu schenken: Dem aufmerksamen Beobachter sind sie jederzeit zugänglich.

Fotos auf den Seiten 89, 93

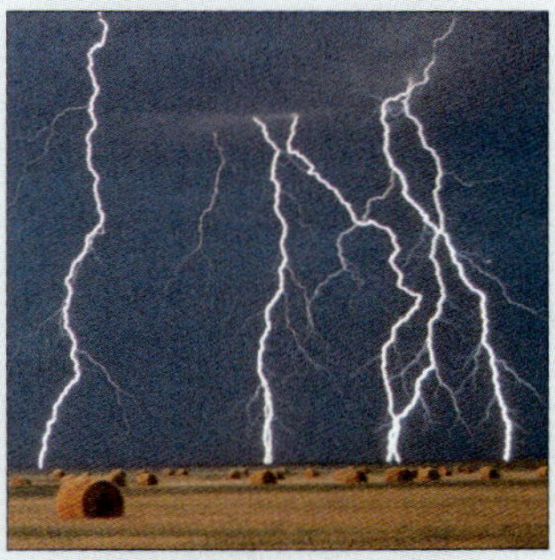

Anne-Marie Weber
c/o TSM
Postfach 210
20 Conduit Place
London W2 1HZ
Großbritannien
Telefon: + 44 (171) 2620101
Fax: + 44 (171) 7242274

Foto auf Seite 16

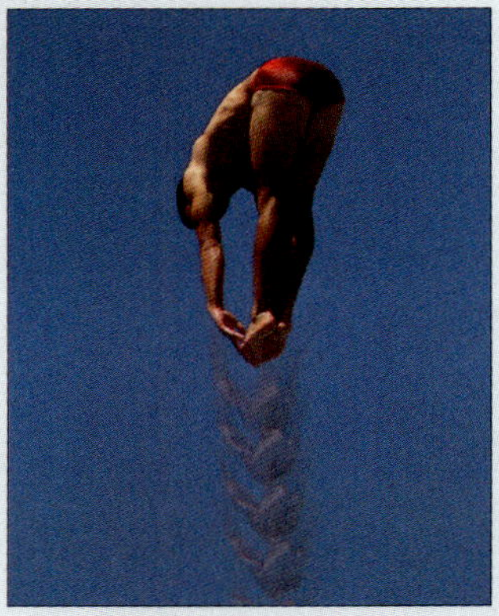

DANKSAGUNG

Die Herstellung dieses Buches wäre ohne die Großzügigkeit vieler Fotografen, die ihre Arbeiten unentgeltlich zur Verfügen stellten, nicht möglich gewesen. Die Verleger möchten den Fotografen auf diesem Wege für ihre wertvollen Beiträge danken. Ebenso gebührt den auf den Fotos abgebildeten Personen unser Dank.

Darüber hinaus möchten die Verleger folgenden Einzelpersonen und Unternehmen für ihre Mithilfe und ihren technischen und beruflichen Rat danken: Brian Morris und Angie Patchell bei RotoVision SA, Bob Martin, der uns großzügig Zugang zu seinem Fotoarchiv ermöglichte, E.T. Archive und den Herstellern der Kameras, Objektive, Blitz- und anderer Beleuchtungsgeräte, die auf den ersten Seiten dieses Buches abgebildet sind, insbesondere den Importeuren von Hasselblad und Multiblitz.

Alle Illustrationen in diesem Buch wurden von Kate Simunek gezeichnet.

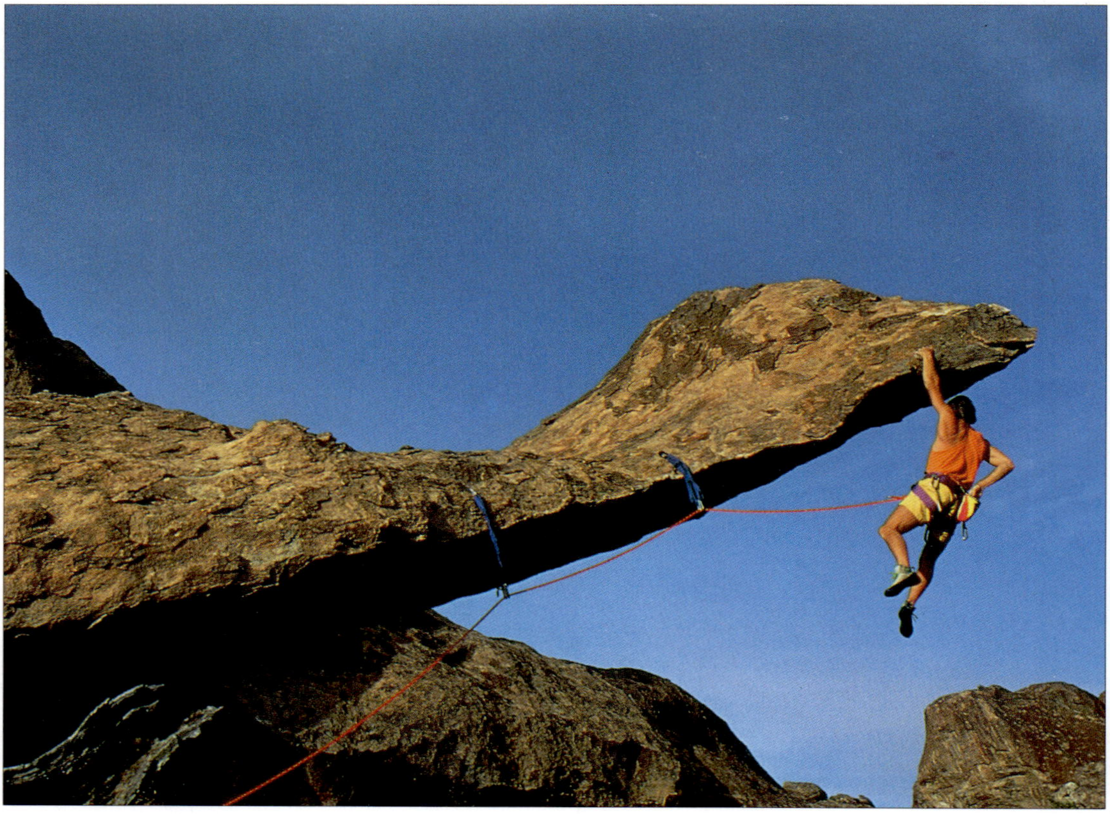